Good Bye, Lehmann:
Auf der Suche nach dem guten Leben
Stefan Fay

Good Bye, Lehmann:

Auf der Suche nach dem guten Leben

Stefan Fay

ISBN 978-3-9819292-0-1 Taschenbuch

ISBN 978-3-9819292-1-8 Ebook

Urheberrecht: Stefan Fay

1. Auflage

Lektorat: Jessica Schober

Cover: Katerina Ntelimpalta

Illustrationen:

Karten: Sibel Cinar

»Good Bye, Stuttgart«: Karolis Zukas

Stuttgart Skyline: Stenzel Washington

Schwarze Röcke, seidne Strümpfe,
Weiße, höfliche Manschetten,
Sanfte Reden, Embrassieren –
Ach, wenn sie nur Herzen hätten!

Herzen in der Brust, und Liebe,
Warme Liebe in dem Herzen –
Ach, mich tötet ihr Gesinge
Von erlognen Liebesschmerzen.

Auf die Berge will ich steigen,
Wo die frommen Hütten stehen,
Wo die Brust sich frei erschließet,
Und die freien Lüfte wehen.

Lebet wohl, ihr glatten Säle!
Glatte Herren, glatte Frauen!
Auf die Berge will ich steigen,
Lachend auf euch niederschauen.

Heinrich Heine

Leseliste

Kein Buch verstaubt gerne!
Bücher wollen begeistern und anstiften. Wenn du magst, dann lass dieses Buch frei, nachdem du es gelesen hast. Gib es einer Freundin oder einem Fremden. Tausche es in einem Cafe oder in einem Hostel mit »Book Exchange«. Aber bevor du es weiter gibst, trag dich in die Liste ein.

	Name	Ort	Datum
1			
2			
3			
4			
5			
6			
7			
8			
9			
10			
11			
12			

Hast du dieses Buch gefunden? Poste ein Bild der Leseliste auf Facebook!
www.facebook.com/hfcwg

Fotos und Videos zum Buch – Kapitel für Kapitel -

gibt es kostenlos auf:

www.howfarcanwego.de/buch

Inhaltsverzeichnis

»Etwas nicht zu können, ist kein Grund, es nicht zu tun.«

- Alf

1

Es gab zwei Möglichkeiten: Entweder Stützräder montieren oder lernen das Ding zu fahren.

Den gesamten Morgen hatte ich damit verbracht mein Motorrad zu packen. Und jetzt fluchte ich. In jedem Blog, Buch oder Vortrag über eine Weltreise erzählten die Protagonisten stets, wie sie zu viel gepackt und dann später den Großteil ihrer Sachen verschenkt hatten. Ich dachte, mir würde das niemals passieren.

Dann stand ich vor diesem Haufen, unter dem irgendwo mein Motorrad begraben sein musste. Die Maschine sah aus wie ein russischer Panzer. Koffer und ein riesiges gelbes Topcase waren montiert und beladen, zwischen Tankrucksack und Gepäckrolle hatte ich kaum noch Platz zum Sitzen. Die Isomatte war obdachlos und musste mit Spanngurten befestigt werden.

Bevor es losging, gab es noch ein letztes Mal Mamas Pfannkuchen und dann verabschiedete ich mich von meiner Familie, den Hunden und dem Haus.

Es zerriss mir das Herz. Ich hasste Abschiede. Dieser war besonders hart, denn ich wusste nicht, wann ich meine Lieben wiedersehen würde. Diese Reise hatte kein Verfallsdatum. Ich hatte es so gewollt. Und so sehr das fehlende Rückflugticket mir hoffentlich Freiheit ermöglichen würde, so schwer machte es nun den Abschied. Ich schwang mich auf meinen Panzer und als ich mein Gefährt gerade so balancieren konnte, fuhr ich fluchtartig nach Stuttgart. Dort sollte ich meinen Reisepartner Fou treffen.

Wir wollten noch ein Erinnerungsfoto vor der schönen Kulisse des Stuttgarter Schlossplatzes schießen, bevor wir endgültig losfuhren.

Es war kalt, diese Kälte, die in jede Ritze kriecht. Keine eisige, trockene, sondern nasse, ungemütliche Kälte. Und es war grau, nicht nur der Himmel, sondern auch die Kleider der Passanten, ihre Gesichter wirkten fahl. Die Sonne war schon seit Tagen nicht mehr zu sehen gewesen. Es war das perfekte Wetter um abzufahren.

Als ich den Schlossplatz erreichte, stand dort eine kleine Menschenmenge. Es waren Freunde, die sich versammelt hatten, um uns zu verabschieden. Fou musste das organisiert haben. Ich hatte davon keinen blassen Schimmer und war total überwältigt.

Nur einer fehlte: Fou! Auch eine gute Stunde später gab es kein Lebenszeichen von ihm. Ließ er mich jetzt etwa hängen?

2

So stand ich da vor dem Schlossplatz und konnte nur warten. Umringt von Freunden, aufgeregt und ratlos, mit Ungeduld und vollem Benzintank. Während ich immer wieder auf die Uhr schaute, drehten meine Gedanken eine Ehrenrunde durch die vergangenen Monate. Zu all den Momenten, die mich hierher gebracht hatten.

Und zu Herrn Lehmann. Denn ich wäre nie auf die Idee gekommen eine Motorradweltreise zu machen, hätte Herr Lehmann nicht vor einigen Jahren sein Firmenjubiläum gefeiert. Diese kleine Feier war der Anfang vom Ende meiner Konzernkarriere.

Dabei dachte ich bis dahin, dass Karriere und ein gutes Leben Hand in Hand gingen. Ich wollte wichtige Arbeit verrichten und viel Geld. Das Ziel? Am besten 30-jähriger Vorstand mit Zweitwohnsitz auf einer Yacht. Deswegen hatte ich Betriebswirtschaft studiert. Obwohl sich mein Nebenjob als Barkeeper in einem Nachtclub nicht sonderlich günstig auf meinen Studienerfolg ausgewirkt hatte, war ich dennoch bei bei einem DAX-Konzern untergekommen. Die Talentspäher der Konzernzentrale waren auf mich aufmerksam geworden und hatten mich sogar in einem Förderprogramm für Nachwuchskräfte aufgenommen. Ich war auf der Überholspur.

Die Firma zahlte ein gutes Gehalt, allerdings kein mit-30-auf-einer-Yacht-wohnen-Gehalt. Das nahm ich in Kauf. Es lief gut, ich hatte einen Job in einem der größten Unternehmen Deutschlands, das Bare stimmte und meine Chefs präsentierten mir schon die Sprossen auf der Karriereleiter.

Ich war motiviert, 23 Jahre alt und wollte etwas bewegen. Aber anstatt den Laden aufzumischen, kämpfte ich gegen Windmühlen: Ingenieure, die kurz vor der Rente standen, ihre Büro-Birkenstockschuhe unter dem Schreibtisch geparkt hatten und ihre Stunden peinlich genau abrissen. Wir waren so innovativ wie die katholische Kirche. Neues passierte nur, wenn es von »oben« kam (wie in der katholischen Kirche), es einen Projektplan gab und Mittel bereitgestellt wurden.

Während meines Studiums hatte das Arbeitsleben noch glorreich gewirkt: Endlich eigenes Geld verdienen und wichtige Arbeit verrichten. Endlich After-Work-Cocktails trinken. Endlich Anzug tragen. Endlich unabhängig und erwachsen sein.

Jeder, der jemals gearbeitet hat und nicht zufällig National-Geographic-Fotograf oder ein von Red Bull gesponserter Extremsportler ist, weiß, dass die Realität der Arbeitswelt anders aussieht. Anzüge zwicken ganz schön und anstatt sie in schicken Bars zu tragen, trug ich sie meist im Stau. Stuttgart ist die Stauhauptstadt Deutschlands, in der Autofahrer durchschnittlich unglaubliche 73 Stunden im Jahr still stehen. Zu den Hauptverkehrszeiten fließt der Verkehr in den Hauptschlagadern der Region wie das Blut in den Arterien von Fast-Food-Junkies.

War das nun das Leben, von dem ich geträumt hatte? Wahrscheinlich musste ich mich einfach damit abfinden und an die weniger prickelnden Aspekte des Angestelltendaseins gewöhnen. Vielleicht war das einfach der Lauf der Dinge? Schließlich gingen meine Kollegen auch nicht fröhlich jauchzend zur Arbeit, trotzdem kamen sie jeden Tag.

Ein Beweis dafür waren die vielen kleinen Feiern, wenn langjährige Mitarbeiter ihre 20-, 30-, oder 40-jährige Firmenzugehörigkeit zelebrierten. Es gab Butterbrezeln und Sekt. Vor dem Chef wurde erzählt, wie schön es doch sei, hier zu arbeiten – und sobald der Chef im nächsten Meeting war, wie sehr man sich auf die Rente freue.

Meistens war es nett mit ein wenig Alkohol im Blut zurück an den Schreibtisch zu gehen, doch Herr Lehmanns Jubiläum war anders.

Herr Lehmann wäre sicherlich mindestens 1,99 Meter groß gewesen, wenn nicht die 30 Firmenjahre an seinen Schultern gezerrt hätten wie Zementsäcke. Irgendwie schaffte er es, jeden Morgen kurz vor mir durch das Firmentor zu schleichen und ich schlich ihm hinterher. Er quälte sich die Treppen hinauf, schlurfte den endlosen, schmalen, fensterlosen Gang entlang, bis er die gläserne Bürotür erreichte, mit letzter Energie schleppte er sich zu seinem Stuhl und sackte wortlos zusammen. Jeden Tag blickte er mit demselben ausdruckslosen, halbtoten Blick auf seinen Bildschirm, wie ein Zoogorilla, der sich an die Wildnis nicht mehr erinnern konnte.

An seinem Ehrentag erzählte uns Herr Lehmann, wie sehr sich die Firma doch verändert hatte und wie schön es sei hier mit allen Brezeln zu essen. Nur um folgenden Satz hinterher zu schieben:

»Es ist doch verrückt! Mir kommt es so vor, als hätte ich gestern erst hier angefangen!«

Es waren drei Jahrzehnte vergangen. Mir wurde schlecht und ich ging auf die Toilette um mir mein Gesicht zu waschen. Als Ich in den Spiegel schaute, sah ich Herr Lehmann. Wenn ich jetzt die Augen schlösse und wieder öffnete, wäre ich dann 67 und würde Butterbrezeln verteilen?

Ich war schon auf dem besten Weg dahin. Genaugenommen befand ich mich in einer umgekehrten Schmetterlings-Metarmosphose: Ich war erst Schüler, Student und dann Hochschulabsolvent gewesen, flatterte stets leicht und unbeschwert durch das Leben, bis ich in die Arbeitswelt eintrat. Das Firmengelände war mein Kokon, in dem ich mich nun eingesponnen hatte. Hier wurden mir jegliche Ambitionen, Träume und Wünsche ausgetrieben. Bald würde ich bereit sein zu schlüpfen: als neuer Herr Lehmann!

Ich spürte die Veränderung. Ich war zwar erst seit zwei Jahren angestellt, hatte aber schon meinen Antrieb verloren. Die meisten Dinge waren mir einfach nur noch egal. Morgens stempelte ich ein und zählte schon die Stunden bis ich wieder gehen durfte. Die Zeit verging rasend und nun konnte ich Herr Lehmann verstehen – drei Jahrzehnte konnten tatsächlich verfliegen.

Das war kein gutes Leben. Es musste sich etwas verändern.

3

Ich hatte einen Plan. Ich hatte meistens einen Plan und wenn nicht, dann arbeitete ich an einem. Planen, das ist mein Element.

Allerdings plante ich nicht die kleinen Dinge, wie wann ich irgendwo sein sollte, sondern eher das große Ganze. In meinen Plänen gründete ich Unternehmen oder kam zu einem Vermögen, aber verbesserte (zumindest vermeintlich) immer meine Lebensumstände.

Dieser Plan war recht einfach: Ich wollte reisen, egal wohin, am besten weit weg. Außerdem wollte ich Freiwilligenarbeit leisten. So würde ich sicherlich die Vorzüge der Arbeitswelt schätzen lernen und mich besser arrangieren können. Ein wenig die Hörner abstoßen und etwas von der Welt sehen, bevor es wieder zurückgehen würde ins richtige Leben. Ich würde mir danach einen neuen Job suchen, mit den schönsten Fotos mein neues Büro dekorieren und meine neuen Kollegen würden neidisch auf meine Errungenschaften und Souvenirs schauen.

Es ist leicht einen Plan zu schmieden, viel schwieriger ist es ihn umzusetzen. Ich zweifelte, ob das die richtige Entscheidung war und sorgte mich um die Zeit danach. Erst war es ein Flüstern in meinem Ohr, doch je näher ich dem Tag meiner Kündigung kam, desto lauter wurde es:

»Willst du wirklich deinen Lebenslauf ruinieren?«

»Glaubst du, du findest nach deiner Reise wieder einen Job?«

»Willst du so schnell aufgeben?«

In der Zwischenzeit ging ich meiner Arbeit nur noch halbherzig nach und surfte stattdessen die meiste Zeit im Internet. Ich feilte an meinem Plan, recherchierte nach Hilfsorganisationen in Indien und Südamerika, checkte Flüge nach Australien und Hotels in Kanada. Ich wollte fliehen, aber die Zweifel wurden lauter und lauter und statt zu handeln, tat ich einfach nichts außer zu verbittern.

Das änderte sich erst, als Georg mich fragte, ob wir nicht gemeinsam nach Brasilien reisen wollten. Georg und ich sind schon länger Freunde, als ich mich erinnern kann und er ist mein Reisebuddy. Wenn wir zusammen unterwegs sind, bleibt es im Gedächtnis, auch wenn es sich schädlich auf unsere Lebenserwartung auswirkt. Er ist der Typ, der morgens aus dem Hostel verschwindet und abends mit einer Horde neuer Freunde am Tresen steht und mit dem Barkeeper um die Rechnung würfelt. Zu dieser Zeit war er leicht zu erkennen, denn er trug stets einen winzigen MP3-Player am Gürtel, auf dem nur eine Handvoll Lieder in Dauerschleife liefen und einen Stöpsel im Ohr.

Georg hatte die Chance bekommen für sechs Wochen Urlaub zu nehmen. Im Jahr zuvor waren wir zwei Wochen lang in Kuba gewesen und kehrten hypnotisiert von der karibischen Lebensfreude zurück. In unserer Vorstellung gab es nur ein Land, das mithalten konnte und das war Brasilien.

Unsere gemeinsamen sechs Wochen waren das ideale Sprungbrett, um noch für einige Monate alleine weiter zu reisen, um mich dann einer Hilfsorganisation anzuschließen, die in Peru Erdbebenopfern half.

Das Zweifeln war nun kein Flüstern mehr, sondern ein Schreien:

»Vor was läufst du davon?«

»Du wirst als verstrahlter Hippie an der Copacabana enden!«

»Wie soll es danach weiter gehen?«

Auch wenn der Plan gut war, die Zweifel waren begründet: Diese Reise war eine Flucht. Ich wusste nicht, was ich mit meinem Leben anfangen sollte. Ich hoffte, dass nach dieser Reise Klarheit herrschen würde. Vielleicht würde ich dann bereit sein für Birkenstock, Gleitzeitkonto und könnte irgendwann sogar Butterbrezeln verteilen.

Was mich in meinem Entschluss zu kündigen bestärkte, war die Gewissheit, dass dies meine letzte Möglichkeit für ein solches Vorhaben war. Die meisten meiner Arbeitskollegen konnten nicht einfach kündigen und auf Reisen gehen – Sie waren verstrickt in

Verpflichtungen. Verpflichtungen wirken zuerst völlig harmlos, doch geht man sie ein, verstrickt man sich darin so schnell wie eine Fliege im Spinnennetz. Verpflichtungen gibt es in allen Formen: familiäre Verpflichtungen, Zahlungsverpflichtungen für Hypotheken, Versicherungspolicen und Ratenkredite, Unterhaltsverpflichtungen für uneheliche Kinder oder teure Autos. Selbst wenn man gestorben ist, hat man noch die Verpflichtung sein Begräbnis zu bezahlen.

Ich hatte mich wochenlang davor gedrückt meinem Chef die Kündigung zu geben, zweifelte heftiger als zuvor an der Entscheidung, doch die Angst zum nächsten Herrn Lehmann zu werden und bald von Verpflichtungen erdrückt zu werden war größer. Bei einer gemeinsamen Kaffeepause nahm ich schließlich meinen Mut zusammen und kündigte meine aussichtsreiche, gut bezahlte Anstellung.

Ich war frei.

4

Ein paar Monate später standen Georg und ich in Badehosen und mit Nikolausmützen an der Copacabana in Rio de Janeiro. Operation »Hörner abstoßen« begann. Ich hatte die Hoffnung gehabt, mir auf dieser Reise meine Portion Abenteuer zu holen. Dann, so glaubte ich, wäre ich bereit für das richtige Leben mit Job und Eigenheim.

Was für eine bescheuerte Idee!

Das Unterfangen war zum Scheitern verurteilt, bevor ich überhaupt einen Fuß auf südamerikanischen Boden setzte. Ich wollte meine Lust aufs Reisen in den Griff bekommen, indem ich reisen ging? Ich wollte eine Beziehung mit Routinen und Alltag eingehen, indem ich ein Verhältnis mit dem Nervenkitzel anfing?

Es war als ob man einem Vogel die Sehnsucht nach Freiheit austreiben wollte, indem man ihn fliegen ließ.

Und so kam es, wie es kommen musste: Georg und ich unternahmen Expeditionen zu verborgenen Stränden und in die Favelas, wir sahen einen Rochen aus dem Wasser springen, der uns zu grüßen schien. Wir feierten Silvester mit einer Million weiß gekleideter Menschen und jagten Unmengen an Caipirinhas durch unsere Nieren. Wir sangen Lieder, die wir nicht kannten und lagen in den Armen von fremden Menschen.

Nach sechs Wochen musste Georg nach Hause und ich verlor zuerst meine Kreditkarten und danach meine Angst vor dem Alleinsein. Ich reiste mit einer hübschen Chilenin durch Uruguay, mit einem kanadischen Kanuguide ging ich auf die Suche nach der Diamantenlagune und ein israelischer Ex-Soldat schleppte mich in den bolivianischen Dschungel und ich ihn in eine Kokainbar.

In Peru schloss ich mich einer Freiwilligenorganisation an, schlief auf einer Strohmatratze, half tagsüber Häuser für Erdbebenopfer zu bauen und spielte abends mit den Kindern aus dem Dorf Fußball. Ich sah arme Menschen, die viel glücklicher waren als ich es von zu Hause kannte und der Ärmste von ihnen lehrte mich wahre Großzügigkeit.

Die acht Monate in Südamerika waren eine emotionale Achterbahnfahrt und doch das Beste, was ich bis dahin mit meinem Leben angestellt hatte.

Und dann musste ich zurück nach Stuttgart.

5

Ich strandete zu Hause wie ein verirrter Wal und genauso drohte ich an meinem eigenen Gewicht zu ersticken. Es war aber nicht mein Körper, der mich erdrückte, sondern das Gewicht meiner Gedanken.

Diese Reise sollte mich auf das richtige Leben vorbereiten und hatte ihren Zweck erfüllt. Ich war nun tatsächlich bereit für das wahre, richtige Leben. In Südamerika hatte ich es zum ersten Mal gespürt und es gleich mit beiden Händen gegriffen, hatte es geschüttelt und angeschrien: *»Ich fühle dich!«* Und es ohrfeigte mich heftig und schrie zurück: *»Endlich! Endlich bist du aufgewacht!«*

Dadurch lernte ich eine neue Superkraft kennen: Ich konnte nun die Zeit anhalten. Das war ein Nebeneffekt davon tatsächlich zu leben. Für mich fühlten sich die acht Monate in Südamerika an wie 80 Jahre. Wenn ich Freunde traf, fragten sie mich hingegen verwundert: »Wie? Du bist schon zurück? Du bist doch eben erst gegangen!«

Reisen war offenbar das Gegenmittel für die Metarmophose zu Herrn Lehmann. Während ich für den DAX-Konzern arbeitete, war ich gefangen im grauen Alltag. Aufstehen, zur Arbeit fahren, einstempeln, ausstempeln, einkaufen, nach Hause fahren. Die Zeit verflog, denn Routinen sind der größte Feind der Zeit. Routinen fressen Zeit; Routine hatte Herrn Lehmann gefressen und sie würde auch mich fressen, wenn ich nicht aufpassen würde.

Mit diesen Gedanken stand ich vor der nächsten schweren Entscheidung: Meine Familie, der Großteil meiner Freunde, die Gesellschaft, meine Versicherungsmaklerin, der Ikea-Verkäufer, der Bausparvertreter und ich hatten allesamt gehofft, dass es nach dem südamerikanischen Intermezzo an der Zeit sei für einen normalen Job und eine Modelleisenbahn.

In mir reifte aber schon ein anderer Plan. In Peru hatte ich das Buch »Fliegen ohne Flügel« von Tiziano Terzani gelesen und es begann mit folgenden Worten:

»Hätte es an mir gelegen, wäre ich, reich, im Florenz der Renaissance geboren worden. Ich hätte die Welt bereist und Briefe an meine Freunde geschrieben. Stattdessen kam ich, arm, mit ein paar Jahrhunderten Verspätung, aber immerhin in Florenz zur Welt. Ich musste mir nur noch ein Leben erfinden, in dem ich reisen und schreiben konnte.«

Ist es nicht eine wundervolle Idee sich sein eigenes Leben zu erfinden? Ich hatte zwar immer noch keine Idee, wie ein gutes Leben aussehen konnte, aber ich liebte das Reisen. Warum nicht noch einmal aufbrechen und mit offenen Augen und offenem Herzen nach neuen Werten, vergessenen Ideen und Weisheit suchen, die nicht in der Schule gelehrt wird und mir unterwegs Spielregeln für ein gutes Leben erfinden?

Dieses Mal wollte ich meinen Rucksack zu Hause lassen und wollte stattdessen das Motorrad wählen. Vor einigen Jahren war meine Kinnlade heruntergeklappt, als ich vor dem Fernseher gesessen und über die Motorradweltreise von Ewan McGregor und seinem Kumpel Charlie gestaunt hatte.

Damals verabscheute ich Motorräder. Warum sollte man sich auf so einen lauten Höllenstuhl setzen, nur um sich vom nächsten Rentner über den Haufen fahren zu lassen? Nachdem Ewan und Charlie mir im Film aber gezeigt hatten, dass man mit Motorrädern auch reisen kann, saß ich alsbald in der Fahrschule.

Das Motorrad stellte ich mir als ideales Reisemittel vor. Wer im Flugzeug reist, verlernt schnell genau hinzusehen und die gemütliche Verkürzung der Entfernung verkürzt auch das Verstehen. Ich wollte mir mehr Zeit nehmen, mich anstrengen, tatsächlich

erobern; anstatt mich hinter klimatisierten Fenstern vor der ei-
gentlichen Welt zu verstecken, wollte ich Teil davon sein.

Ich war zwar erst ein Mal mit dem Motorrad nach Sardinien
gefahren, würde im Gegensatz zu Ewan und Charlie keine Be-
gleitfahrzeuge haben, hatte kein Geld und nicht einmal einen Job,
um das zu ändern. Dafür hatte ich den ultimativen Plan: Ich wollte mit dem Motorrad so weit fahren, wie ich es schaffen konnte.

6

Die Aussicht auf dieses Abenteuer war die Strickleiter, an der ich
aus meiner emotionalen Verirrung klettern konnte.

Mein letztes Geld hatte ich für den Rückflug aus Südamerika
ausgegeben, also begann ich mit der Jobsuche. Dabei wurden
meine Reisepläne zeitweise zum Fluch. Im Vorstellungsgespräch
fragten die findigen Personaler mich erst nach meinen Erlebnissen während meiner Auszeit. Ich erzählte mit strahlenden Augen
und glühendem Herzen, meine Worte waren eine Feuersbrunst
und die müden Personaler ganz erschrocken. Ehrliche Emotionen
gab es in den kargen Besprechungsräumen wohl selten. Anschließend wurde ich gefragt, warum ich denn gerne für sie arbeiten
würde. Mein Redeschwall versiegte zu einem Tröpfeln und statt
Feuersbrunst gab es nur noch Floskeln zu hören, die ich mir
selbst nicht abnahm:

»Es war aufregend den Puls des Lebens zu spüren, aber nun
kann ich es kaum erwarten wieder in ein Büro eingesperrt zu
werden und ihre Finanzdienstleistungen an den Mann zu bringen!«

Es war nicht verwunderlich, dass die anständigen Unternehmen stets einen »besser geeigneten« Bewerber fanden, der «eher

dem Stellenprofil entsprach«. Jede Absage ritzte tiefere Wunden in mein Selbstwertgefühl. Bittsteller zu sein und abgelehnt zu werden, machte mir zu schaffen und die einstigen Zweifel flüsterten mir ins Ohr:

»War doch klar. Du findest keinen Job mehr.«

Nach einem dieser Vorstellungsgespräche traf ich zufällig Fou in der Bahn. Wir hatten gemeinsam studiert und hielten unsere Freundschaft mit gelegentlichen Fußball- und Grillabenden am Leben.

Fou ist zwei Jahre älter als ich, Sohn tunesischer Eltern, aber mit grundsolider schwäbischer Erziehung versehen. Seit einigen Jahren ließ er sich eine Glatze stehen und in Verbindung mit seiner Brille und seinen Anzügen fiel es ihm leicht Eindruck zu machen. Außerdem hatte Fou stets ein unnachahmliches Talent im Umgang mit Menschen. Er bekam meist, was er wollte, aber ohne anderen seinen Willen aufzudrücken oder auch nur unangenehm zu sein.

Er war mein Bruder im Frust, denn er steckte in einem Job fest, in dem er zwar gutes Geld verdiente, aber unglücklich war.

Ich erzählte ihm im Zug von meinem Plan: Von der Motorradreise ohne festgelegtes Ende. Keine Verpflichtungen, dafür Abenteuer. Keine Strafzettel für Falschparken, dafür die offene Straße. Keine Kilometerbegrenzung, keine Abgasuntersuchung, sondern das rohe, echte Leben auf dem Motorrad, mit Fliegen zwischen den Zähnen, irgendwo in der Welt. Er war begeistert. Und meinte plötzlich: »Alles klar, ich bin dabei!«

Das war eine große Überraschung – Fou hatte seine abenteuerlustige Seite bisher gut vor mir versteckt. Ich schätzte ihn eher auf Pauschaltourist als auf Vagabund. Er war gern unterwegs, aber seine Reisemitbringsel waren eher grüne Designer-Sneaker, keine tropische Krankheiten.

Deswegen glaubte ich ihm nicht. »Du bist also dabei«, antwortete ich ihm mit dem ironischsten Ton, den meine Stimme hergab. Er antwortete vollkommen trocken: «Natürlich bin ich dabei.«

Bis zu diesem Moment hatte ich nicht einmal einen Gedanken an einen Reisepartner verschwendet, denn ich hatte kaum Freunde, die gerne reisten und einen Motorradführerschein hatten. Wie sollte ich dann jemanden finden, der zur gleichen Zeit (in rund zwei Jahren) das nötige Kleingeld zusammen haben würde und bereit sein würde seinen Job zu kündigen und alles hinter sich zu lassen? Das schien mir absurd. Nun saß mein zukünftiger Reisepartner in Anzug und Krawatte vor mir.

Die Vorzüge einer gemeinsamen Motorradreise sind offensichtlich: Mein Alptraum, in dem ich mit offenem Bruch im Straßengraben lag, hatte nun einen Helfer, der mir den Knochen richten und schienen würde. Wir würden gemeinsam in den Weiten Kasachstans dem Wahnsinn besser entgehen können und außerdem gäben wir zu zweit ein schwierigeres Ziel für Ganoven ab. Über unterschiedliche Auffassungen, wie eine solche Reise zu gestalten wäre, dachten wir beide zu diesem Zeitpunkt noch wenig nach.

Bei unseren ersten Treffen versuchte ich Fou zu testen: Ich behauptete, ich würde gerne viel Zeit in Indien verbringen und wieder Freiwilligenarbeit leisten wollen, es würde dreckig und schmutzig werden und ich wollte auf keinen Fall ein Rückreisedatum haben! Er ließ sich nicht abschrecken.

7

Nach einem halben Jahr fand meine Interims-Jobsuche ein Ende. Ein Stuttgarter Start-Up ließ sich auf mich ein und so verdiente ich mich als Online Marketing Berater. Die Start-Up-Welt war ein neues Erlebnis: Im Vergleich zu einem Traditionsunternehmen gab es weniger Birkenstock, weniger Staub, keine Herr Lehmanns, dafür Innovation und eine Playstation.

Neben der Arbeit plante ich die Reise. Manchmal war ich mir nicht mehr sicher, ob ich arbeitete und nebenher plante, oder plante und nebenher arbeitete. Als ich mein Gehirn von der Leine ließ, preschte es los wie ein Bluthund. Ich recherchierte Reiserouten und Motorradmodelle, Campingequipment und Wasserfilter. Ich konnte kaum noch abschalten, plante stattdessen Tag und Nacht – es brachte mich um den Verstand.

Ein Glück, dass ich das mit Fou teilen konnte. Champions League Spieltage waren nun unsere Besprechungstermine. Während die besten Fußballer auf dem Bildschirm um die europäische Krone kämpften, planten zwei Motorradreisenovizen die Eroberung der Welt.

Als erstes mussten wir uns entscheiden, in welche Richtung wir überhaupt fahren sollten: Ost oder West? Verschiffen nach Kanada, Durchquerung des Kontinents nach Westen, um von Alaska aus die Panamericana gen Süden zu reisen? Oder einfach die Motorräder satteln und nach Osten losbrettern?

Wir entschieden uns für den Osten aus ganz pragmatischen Gründen: Auf diesem Weg würden wir uns die teuren Verschiffungen für später sparen. Falls wir es tatsächlich nach Australien schaffen würden, könnten wir dort arbeiten und unsere Reisekasse wieder auffüllen für eine Weiterreise.

Unsere knappste Ressource war Geld und um das zu ändern, verfolgten Fou und ich schon zu Beginn ganz eigene Spartaktiken. So gab es für mich ab jetzt zum Fußball nur noch ein Bier und vielleicht eine Tomatensuppe, wenn ich mich spendabel fühlte. Mein Reisepartner in spe hingegen gönnte sich meistens einen Gourmet-Burger, einige Bananenweizen und ein bisschen

Bruschetta, wenn ihm danach war. Für mich hatte diese Reise die oberste Priorität und ich ordnete ihr alles unter – meinen Job, meine Beziehung und insbesondere meine Finanzen. Bei Fou konnte ich diesen Einsatz nicht feststellen und als ich ihn darauf ansprach, meinte er nur: »Mach dir keine Sorgen. Ich habe alles unter Kontrolle.«

Ich sah mich schon alleine am Gasgriff drehen und zwar im April 2014, dem geplanten Start unserer Reise. Die Planung war viel schwieriger, als wir uns das vorgestellt hatten: Wer nach Osten fährt, muss zwar keinen Ozean durchqueren. Aber in einigen Ländern regierten verrückte Herrscher (Turkmenistan) oder ein Polizeistaat war an der Macht (Uzbekistan), andere waren dem Tourismus nicht besonders aufgeschlossen (Russland), von Embargos so gebeutelt, dass sie zur Strafe kaum Ausländer ins Land ließen (Iran) oder galten schlicht als gefährlich (Pakistan). Die Konsequenz war, dass wir drei Monate vor Abreise hauptsächlich damit beschäftigt waren Visaanträge auszufüllen.

Wir machten uns auch Gedanken über mögliche Gefahren und Schwierigkeiten: Fou machte sich Sorgen um seinen Waschzwang, von dem ich bisher nichts gewusst hatte. Bei genauem Nachdenken fiel mir aber ein, dass er, wenn wir hin und wieder gemeinsam Einkaufen gingen, stets mindestens zwei Packungen Duschgel und Deo gekauft hatte. Ich tippte auf Hamsterkäufe, in Wirklichkeit war es der verschwenderisch hohe Konsum.

Bei mir lag das Problem in der Sorglosigkeit. In Brasilien wäre ich beinahe mehrere Male in die Kanalisation gestürzt, hätten mich Freunde nicht vor den fehlenden Kanaldeckeln gewarnt. Ich war leichtsinnig, mein Reisepartner waschwütig.

Eine Gemeinsamkeit war, dass wir beide keine Ahnung von Motorradmechanik, -wartung oder -reparatur hatten. Außerdem waren wir beide mit den Motorrädern niemals abseits befestigter Straßen unterwegs gewesen. Fou schlug vor ein Offroad-Training zu buchen, ich hielt das für eine blöde Idee und ging davon aus, dass wir uns diese Kenntnisse schon unterwegs aneignen würden.

Ich änderte meine Meinung erst, nachdem ich versucht hatte über eine kleine Wiese zu fahren. Ich blieb im davor liegenden Graben stecken bevor mein Vorderreifen auch nur einen Grashalm berührte. Der Hinterreifen drehte wütend durch und grub sich immer tiefer ein. Hätte mir ein Spaziergänger nicht aus meine Misere geholfen, ich hätte den ADAC rufen müssen oder wäre einfach vor Scham gestorben. Schnell buchte ich das Training.

Einiges sprach gegen uns und das Flüstern der Zweifel und Sorgen kam zurück und plagte mich, aber doch nicht genug um die Reise ernsthaft in Frage zu stellen.

Was mich während der Vorbereitung besonders beschäftigte, war folgender Gedanke: Ich war der festen Überzeugung, dass meine Unzufriedenheit daher rührte, dass ich stets Jobs hatte, die mich nervten und nicht ausfüllten. Ich wollte diese Reise nutzen, um mein ganzes Leben nachhaltig umzukrempeln; warum nicht das notwendige Übel (Geld verdienen) mit der schönsten Sache der Welt (Motorradreise) verbinden? Ich wollte etwas aufbauen, das unsere Reise strecken konnte und es mir auch nach der Reise ersparen würde, wieder zurück ins Angestelltenverhältnis gehen zu müssen. Ich war mir sicher, dass dieser Schritt essenziell war, um erfüllt zu leben. Ein gutes Leben braucht einen guten Job. Früher war ein guter Job ein gutbezahlter Job, nun sah ich gut eher als spannend an.

Der erste Schritt: Einen professionellen Blog aufsetzen. Außerdem wollten wir einen Film über unsere Reise produzieren. In Indien, so der Plan, wollten wir das Material zusammen schneiden und anschließend verkaufen. Mit den Erlösen wollten wir zumindest unsere monatlichen Benzinkosten bezahlen können.

Im Grunde hätte ich damals schon ahnen können, dass dieser Plan einige Tücken barg.

8

»Leben ist das, was passiert, während du dabei bist, andere Pläne zu schmieden«, sang schon John Lennon. Wie Recht er damit hatte, erfuhr ich kurz vor Weihnachten 2012.

Draußen war es bitterkalt. Der Wetterbericht besagte, dass ein Hochdruckgebiet über uns lag, das für die skandinavischen Temperaturen verantwortlich war. Nachts bekam ich kein Auge zu – das passierte mir sonst nie. Ich fühlte mich miserabel, meldete mich krank und blieb daheim.

Ich lag noch im Bett, als mein Telefon klingelte. Nummer und Name meiner Cousine leuchteten auf dem Display und ich hatte ein seltsames Gefühl bei ihrem Anruf.

Ich atmete noch einmal tief ein und aus, nahm das Telefon in die Hand, sagte »Hallo« und sie sagte:

»Dein Vater ist tot.«

Mein Vater hatte gesund gewirkt und war mit 61 viel zu jung, um zu sterben. Irgendwas in mir hatte es trotzdem gespürt. Dennoch nahm das keine Wucht aus den Worten.

»Dein Vater ist tot.«

Als ich zu seiner Wohnung fuhr, wiederholten sich die Worte in meinem Kopf. Den Weg war ich den letzten Jahren viel zu selten gefahren. Als ich nun ankam, öffnete meine Tante die Tür und die Luft drohte mich sofort zu erdrücken. Ich trat ein in den Flur, schaute nach rechts ins Wohnzimmer. Eine Decke im Wohnzimmer bedeckte den Körper, der einmal mein Vater gewesen war.

Er war seiner alten Krankheit erlegen. Wir hatten geglaubt, er hätte sie längst hinter sich gelassen, wäre viele Jahre über sie hinweg gewesen. Peinlich genau hatte er immer darauf geachtet, dass sie niemals wieder den Weg zurück in sein Leben fand, denn er wusste, was auf dem Spiel stand. Aber sie war seine treue Begleiterin gewesen, hatte ihn nie wirklich verlassen. Sie, die Krankheit, hatte schon einmal die Kontrolle über ihn übernommen und es wäre damals schon beinahe zu spät gewesen. Der Arzt hatte ihm eine klare Ansage gemacht: »Gib sie auf oder du gehst mit ihr.« In einem schwachen Moment, muss sie wieder Besitz von ihm ergriffen haben.

Meine Eltern hatten sich scheiden lassen, bevor ich das Wort richtig verstanden hatte. Solange ich mich erinnern konnte, hatte ich zwei Weihnachten und zwei Geburtstagsfeiern. Das normale Leben eines Scheidungskindes. Wie für jedes Kind waren meine Eltern Götter. Gegen sie aufzubegehren war zwecklos, sie waren die Herrscher über Süßigkeiten und die Playstation, sie zauberten Geschenke hervor und regierten über meine Freizeit. Als ich älter wurde, wachte ich auf aus diesem Zustand und realisierte, dass meine Eltern auch nur Menschen sind mit Marotten, Fehlern und bemerkte, dass sie ihre eigenen Schlachten schlugen.

Diese Erkenntnis macht wahrscheinlich jedes Kind und sie hat oft weitreichende Folgen: Man bekämpft seine Eltern, zieht aus, zieht wieder ein, schreit sie an und man weiß alles besser. Doch irgendwann, wenn man Glück hat, nicht zu viel emotionales Porzellan zersprungen ist und die Türen nicht aus den Angeln der Liebe gerissen sind, dann warten sie auf der anderen Seite des Tunnels des Erwachsenwerdens. Sie werden die besten Freunde, ein Ort der bedingungslosen Unterstützung, der Plan Z, denn egal, was das Leben bereithält, sie sind da, verzeihen jeden Fehltritt, stets bereit aufzufangen, wie das Netz des Hochseilakrobaten.

Als ich begann die menschliche Seite meines Vaters zu sehen, fielen mir viele Charakterzüge auf, die ich nur zu gut von mir selbst kannte. Und hasste. Immer den leichten Weg gehen wollen, Widerstände meiden, Konflikte nicht ansprechen sondern auszusitzen. Je klarer ich meinen Vater in diesen Jahren vor seinem Tod sah, desto mehr wurde mir bewusst, dass ich nicht so sein wollte.

Jahre zogen ins Land, in denen ich mich emotional von ihm entfernte. Wie auf einem kleinen Segelboot steuerte ich von seiner Insel hinweg. Er muss es gesehen haben, dennoch winkte er mir hinterher, immer bereit mich wieder aufzunehmen.

Wenn wir uns sahen, sprachen wir über belanglose Dinge, über Fußball, das Weltgeschehen oder darüber, was aus meinen alten Freunden geworden war. Er muss die Zeit vermisst haben, als unsere Leben eng ineinander verflochten waren, als es noch Handballtrainings und Turniere gab, oder als wir noch gemeinsam in den Urlaub fuhren, stundenlang die Rolling Stones hörten und er testete, wie viele Kilo Trauben ich essen konnte.

Ich weiß nicht, wie oft die Erde um die Sonne kreisen musste, bis ich den Entschluss fasste mich ihm annähern zu wollen. Richtige Gespräche führen, Vater und Sohn, Mann zu Mann. Ich wollte ihn verstehen.

Doch ich war ihm zu ähnlich, wir waren gefangen in unserem Charakter und anstatt seine Nummer zu wählen, wählte ich den einfachen Weg. Erst im November, ein paar Wochen bevor er starb, fasste ich den Entschluss etwas mit ihm unternehmen zu wollen. Meine damalige Freundin sagte noch: »Ruf lieber gleich an, vielleicht ist später zu spät.« Während seiner Beerdigung saß sie neben mir und ihre Worte klangen in meinem Kopf wie ein ein unendliches Echo.

Ich hatte doch nie einen Gedanken daran verschwendet, meinen Vater zu verlieren. Er war eine Konstante in meinem Leben gewesen, wie das Wasser in einem See, von dem man weiß, auch wenn man gerade weit weg ist, es ist da. Es liegt dort ruhig, begrenzt nur vom Ufer, spiegelt das Sonnenlicht und wartet auf die Rückkehr.

Jetzt war es gewiss: Ich würde ihn nie wiedersehen, ihn nie wieder anrufen können, es würde kein Weihnachten mehr geben, an dem die ganze Familie Lieder sang und nur wir beide verstohlen in der Ecke saßen und uns drückten; es würde keine Chance mehr geben auf dieses eine klärende Gespräch.

9

Ein lautes Hupen riss mich aus meinen Gedanken und brachte mich zurück auf den Schlossplatz. Es fühlte sich gut an hier zu sein und den Traum tatsächlich wahr werden zu lassen. Der plötzliche Verlust meines Vaters hatte mich geschockt, aber letztendlich auch in meinem Entschluss bestärkt zu fahren.

Mein Panzer, Yamaha Ténéré, Baujahr 2011, stand auf dem Gehweg neben einem Wendepunkt für Busse und erhielt viel Aufmerksamkeit: Passanten schauten sich die Reisemaschine genau an, knipsten Bilder, stellten Fragen. Nur einem Busfahrer gefiel es nicht, denn auch wenn dieser Wendepunkt genug Platz bot um einen Flugzeugträger schadlos zu drehen, bestand er darauf, so weit auszuholen, dass ich mein Motorrad umparken musste. Er hupte weiter, fluchte und gestikulierte. So wuchtete ich mein Motorrad 30 Zentimeter weiter nach vorne, um ihm sein Hausrecht zu gewähren. Er saß in seiner Kabine und schimpfte mich wohl einen Idioten. Er war ein spießiger städtischer Angestellter, normalerweise hätte ich mich auf seine Sticheleien eingelassen und mir die Stimmung vermiesen lassen, aber nicht heute. Symbolisierte er doch die menschgewordene Geisteshaltung, der ich entkommen wollte.

Alles wartete auf Fou. Kam er tatsächlich nicht? Es wäre verständlich, denn die letzten Tage hatten uns alles abverlangt. Erst einen Tag zuvor hatte er unser Iranvisum in Frankfurt abgeholt. Zusätzlich konnten wir das bedrückende Gefühl nicht genug vorbereitet zu sein einfach nicht abschütteln. Je näher der Termin kam, desto lauter wurden die Zweifel.

Vielleicht waren seine Ausgaben für Burger und Bananenweizen in unserem Planungshauptquartier doch zu hoch gewesen? Verbot sein Waschzwang unser Unterfangen? Hatte ich am Ende mit meiner Skepsis doch Recht behalten? An sein Handy ging er zumindest nicht.

Als eine gute Stunde später, dann aber tatsächlich eine vollbepackte, graue BMW auf dem Schlossplatz einbog, kam ein Jubelsturm auf. Fou war tatsächlich gekommen!

Bevor wir uns nun auf unsere Motorräder schwangen, gab es noch feste Umarmungen, warme Worte und feuchte Augen. Zwei aufheulende Motoren setzten der Abschiedszeremonie ein Ende, dutzende Arme winkten, wir winkten ein letztes Mal zurück und fuhren los. Die Freunde im Rückspiegel wurden kleiner, unsere Euphorie mit jedem Meter größer.

Acht Jahre lang hatte ich von diesem Moment geträumt, über zwei Jahre lang jeden Cent gespart, jeden Tag an diese Reise gedacht. Im morgendlichen Stau hatte ich mir ausgemalt, wie es sein würde aufzubrechen, alles hinter mir zulassen und wegzufahren – Jetzt wurde dieser Traum wahr! Kurz nachdem wir die Autobahn erreichten, begann es heftig zu regnen. Aber es war egal. Alles war jetzt egal. Es begann das größte Abenteuer unseres Lebens.

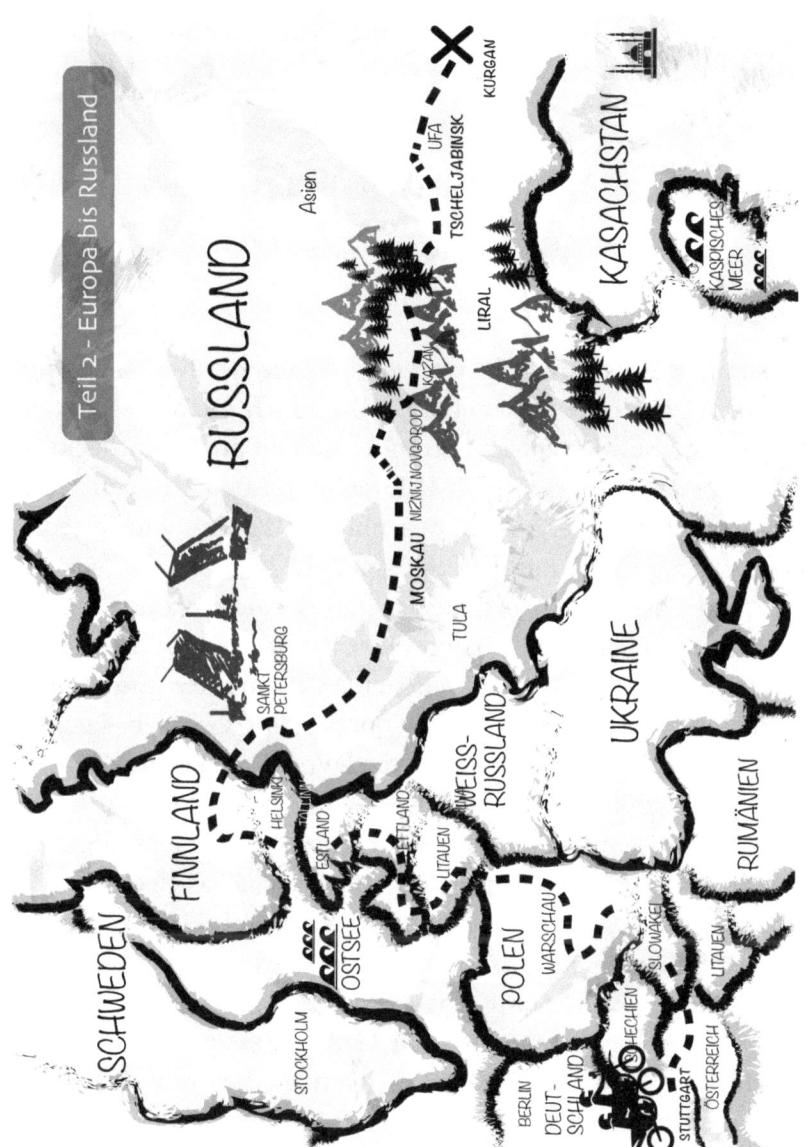

»Reisen ist das Entdecken, dass alle Unrecht haben mit dem,

was sie über andere Länder denken.«

- Aldous Huxley

1

Die ersten Tage waren völlig verregnet. Während die Regentropfen an meinem Visier zerschellten, tröstete ich mich mit Gedanken an Wüsten und tropische Strände. Anstatt neuer Entdeckungen in den Alpen, machten wir Kilometer auf der Autobahn und waren schnell in Polen. Trotz des miesen Wetters wurde jeder Grenzübergang mit lautem Hupen gefeiert.

Während unserer Zeit in Polen legten wir den Grundstein für eine große Couchsurfing-Karriere. Fou führte mich in diese Welt ein. Couchsurfing ist eine Webseite, eine Community und irgendwie auch eine Lebenseinstellung. Couchsurfing Gastgeber beherbergen in ihrem eigenen Zuhause kostenlos Couchsurfer. Bezahlt wird mit Geschichten und neuen Freundschaften; kultureller Austausch statt Kapitalismus, was für eine herrliche Erfindung!

Couchsurfer nehmen über die Internetseite www.couchsurfing.org Kontakt zu potentiellen Gastgebern auf. Da man in der Regel seinen Host nicht kennt, gibt es ein Bewertungssystem: Wie Käufer und Verkäufer auf Ebay, können sich Gastgeber und Couchsurfer gegenseitig eine Referenz schreiben. Hat jemand eine schlechte Erfahrung gemacht, kann er dies dort kundtun. Wer seinen Gastgeber als kostenloses Hotel missbraucht, das Essen wegisst und das Klopapier klaut, bekommt schnell einen negativen Eintrag. Ansprüche sollte man allerdings keine haben.

Mal kriegt man eine Pritsche oder einen Plätzchen auf dem Boden, mal einen Palast mit eigenem Bett.

Fou und ich lernten schnell, dass wir völlig unterschiedliche Vorlieben haben. Fou zog es in die Städte, mich in die Natur.

So folgte ich Fou nach Warschau. Wir steuerten den Stadtteil Praga an. Im späten 18. Jahrhundert ereignete sich hier eine furchtbare Schlacht zwischen Russen und Polen. 200 Jahre später kämpften wir mit dem Verkehr, den Straßenschildern und unserer Orientierung. Nach einer guten Stunde des Herumirrens erreichten wir Balbinas Adresse und parkten die Motorräder auf der Straße vor ihrem Haus. Beladen mit Gepäckrollen, Tankrucksäcken und Helmen machten wir uns auf zu ihr.

Als wir vor ihrem Haus standen hatte ich ein flaues Gefühl im Magen und fühlte mich unwohl. Ich hatte noch nie bei jemandem geklingelt, den ich nicht kannte, um direkt dort mein Nachtquartier zu beziehen. Balbina öffnete die Türe. Sie war Mitte zwanzig und hatte braune, schulterlange Haare und schöne braune Augen. Niedliche Grübchen zierten ihre Wangen, als sie uns begrüßte: »Hey Guys, come in!«. Sie gab uns das Gefühl, wir wären alte Freunde, die sie einfach nur lange nicht mehr gesehen hatte.

Ihre Wohnung hatte ein kleines Bad und eine kleine Küche. Die Luft roch nach frisch gekochter Suppe. Wir legten unsere Taschen ab und breiteten unsere Isomatten auf dem Boden in Balbinas Schlafzimmer aus. Danach setzten wir uns zu ihr an ihren Küchentisch. Die Suppe schmeckte köstlich und war genau das Richtige nach einer Regenetappe. Während wir schlürften, erzählte sie uns von ihren Reisen. Sie hatte oft selbst Couchsurfing genutzt, nur angenehme Erfahrungen gemacht und wollte nun etwas von der erfahrenen Gastfreundschaft zurückgeben. Sie war sehr um unser Wohl besorgt und meinte, wenn wir noch mehr außer Suppe und Wein haben wollten, könnten wir bei ihrem Nachbar klingeln, der sei Drogendealer.

Wir entschieden uns für eine kleine Stadtführung anstatt eines Drogentrips. Warschau war toll, besonders die Altstadt und das Schloss. Die größte Aufmerksamkeit widmeten wir aber der Gastronomie und das sorgte dafür, dass unser gemeinsamer Abend als stechender Kopfschmerz am nächsten Tag in Erinnerung blieb. Balbina war der festen Überzeugung, dass wir die unzähligen hochprozentigen Spezialitäten unbedingt versuchen mussten, wenn wir schon einmal in Warschau waren. Wir widersprachen nicht.

Am nächsten Morgen packten wir unsere Motorräder und schluckten zum Frühstück ein paar Kopfschmerztabletten. Unser erster Cochsurfing Versuch war ein Erfolg gewesen. Nun machten wir uns mit schönen Erinnerungen auf nach Bialowieza.

Bialowieza ist ein kleines Städtchen im Osten Polens, kurz vor der weißrussischen Grenze und das Tor zum letzten Urwald Europas. Auf einer Fläche, dreimal so groß wie Berlin, wächst und vergeht, gedeiht und stirbt seit Jahrhunderten geschützter Wald. Im Inneren des Nationalparks befindet sich das noch strenger bewahrte Schutzgebiet Orlowka.

Dort ist Wald noch Wald, keine geometrisch verteilte, peinlich genau geordnete Ansammlung von Bäumen. In Orlowka greift der Mensch nicht ein. Fällt ein Baum, bleibt er liegen, ist ein Baum krank, wird er seinem Schicksal überlassen, hunderte Sprösslinge warten nur darauf seinen Platz einzunehmen, denn in Orlowka herrscht mehr Konkurrenzkampf unter den Pflanzen als im Kader von Bayern München.

In vergangenen Zeiten durften nur Könige und deren Gäste Orlowka betreten, denn es war royales Jagdgebiet. Heutzutage braucht man zwar keine königliche Erlaubnis mehr, aber dennoch einen Waldführer.

Petra tat das für uns. Sie war eine liebliche Dame mit weißen Haaren, die bestimmt an Weihnachten Plätzchen für ihre Enkel backt und unleserliche Glückwunschkarten schreibt. Gemeinsam näherten wir uns dem hölzernen Tor, das Orlowka vom restlichen Wald abtrennte.

Die Stimmung war geheimnisvoll, als ob wir in ein vergessenes Land eintreten würden. Ganz von allein liefen wir bedächtig und mit sachten Schritten. Wir bestaunten viele Bäume, die mehrere hundert Jahre alt waren und zu jedem hatte Petra eine kleine Geschichte parat.

Der älteste Baum, 900 Jahresringe wanden sich in seinem Stamm, war 1974 umgefallen und lag seitdem in seiner Position unverändert. Petra sprach von dem Baum wie von einem Verwandten. Dieser Baum war ein Sprössling, als es weder elektrischen Strom noch Buchdruck gab. Er überlebte das Habsburger Reich, den Dreißigjährigen Krieg und Napoleon. Er stand an Ort und Stelle, als Adolf Hitler von Westen einfiel und bewegte sich keinen Millimeter, als Stalin aus Osten kam. Erst als Deutschland Weltmeister wurde, fiel er um. Vor Freude womöglich? Ich jedenfalls empfand tiefe Zuneigung zu diesem Zeitzeugen, der sein Leben lang ohne jede Reiselust im Wald herumgestanden hatte.

In Bialowieza fühlte ich mich auf eine seltsame Art zu Hause. Es tat gut im Schatten der Bäume zu sitzen und lange Spaziergänge zu unternehmen. Bäume können nicht nur Kohlendioxid in Sauerstoff umwandeln, sondern auch Stress in inneren Frieden. So wirkte der Besuch erdend, denn die letzten Wochen waren mindestens so aufregend wie anstrengend gewesen. Ich war noch nicht in der Reise angekommen und war mehr damit beschäftigt die nächsten Etappen zu planen, anstatt einfach zu genießen was war. Der Wald half mir dabei inne zu halten.

Meine Zuneigung zur Natur überraschte mich: Ein Großteil meines bisherigen Lebens hatte bisher hinter Wänden stattgefunden. Eingepfercht in Wohnungen, Hörsälen, Büros, Fitnessstudios, Kinos oder Diskos. Es schien völlig normal, als ob sich eine

Henne freiwillig in die Legebatterie setzen würde. Auch während ich in Südamerika unterwegs war, besuchte ich meist Reiseziele, die selten weniger Einwohner als Stuttgart hatten. Die meisten waren gar Metropolen mit verstopften Straßen und schlechter Luft. Damals mochte ich das.

Nun spürte ich etwas. Vielleicht das, was Heinrich Heine als Liebe zur Natur beschrieb, die es brauche, um ihre Schönheit zu erkennen. Denn ohne Liebe »ist das Wasser nur nass und Bäume gut zum Einheizen.«

Hätte Heinrich Heine allerdings Fous Heuschnupfen gehabt, er hätte diese Zeilen wohl nie geschrieben. Noch bevor Fou Orlowka betrat, kitzelte es ihn schon in der Nase. Es schien, als ob die Natur seine städtischen Vorlieben erkannt hatte und ihn abstieß, wie ein schlecht transplantiertes Organ. Sein Gesicht schwoll um ein Vielfaches an, er bekam nur schwerlich Luft und musste die meiste Zeit in unserer Unterkunft verbringen. Während unserer Reise durch Polen wurden die Unterschiede zwischen Fou und mir deutlich. Fou liebte Städte und Menschen, ich Natur und Einsamkeit. Während ich mich allerdings mit seinen Vorlieben arrangieren konnte, war das für ihn deutlich schwieriger.

2

Als wir Tallinn erreichten, warteten wir noch immer auf den ersten regenfreien Tag. Es schien wie verhext. Wir nutzten eine Regenpause, um die Olaikirche zu besichtigen. Zuerst hatten wir einen schönen Ausblick auf die hübsche Altstadt und die nächste Regenfront. Dann sprang eine riesige weiße Fähre ins Auge. Sie schien viel zu groß für den Hafen.

»Wohin fährt das Schiff?«, fragte Fou unseren Gastgeber Manos.

»Nach Finnland, das ist die Fähre nach Helsinki.«

Ursprünglich wollten wir direkt von Estland nach Russland, aber da wir durch den Regen viel Zeit eingespart hatten war der Entschluss schnell gefasst: Auf nach Finnland!

Der erste Teil unserer Reise war zeitlich eng getaktet. Wir hatten nur drei Monate, um den Iran zu erreichen, denn danach würde unser Einreiserecht verfallen und wir müssten umdrehen. Allein bei der Vorstellung graute es mir. Für einen Flugzeugreisenden stellen die Visaregelungen des Irans kein Problem dar, für Motorradreisende ist es hingegen schon schwieriger. Vor allem wenn sie sich nicht für den direkten Weg über die Türkei entschieden haben, sondern für viele tausend Kilometer Umweg über Russland und Zentralasien.

Während der Regen das europäische Festland in schwarzgraue Wolken eingehüllt hatte, war in Skandinavien schon der Sommer eingezogen. Wir verbrachten einen Tag in Helsinki, danach zog es uns schnell in das finnische Hinterland. Finnland wird liebevoll das Land der tausend Seen genannt – ein grobe Untertreibung, in Finnland gibt es 187888 Seen. Überhaupt machte das Motorradfahren hier richtig viel Spaß. Wir fuhren mehrere hundert Kilometer durch das Hinterland, wo dichte Wälder immer wieder versteckte Seen preisgaben.

In der Nähe von Imatra trafen wir Christian, unseren nächsten Couchsurfing Gastgeber. Wir hatten ein mulmiges Gefühl dabei, denn Christian war ein seltsamer Nutzer der Couchsurfing-Plattform. Die Konversationen waren wirr, in den Nachrichten benutzte er nicht seinen richtigen Namen, wie es üblich war, sondern einen Spitznamen, er hatte kaum Referenzen auf seinem Profil und auch der Treffpunkt »Tankstelle« hatte etwas Serienmörderhaftes.

Das Motorengeräusch seiner BMW R80GS verwandelte unsere Bedenken jedoch in Begeisterung. Sein Motorrad war an den finnischen Winter angepasst mit Schafspelz auf dem Sitz und in den Lenker eingearbeiteten Handschuhen.

Christian setzte noch nicht einmal den Helm ab, sondern fragte uns direkt, ob er uns noch ein bisschen von »seinem« Finnland zeigen dürfte. Klar durfte er!

Einen Couchsurfing-Gastgeber zu haben ist ein Geschenk. Durch die Augen des Ortskundigen erschließt sich ein neuer Blick auf die Umgebung, fernab der gängigen Sehenswürdigkeiten. Wir gerieten an Orte, an denen sich das tatsächliche Leben abspielte. Am liebsten war es mir, wenn unsere Gastgeber uns ihre Lieblingsecken zeigten und wir Reiseführer in der Tasche lassen konnten.

Christian führte uns auf unserer Tour über Trampelpfade. Eine Aussicht war schöner als die nächste. Zum Schluss fuhren wir einen kleinen Waldweg entlang zu einem weiteren See (wer hatte das jetzt noch erwartet?). In Finnland darf man nicht nur frei campen, es gab sogar öffentliche Grillplätze, die jeder nutzen durfte. Die Ausstattung war bemerkenswert: überdachte, bequeme Bänke, ein solider Tisch, trockenes Feuerholz und sogar Edelstahl Grillspieße.

Als wir es uns gemütlich machten, nahm Christian zum ersten Mal seinen Helm ab. Er war Ende 30, hatte aber den spitzbübischen Blick eines Jungen auf dem Pausenhof. Er trug eine Arbeitshose, die voller weißer Farbspritzer war und eine dicke, dunkle Jacke.

Als wir unser seegekühltes Bier tranken, sprach Christian über sein Verhältnis zu Städten: Er konnte den Verkehr nicht leiden und verstand die Menschen nicht, die einen Espresso in einem schicken Café einem Bier am See vorzogen.

Er sprach mir aus der Seele! Was brauchte es mehr als diesen See und ein paar Gleichgesinnte? Wozu Kellner? Frauen in hochhackigen Schuhen? Warum den Lärm der Großstadt ertragen?

Nachdem die Dunkelheit eingebrochen, das letzte Bier ausgetrunken und das Feuer erloschen war, waren wir eigentlich schon bereit zu schlafen. Christian hatte aber andere Pläne und wollte uns stattdessen noch seinen Freund Anton vorstellen. Anton bekamen wir nicht einmal richtig zu Gesicht und alles, was mir in Erinnerung blieb, war ein dicker Bauch in einer blauen Latzhose, denn nach einem kurzen »Hei« schleppten wir auch schon Holz und bevor wir überhaupt »Sauna« sagen konnten, standen wir schon nackt vor dem Ofen, bereit für den ersten Aufguss. Auch wenn der Frühling den Tag bestimmte, regierte nachts noch der Winter und wir konnten es kaum erwarten die Sauna zu stürmen. Wir schnappten uns noch ein paar weitere Biere teilweise zum Trinken und teilweise als Aufgusssud.

Antons Sauna war für fünf Personen ausgelegt, der Ofen hingegen hätte einen Hochzeitssaal aufheizen können und es dauerte nicht lange, bis die Temperatur wohlige 90°C erreicht hatte und das kalte Bier in Tee verwandelt wurde. Eine Wohltat für unsere vom vielen Regen geschundenen Körper. Die Hitze vertrieb erst die Kälte aus meiner Haut, dann aus meinem Fleisch und machte sich in meinen Knochen breit. Kurz bevor mein Knochenmark zu kochen begann und ich das Bewusstsein verlor, erlöste mich eiskaltes Wasser aus einem Gartenschlauch. Wir wiederholten die Prozedur noch einige Male, bevor wir völlig erschöpft und mindestens genauso glücklich zu Christians Haus fuhren.

Es stand an einem See (wo auch sonst?). Es war klein und er hatte darin keinen Platz für uns. Das war kein Problem, wie er meinte, denn er hatte einst für seine Tochter eine kleine Hütte gebaut, die perfekt für uns geeignet wäre.

Durch die Tür mussten wir schon kriechen, der gesamte Raum wurde von einer winzigen Matratze ausgefüllt, die Fou und ich uns teilten. Wir waren zu müde, um noch das Zelt aufzuschlagen und zu erledigt, um Einwand zu erheben; zumindest würden wir nicht frieren. Es war der bisher beste Tag der Reise.

3

Am nächsten Tag wachte ich früh auf, hebelte mich aus der Verkeilung zwischen Fous Hinterteil und der Wand des Prinzessinnenhauses und setzte mich an das Seeufer.

Ich wollte hier nicht weg.

Christian erzählte uns beim Frühstück, dass er einem sehr reichen Freund beim Hausbau geholfen habe. Als Dank wolle er mit ihm segeln. Auf seiner Yacht. Wir waren eingeladen.

Fou quittierte meinen verschwörerischen Blick mit dem Hinweis auf die 10.000 Kilometer zwischen uns und dem Iran und erinnerte mich an unsere Couchsurfing Gastgeber, die uns in Sankt Petersburg schon erwarteten.

Mich nervte die Verpflichtung! Ich konnte verstehen, dass es sehr unhöflich wäre, den Anreisetermin zu verschieben, aber die festen Zusagen nahmen der Reise ihre Spontanität und dieser Wert war mir heilig. Doch meine Spontanität musste sich in Geduld üben. Statt auf der Ostsee herumzuschippern, machten wir uns auf den Weg zur russischen Grenze.

Bisher war unsere kleine Tour eine lockere Ausfahrt gewesen. Nach Russland zu fahren, änderte alles. Wir fühlten uns wie Abenteurer – ängstliche Abenteurer. Das flaue Gefühl im Magen hatte seinen Grund, denn Freunde, Finnen und Foren warnten uns allesamt vor dem alten Zarenreich: Vor den vielen Verbrechern, der russischen Mafia, dem mörderischen Verkehr und den Russen generell. Außerdem würden wir nicht nur Finnland verlassen, sondern gleichzeitig die EU und die Nato. Wer sollte uns fortan beschützen?

Trotz Vorwarnungen und rebellierendem Bauchgefühl wollten wir uns nicht von Vorurteilen leiten lassen und fuhren bei den Grenzern zwischen Pelkola und Swetogorsk vor.

War die Ausreise aus Finnland noch leicht gewesen, sah das Prozedere auf russischer Seite ganz anders aus. Ein kurzer Blick in unsere Pässe, auf die Motorräder und in unsere Gesichter waren den Grenzern genug, um uns direkt abzuführen. Wären wir nur segeln gegangen.

Einer der Beamten brachte uns in ein kleines Zimmer, in dem schon ein junger Kerl saß. Er erzählte uns, dass er Amerikaner sei, mit israelischen Wurzeln und rudimentären Russischkenntnissen. Er hatte seinen Stiefvater in Sankt Petersburg besucht und sein Visum überzogen. Fantastisch, wir saßen auf russischem Boden im Zimmer für Problemfälle. In der Zwischenzeit öffnete sich Christian irgendwo auf der Ostsee ein weiteres Bier.

Nach einer halben Stunde betrat ein weiterer Mann das Problemfallzimmer. Er war vermutlich Anfang 30, trug eine Baseballkappe, einen Jogginganzug und einen dümmlichen Gesichtsausdruck. Er machte den Eindruck, Konfrontationen vorzugsweise mit den Fäusten zu regeln. Ich tippte ihn auf Kleinkriminellen und lag mit dieser Einschätzung weiter daneben als die Juroren, die 1915 Charlie Chaplin bei einem Charlie Chaplin Doppelgängerwettbewerb auf den dritten Platz wählten: In Wirklichkeit war der Neuankömmling im verdeckten Einsatz und hier um uns zu verhören.

Er sprach kaum Englisch, aber unser neuer amerikanischer Freund mit der komplizierten Familiengeschichte konnte für uns übersetzen. Bei der Durchsicht unserer Pässe waren die vielen

Visa aus muslimischen Ländern aufgefallen. Die Grenzer hielten uns wohl für Rekruten eines Terrorcamps.

Wir versicherten dem sich fortwährend kratzenden Beamten, dass wir nur auf der Durchreise waren, an Land und Leuten interessiert, gleich welcher Gesinnung und Religion.

Es war ein Fou-Moment: Wo sich meine Geduld schon lange aufgelöst und mich meine Sturheit wohl in Isolationshaft gebracht hätte, antwortete Fou mit unerschütterlicher Geduld und freundlichem Lächeln auf die immer gleichen Fragen. Ich konnte nur staunen. Es kostete viel Zeit, aber irgendwann schlug das Misstrauen in Neugier um und die Stimmung im Problemfallzimmer hellte auf. Der Beamte hatte noch eine abschließende Frage zu unserer Reise:

»Habt ihr denn kein Auto? Warum Motorräder? Russland ist sehr groß, wisst ihr.«

»Weil es Spaß macht?!«

Diese Antwort schien selbst für ihn plausibel und so entließ er uns in die Freiheit.

Die Grenzlinie entsprang offensichtlich der menschlichen Vorstellung, denn eine natürliche Grenze war nicht auszumachen. Die Landschaft auf russischer Seite unterschied sich nicht von der finnischen, es gab die vertrauten dichten Wälder und Seen hinter jeder Kurve. Nur die vom Menschen geschaffene Welt unterschied sich deutlich: Eine Schrift, die wir nicht entziffern konnten, Schlaglöcher, in denen man ein Motorrad versenken konnte und blaue Gazprom-Tankstellen mit dem günstigsten Benzin der bisherigen Reise waren fortan unsere Begleiter. Mit dem Grenzübertritt schienen wir außerdem 40 Jahre zurück in der Zeit gereist zu sein, denn an einer der ersten Kreuzungen nahm uns ein Eselskarren die Vorfahrt.

4

Sankt Petersburg war nach dem angeblich 2,15 Meter großen russischen Herrscher benannt worden, konnte uns jedoch nicht lange halten. Wir übernachteten bei einem reiselustigen Lehrerpärchen in dem schönen Vorort Pawlowsk. Kurz vor unserer Weiterreise nahmen uns die beiden mit in ihre Schule. Die Kinder sollten aufschreiben, was typisch für Deutschland sei. Neben den üblichen Verdächtigen – Bier und Autos – schaffte es der skurrilste Punkt zuerst nicht auf die Tafel. Die Jungs tuschelten und kicherten und erst nach wiederholter Aufforderung gaben sie ihr Geheimnis preis: Typisch deutsch sei es, langweilige Witze zu erzählen.

Anschließend zog es uns nach Moskau, die Stadt der Superreichen und der Superarmen. Die Stadt, in der sich neben dem geparkten Lamborghini ein Obdachloser den goldenen Schuss setzt, während die Prostituierten in ihren Nerzen an der Ecke Zigarettenqualm in die eiskalte Winterluft paffen. Zumindest hatte ich mir Moskau so vorgestellt und ich wollte schon immer einmal hin.

Die Metropole kündigte sich schon etliche Kilometer vor den Toren der Stadt an. Die Straßen zwischen größeren Städten in Russland waren meist verwaist, doch vor Moskau teilten wir uns den Asphalt mit dutzenden Autotransportern, die Hunderte neue Landrover geladen hatten, um die SUV-hungrige Bevölkerung zu füttern. Im Speckgürtel der Stadt herrschte Verkehrsinfarkt und wir verbrachten ein paar Stunden eingeklemmt zwischen Leitplanken und Sportwägen.

Wir suchten unseren Gastgeber Udo auf, einen Deutschen, der als Projektkoordinator für die Gesellschaft für internationale Zusammenarbeit in Moskau arbeitete. Er war groß, blond, und erinnerte entfernt an Dirk Nowitzki. Er wohnte zusammen mit Valentina, die seine Freundin und ein weiterer Grund für seinen Aufenthaltsort war. Sie hatte kastanienfarbenes Haar und stahlgraue Augen, ein hübsch geschnittenes Gesicht und einen Schönheitsfleck links unter dem Mund. Sie war die Cindy Crawford des Ostens. Außerdem klärte sie ein großes Missverständnis auf: Fou und ich aßen zum Frühstück meist Müsli, das wir mit Joghurt verfeinerten. Als wir nach Russland kamen, konnten wir im Kühlregal nicht mehr entziffern, was nun Joghurt war und griffen zu »Smetana«. Es schmeckte leicht säuerlich, aber wir dachten, dass Joghurt in Russland eben so schmeckt.

Als wir mit Valentina und Udo einkaufen gingen, fragte sie uns leicht irritiert was wir denn mit Smetana wollten. Weltmännisch unterrichtete ich sie von unserer Vorliebe für Müsli mit Joghurt. Valentina lachte laut:

»Das ist doch kein Joghurt, das ist saure Sahne!«

»Du wolltest doch einen Namen für dein Motorrad – Smetana, da hast du ihn!«, rief Fou.

»Das ist eine bescheuerte Idee und ein bescheuerter Name für ein Motorrad!«, versuchte ich zu protestieren, aber der Name blieb haften. Smetana also.

Valentina und Udo wohnten in einem Appartement im Zentrum. Die Vermieterin war eine Regisseurin und es war zugestellt mit Antiquitäten. Wir fanden unseren Platz auf einer Schlafcouch zwischen alten Schränken und Kommoden.

Der Sommer war uns aus Sankt Petersburg gefolgt und die ersten Sonnenstrahlen erwärmten die Stadt. Udo und Valentina brachten uns zu einem neueröffneten Park an einem Seitenarm der Moskwa. Wir legten uns auf die grüne Wiese, genossen den Blick aufs Wasser; zu unserer Linken fand eine kostenlose Yogastunde statt, zu unserer Rechten tanzten Menschen Salsa.

Nach Sonnenuntergang gingen wir dem Moskauer Nachtleben auf den Grund. Es fand nicht in Bars oder Diskotheken statt, sondern wieder in den zahlreichen Parks. Wir beobachteten das Treiben im Gorki Park von einer Brücke aus, denn dort oben gab es einen perfekten Aussichtspunkt. Bevor wir auf die Brücke kletterten, suchte ich – ganz lebenslanger Stuttgarter – nach Verbotsschildern, die drakonische Strafen androhten, fand aber keine. Im Park vor uns pulsierte das Leben: Es wurde getrunken und geraucht, philosophiert und diskutiert, geflirtet und geküsst.

Moskau war ganz anders, als ich es mir vorgestellt hatte. Weniger Nerznutte, mehr Frühlingskind, keine brutalen Bandenkriege, sondern kostenlose Yogastunden. Natürlich führten Udo und Valentina uns nicht in die heruntergekommenen Bezirke, sondern zeigten uns den Zuckerguss der Stadt. Was wir sahen, war genug, um den Wunsch zu wecken wieder zurückzukehren. Und so blieben wir zumindest ein paar Tage länger.

Eine Anekdote, die mich immer an die verrückten Russen erinnern wird, erlebten wir auf dem Heimweg von unserem Aussichtspunkt an der Brücke, in jener schönen Nacht im Park. Wir fuhren gerade mit der Tram zurück, als ein geparktes Auto den Verkehr blockierte, sein Heck ragte bis auf die Straßenbahnschienen. Anstatt sich aufzuregen oder die Polizei zu verständigen, schlug ein russischer Fahrgast vor, die Karre einfach wegzutragen. Und so stiegen Fou, ich und eine Handvoll anderer Fahrgäste aus, hoben das Auto an und in drei Zügen hatten wir die Pflicht des Fahrers erfüllt und das Auto sauber eingeparkt. Als wir wieder zurück in die Bahn stiegen, streckte uns der Bahnfahrer seine Hand zum High Five entgegen und rief fröhlich »Welcome to Moscow!«.

5

Nachdem wir Moskau verlassen hatten, fuhren wir über 2000 Kilometer Richtung Osten. Russlands Dimensionen waren gewaltig, der Grenzer aus dem Problemfallzimmer hatte nicht zu viel versprochen. Den ersten Halt legten wir in Susdal ein, ein kleines Städtchen mit schönem Kreml und alten Kirchen.

Susdal lag abseits der Autobahn M7, der wir bis dahin treu gefolgt waren. Auf dem Weg kamen wir zum ersten Mal in Berührung mit russischer Straßenbaukunst. Anstatt den Verkehr um eine Baustelle herum zu leiten, wie wir es aus Europa gewohnt waren, wurden wir direkt hindurch gelotst. Zuerst war der Straßenbelag nur abgetragen und es war ein Leichtes auf dem verdichteten Erdboden zu fahren, aber dann, einige hundert Meter weiter, war eine dicke Kiesschicht aufgetragen, die noch völlig lose war. Wenn wir anhielten oder zu langsam fuhren, sanken unsere schweren Motorräder ein wie im Treibsand. Waren wir zu schnell, war es beinahe unmöglich die Spur zu halten, außerdem schossen immer wieder faustgroße Steine gegen unsere Stiefel und die Motorräder. Es klang, als ob wir unter Trommelfeuer standen.

Doch nach einigen Kilometer war die Geschwindigkeit gefunden, bei der wir weder einsanken, noch zu großen Schaden an den Motorrädern verursachten.

Smetanas Heck brach zwar immer wieder leicht aus, aber vorne hielt uns das große Vorderrad in der Spur. Ich musste grinsen. Es war gerade einmal 10.30 Uhr, in meiner alten Firma holten sich die Kollegen vielleicht gerade den nächsten Kaffee, Herr Lehmann starrte wohl teilnahmslos auf seinen Bildschirm, während wir hier im russischen Niemandsland über eine Kieselpiste jagten. Es war ein Riesenspaß!

Ein paar Kilometer später war der alte löchrige Asphalt wieder zu sehen. Wir hielten an, um ein Erinnerungsfoto zu schießen. Ich nahm meinen Helm ab und schrie so laut ich konnte: »Das war der Hammer!«

Fou streifte gerade seine verstaubte Sturmhaube ab und erwiderte mit Kopfschütteln: »So kommen wir niemals bis nach Indien!«

Fou hatte diese Etappe überhaupt nicht genoßen und ihn zu überzeugen, doch einmal wieder abseits russischer Hauptstraßen zu fahren, wurde danach noch schwerer. So wurde die M7 unser Zuhause. Sie zerschnitt das Land von Westen nach Osten und sah auf der Karte aus wie eine Perlenkette, an der Millionenmetropolen hingen. Die Städte waren so groß wie München oder Hamburg, aber wir hatten noch nie von ihnen gehört (Ufa? Nischni Nowgorod?). Sie bildeten nicht nur das Rückgrat der russischen Wirtschaft, sie waren auch die Heimat unserer Couchsurfing Gastgeber. Meistens war es nicht besonders schwer eine Couch zu finden, denn viele Reisende verirrten sich nicht in diese Ecken Russlands, aufgeschlossene Gastgeber gab es hingegen zu genüge. Mit jeder Übernachtung gewannen wir mehr Eindrücke und neue Freunde.

Wir fuhren immer tiefer in den Osten, die Zivilisation wurde zusehends dünner, die Distanzen zwischen den Städten weiter. Wir spulten Kilometer um Kilometer herunter und durchquerten ganze Zeitzonen ohne es zu merken. Es war zwar oft monoton, aber zum ersten Mal fühlte ich mich wirklich frei. Wir fuhren durch das größte Land der Erde, jede Radumdrehung führte uns weiter weg von daheim und nichts und niemand konnte uns dazu bewegen umzudrehen.

Vor dem Uralgebirge, das Russland in Europa und Asien teilt, erwartete uns das reiche Tatarstan. Dort wird jenes Gas gefördert, dem die russische Elite ihren neuen Wohlstand verdankt und von dem immer wieder in den Medien zu hören ist, wenn es mal wieder vom Kreml als politisches Druckmittel eingesetzt wird.

Trotzdem waren wir verblüfft über den hochgezüchteten Iveco, den wir kurz vor Kasan überholten. Höhergelegte Geländewägen mit groben Stollenreifen waren hier zwar gängig, ein Stuttgarter Kennzeichen aber weniger. Fou winkte die Besatzung heraus. So machten wir die Bekanntschaft von Christine und Wolf, zwei Reisenden, die uns nicht nur in Reiseerfahrung, sondern auch in Sachen Gelassenheit weit voraus waren.

Christine trug eine Brille mit lilafarbener Fassung, einen Kurzhaarschnitt und ein freundliches Lächeln. Wolf hatte eine Glatze, eine dunkle Sonnenbrille und stand seiner Frau in Sachen Freundlichkeit nicht nach. Beide waren ihr Leben lang Unternehmer gewesen, hatten viel und hart gearbeitet und nun ihre Firmen gegen ein Weltreisemobil eingetauscht. Die beiden strahlten so eine tiefe Zufriedenheit aus wie es wohl nur Menschen können, die absolut mit sich, dem was sie tun und der Welt im Reinen sind. Als Wolf eine Landkarte aus dem Auto holte, hoffte ich es wären Adoptionspapiere.

Wolf und Christine nahmen an einer Expedition über die Seidenstraße teil. Sie gaben uns die Koordinaten ihres Lagers für die Nacht und wir verabredeten uns dort wiederzusehen. Ich war gespannt auf das Lager der Expeditionstruppe. Fou und ich waren die meiste Zeit alleine unterwegs und ein bisschen Abwechslung würde uns sicherlich gut tun.

Am Abend fanden wir uns auf dem Messegelände in Kasan ein. Die hungrigen Weltreisemobile wurden gefüttert mit fließendem Strom und Wasser, für unsere Zelte fand sich ein kleiner Grünstreifen.

Die Gruppe bestand aus neun Fahrzeugen. Zwei waren umgebaute LKWs, die wohl mehr gekostet hatten, als ich jemals in meinem Leben verdienen würde. Als einer der Fahrer seine Ladeluke öffnete, stand da neben einem Stromgenerator auch noch eine Waschmaschine. Man konnte eine Fernreise also durchaus unterschiedlich angehen.

Auf dem Messegelände lernten wir Hans kennen. Hans, weißes Haar, braune Haut, Gehstock, war in jungen Jahren einer der ersten Mitarbeiter eines aufstrebenden Softwarekonzerns gewesen. Hans war viele Jahre dort angestellt, bevor er sich selbstständig machte, um Projekte als externer Berater durchführen und nicht mehr an geregelte Arbeitszeiten gebunden zu sein. Er arbeitete immer viel, der Traum von langen Reisen war auf später verschoben. Eines Tages, er fuhr gerade eine kleine Tour mit seinem Motorrad, nahm ihm jemand die Vorfahrt und schickte ihn vom Sattel für zwei Jahre ins Krankenhaus. Dass er diesen Unfall überlebt hatte und nicht im Rollstuhl gelandet war, grenzte an ein Wunder. Von nun an sollte sein Leben ein anderes sein:

Hans hängte seine Beraterkarriere an den Nagel, holte seine Reisepläne aus dem Keller und zog los. Wie ein Unternehmensberater ging er die Sache analytisch an: Die abenteuerlichsten Herausforderungen begann er unverzüglich, um später, wenn er nicht mehr so fit sein sollte, die gemütlicheren und einfacheren Ziele anzusteuern. Eine seiner ersten Unternehmungen war eine Weltumsegelung und weil er die Ozeane liebte, umfuhr er die Welt auch gleich noch mit Containerschiffen. Später umrundete er die Welt mit seinem Sprinter und jetzt machte er eben diese Seidenstraßentour, weil die Jungs von der Agentur so nett waren, die Länder kannte er eigentlich schon. Hans war hingegen noch nie in Griechenland, obwohl es ihn sehr interessierte. Doch nach Griechenland zu reisen, meinte er, sei einfach, das könne er sich für später aufheben.

Die wenigen Tage, die wir mit der Gruppe verbrachten, waren Balsam für unsere Seelen. Die meisten Teilnehmer hätten unsere Eltern oder Großeltern sein können und da sie auch schon eine Weile von ihren Familien getrennt waren, boten wir guten Ersatz für zurückgelassene Enkel. Das bedeutete Pudding vor dem Schlafengehen und Müsli mit frischen Früchten zum Frühstück.

Außerdem tat es gut zu wissen, dass die Expeditionsteilnehmer unsere Reiselust verstehen konnten. Alle waren einst erfolgreiche Unternehmer gewesen und ich hatte befürchtet, sie würden uns als Faulpelze oder Tagträumer abstempeln, da wir keiner ordentlichen Arbeit nachgingen und mit dem Reisen nicht bis ins Rentenalter gewartet hatten. Das Gegenteil war der Fall und die meisten wären sogar gerne früher losgefahren.

Erwerbsbiographien konnten also tatsächlich ein Happy End haben. Die Expeditionstruppe machte deutlich, welche Vorzüge es hatte später auf Reisen zu gehen. Es war offensichtlich, dass jeder der Teilnehmer deutlich mehr Geld in der Tasche hatte als wir. Dennoch zeigte Hans' Geschichte, dass das wahre Risiko darin lag seine Träume auf später zu verschieben. Auch mein Vater hätte sicherlich im Ruhestand gerne noch etwas von der Welt gesehen.

6

Es waren Momente wie dieser, in denen ich voll in meinem neuen Leben aufging.

Wir hatten es nicht mehr nach Tscheljabinsk geschafft und zelteten gut 100 Kilometer vor den Toren der Stadt in der Nähe des Tschebarkulsees. Vor einem Jahr war ein Meteorit in den See gestürzt. Wir mieden das Seeufer; nicht wegen der Angst vor einem erneuten Meteoriteneinschlag, sondern wegen den Millionen von Stechmücken, die sich auf uns stürzten in der Sekunde, in der wir unsere Helme abnahmen.

Stattdessen schlugen wir unser Lager hinter einer kleinen Anhöhe, einige hundert Meter von der Straße entfernt, auf. Es war Frühling und unser Camp fügte sich gut in die Szenerie ein, denn das Grün unserer Zelte verschmolz mit dem saftigen Grün der Wiese. Links neben uns war dichter Wald, in dem ich Feuerholz sammelte, rechts lag die offene Steppe. Die Sonne war untergegangen und es wurde ziemlich frisch, aber das Feuer wärmte uns.

Wir waren seit einem Monat unterwegs.

In solchen Momenten eroberte mich die Reise, ich verliebte mich ins Unterwegssein. Es schleuste immer neue Eindrücke durch meine Pupillen in mein Gehirn. Ein Kribbeln lag in der Luft und gelangte über meine Haut zu meinen Nervenenden. Das Rauschen des Waldes hypnotisierte mich. Kein Planen, keine Gedanken an die Zukunft oder an Zuhause, keine Zweifel, ob wir den Iran rechtzeitig erreichen würden. Heute hatte sie den Kampf gewonnen, diese Reise.

Es war das erste Mal, dass wir wild campten. Wir waren dem Unbekannten ausgeliefert und verwundbar. Wir verließen uns auf das Gute in den Menschen, vor denen wir zuvor gewarnt worden waren. Wir vertrauten einem Volk, vor dem wir Zuhause Angst hatten. Wir machten das nicht aus Heldenmut, sondern weil wir keine andere Wahl hatten. Auch wenn unser Camp und unsere teuren Motorräder leichte Beute gewesen wären, sie ein kleines Vermögen auf dem Schwarzmarkt eingebracht hätten und unsere Leichen in diesem Sumpf zwischen Birkenwäldern auch prima für immer hätten verschwinden können – wir beschlossen dem Leben einen Vertrauensvorschuss zu geben.

Charles Darwin schrieb: »Es ist nicht die stärkste Spezies, die überlebt, auch nicht die intelligenteste, sondern diejenige, die am ehesten bereit ist sich zu verändern.«

Wir spürten den Sog der Veränderung und passten uns unserem neuen Leben besser an, als ich es mir vorgestellt hatte. Noch vor einem Monat hatten wir den Großteil unserer Zeit im Büro verbracht, mit nervigen Kunden und kaltem Kaffee gekämpft und jetzt fuhren wir durch Russland, mussten jede Nacht geeignete Schlafplätze finden und gewaltige Distanzen meistern. Wir sprachen höchstens ein paar Brocken Russisch; wir konnten nach dem Weg fragen und »Gesundheit!« wünschen. Aber wir kamen durch.

Dennoch lief der erste Monat dieser Reise nicht, wie ich es mir erhofft hatte. Ich hatte lange auf diese Reise hingearbeitet und nun fühlte sie sich nicht an wie meine Reise. Mich störte, dass Fou sie zu sehr lenkte.

Das rührte daher, dass ich mich mit der M7 arrangieren und unsere Couchsurfing Erfahrungen genießen konnte, während er das Campen nicht mochte (auch wenn er es nicht zugab) und für ihn Hinterstraßen ein unkalkulierbares Risiko darstellten.

Fou und ich waren in dieser Hinsicht grundverschieden. Zuhause hatten wir zwar versucht jedes Detail zu besprechen, aber wir bemerkten bald, dass man den Reisealltag nicht in einer Sportsbar simulieren konnte. Wir mussten uns neu kennenlernen und an diesem Tag sprachen wir uns aus.

»Ich liebe das Unterwegssein«, sagte Fou, während er in die Flammen starrte, »und ich will es auf keinen Fall gefährden. Deswegen ist es mir einfach lieber unnötige Risiken zu vermeiden. Wenn alles gut läuft, haben wir noch einen weiten Weg vor uns.«

Das machte Sinn. Für Fou war dieses neue Leben ein zartes Pflänzchen, das noch so verletzlich war, dass er nicht riskieren wollte darauf zu treten. Er wollte es pflegen, vorsichtig sein und wachsen sehen, um später seine Früchte zu ernten.

Für mich war es hingegen wie ein neuer Freund auf dem Spielplatz; wir waren beide sieben Jahre alt, warfen uns in den Matsch und hörten nicht mehr auf bis einer weinte.

Fou und ich, wir mussten lernen, dass zusammen reisen eben auch zusammenreißen bedeutete.

Vor allem musste ich mir bewusst machen, welche unvergesslichen Erlebnisse Fou mir beschert hatte. Ohne ihn hätte ich Couchsurfing niemals kennengelernt. Ich wäre in abgewohnten Hotelzimmern abgestiegen und einsam gewesen, stattdessen hatten wir nun Freunde in jeder Stadt. Ich hätte nie gelernt, dass die meisten Russen keinen Alkohol lagern, sondern immer gleich alles trinken. Ich war immer noch weit davon entfernt Russland zu verstehen, aber ich war mir sicher, durch den Austausch viele Dinge gelernt zu haben, die nicht in den Nachrichten erwähnt wurden. Dafür war ich Fou und unseren Gastgebern dankbar.

7

Unsere letzte Nacht auf russischem Boden verbrachten wir in Kurgan. Kurgan liegt nahe der Grenze zu Kasachstan und hatte den Charme eines Verbannungslagers.

Die Stadt ist eine Geisel der Industrie. Sie versorgt zwar die Bevölkerung mit Arbeitsplätzen, doch verseucht sie zugleich die Luft und verschandelt die Landschaft mit hohen Schornsteinen und schwarzem Rauch. Als die Zaren noch über Russland herrschten, diente Kurgan tatsächlich als Verbannungslager. Unliebsame Bürger wurden an die äußerste Grenze ihres riesigen Reichs deportiert.

Doch selbst in Kurgan konnte man couchsurfen. Wir kamen bei Lisa und Alex unter. Die beiden waren seit zwei Jahren auf Couchsurfing aktiv, wir waren ihre ersten Gäste.

Alex war ein großer, dicklicher Kerl mit Brille und einer Vorliebe für Online-Rollenspiele. Er stand ganz klar unter dem Pantoffel seiner Frau. Lisa war blond und voluminös, schwere Brüste, dicke Lippen, geschminkt, die Haare auftoupiert. Sie wäre bei einer Show »Kurgans next Marilyn Monroe« sicherlich auf den vorderen Plätzen gelandet.

Beide waren so um unser Wohl besorgt, dass es rührend war. Normalerweise schliefen wir bei unseren Gastgebern auf dem Boden oder auf einem Sofa, ganz selten in eigenen Zimmern, aber Lisa hatte sogar eine eigene Wohnung für uns arrangiert.

Nachdem wir uns von der Anreise erholt und geduscht hatten, backten wir gemeinsam Pizza und tranken Cognac mit Alex. Während des Essens schauten wir uns eine nicht enden wollende Slideshow ihrer Hochzeitsreise nach Rom an: Lisa in allen Posen vor jedem Gebäude in Rom.

In der Slideshow pustete Lisa gerade vor dem Colosseum einen unschuldigen Kuss in die Kamera, als Alex, dessen Zunge vom Cognac gelockert war, uns fragte:

»Was bringt euch eigentlich nach Kurgan?«

Fou erwiderte: »Wir sind auf dem Weg nach Kasachstan.«

Alex verschluckte sich an seinem Cognac und Lisa lief kreidebleich an: »Ihr wollt nach Kasachstan? Dort ist es gefährlich! Bleibt lieber hier bei uns.«

Lisa und Alex waren noch nie in Kasachstan gewesen. Noch nicht ein einziges Mal. Dabei lebten sie nur 100 Kilometer von der Grenze entfernt. Sie waren schon in Rom, aber noch nicht in Petropawl. Zu gefährlich. Es waren dieselben Vorurteile, die wir schon in Finnland über Russland gehört hatten – von jenen Finnen, die selbst noch nie in Russland waren.

Ich würde gerne von mir sagen können, ich wäre frei von Vorurteilen. In Russland musste ich mir eingestehen, dass ich sehr wohl welche hatte. Auf den ersten Kilometern auf russischem Boden fühlte ich mich unbehaglich, unsicher und unwohl. Es brauchte einige freundliche Begegnungen, um die vorgefertigten Meinungen in meinem Kopf zu Russland zu überschreiben. Das Verrückte: Ich war mir dieser Meinungen nicht einmal bewusst.

Vielleicht lag es an der gesellschaftlichen Prägung? In Hollywood waren die Bösewichte oft Russen und auch in den deutschen Medien wurde gewiss kein gutes Russlandbild gezeichnet. Obwohl meist nur über die Kremlführung berichtet wurde und nicht über die gesamte Bevölkerung, hatte es wohl auf mich abgefärbt.

Als ich darüber nachdachte, fiel mir eine Anekdote aus Nelson Mandelas Biographie ein. Ich hatte die Biographie vor vielen Jahren gelesen und diese Geschichte war mir lebhaft in Erinnerung geblieben: Mandela, einer der größten Kämpfer für Gleichheit, flog 1962 nach Äthiopien. Er stieg die Treppe zum Flugzeug hinauf, blickte nach links ins Cockpit und war sich sofort sicher, dass er diesen Flug nicht überleben würde: Der Pilot war schwarz. Er hatte noch nie einen schwarzen Piloten gesehen. Schwarze konnten unmöglich fliegen.

Es dauerte einen Moment bis Mandela realisierte, dass er der Ideologie der Apartheid zum Opfer gefallen war, in der Schwarze Menschen zweiter Klasse seien und Fliegen die Arbeit von Weißen. Er setzte sich auf seinen Platz und musste über sich selbst schmunzeln.

Von nun an wollte ich mir dem Einfluss von Informationen und Nachrichten bewusster sein, besser reflektieren und lieber den Menschen zuhören, die gesehen und erlebt hatten, wovon sie sprachen, um Vorurteilen erst gar keine Nahrung zu bieten. So schlugen wir das wohl- und ernstgemeinte Angebot dankend aus, unseren Lebensmittelpunkt nach Kurgan zu verlagern und entschieden uns unser Glück in Kasachstan zu versuchen.

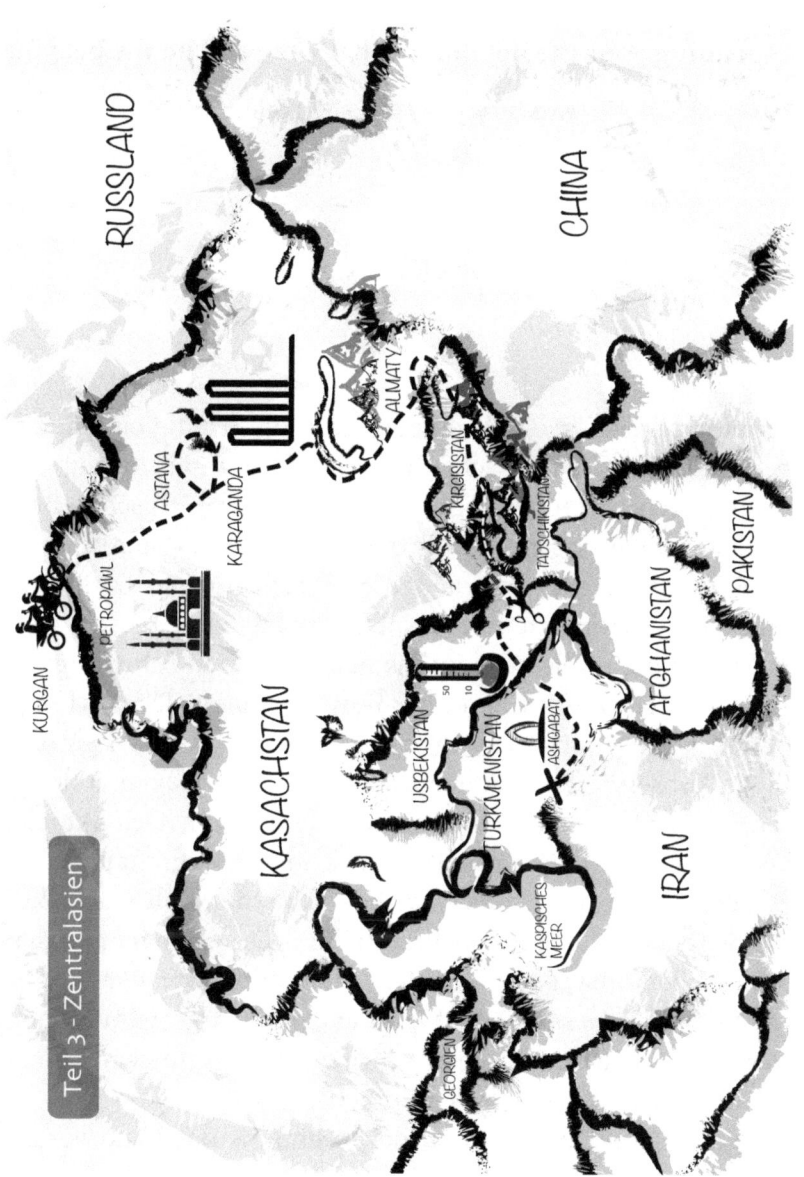

Teil 3 – Zentralasien

RUSSLAND

CHINA

KURGAN

PETROPAWL

ASTANA

KARAGANDA

ALMATY

KIRGISISTAN

TADSCHIKISTAN

PAKISTAN

AFGHANISTAN

KASACHSTAN

USBEKISTAN

TURKMENISTAN

ASHGABAT

IRAN

KASPISCHES
MEER

GEORGIEN

»And then there is the most dangerous risk of all – the risk of spending your life not doing what you want on the bet you can buy yourself the freedom to do it later.«

- Randy Komisar

1

Eine Motorradreise ist ein Abenteuer und gleichzeitig ein Papierkrieg. Als wir auf die kasachische Grenze zufuhren, waren wir erst wenige Wochen unterwegs, aber es stapelten sich schon Broschüren, Versicherungspolicen, Zolldokumente und Infoflyer in meinem Tankrucksack. Es war ein Symptom meiner Sorglosigkeit, dass ich dazu neigte wichtige Dokumente zu verlieren. Egal ob Parkticket oder Reisepass und genau deshalb in Schwierigkeiten zu kommen. Dieses Chaos, das nun in meinem Tankrucksack herrschte, würde dafür sorgen, dass lästige Tankstellenquittungen ewig konserviert wurden, aber wichtige Unterlagen verloren gingen. Ich schloss einen Pakt mit mir selbst: Nur noch aktuelle und wichtige Dokumente behalten, alles andere wegschmeißen.

Bei der Einreise nach Russland hatte uns der Zoll ein Dokument ausgestellt, das sehr wichtig aussah. Die Stempel zeugten vom offiziellen Charakter. Auf dem Dokument war der Motorradtyp festgehalten, sowie die Motoren- und Fahrgestellnummer. Es war komplett in kyrillischen Schriftzeichen verfasst mit Ausnahme eines Satzes in englischer Sprache:

»Geben Sie das Dokument zurück, wenn Sie das Land verlassen.«

Ich hütete es wie Frodo seinen Ring.

Nun war die Zeit gekommen dieses Dokument endlich loszuwerden. Am Grenzübergang präsentierte ich dem russischen Zöllner stolz mein sauber verwahrtes, knickfreies Zolldokument. Ich fühlte mich wie der Besieger der Bürokratie. Die Generalprobe war gelungen. Ich hatte es geschafft, ein wichtiges Dokument quer durch Russland zu transportieren. Jetzt konnte die Reise richtig losgehen!

Aber der Zöllner war völlig unbeeindruckt von meiner Leistung. Er wollte das Dokument nicht einmal annehmen. Er hob nur mürrisch seinen Kopf, als ob ihm jede Bewegung körperliche Schmerzen bereitete, schüttelte ihn kaum merklich und schob das Papier kommentarlos zurück über den Tresen. Damit gab ich mich nicht zufrieden und schob es zurück zu ihm. Er gab es mir wieder zurück ohne mich nur eines Blickes zu würdigen.

Auch der kasachische Zoll wollte nichts von meinem Dokument wissen. Nach einer kurzen Beratung mit Fou blieb ich meiner »Null-Toleranz-gegenüber-unnützen-Papieren« Regel treu, knüllte es zusammen und setzte zu einem Drei-Punkte-Wurf an, auf den selbst Dirk Nowitzki neidisch gewesen wäre. Die Papierkugel beschrieb eine ansehnliche Flugbahn und landete in einer großen, schwarzen, stinkenden Mülltonne, die hinter dem Grenzgebäude stand. Von diesem Wurf würde ich später noch Alpträume bekommen.

Die Einreise nach Kasachstan war ein Kinderspiel. Wir hatten Schlimmeres erwartet und uns deswegen ein Hotel in der Grenzstadt Petropawl gebucht. Lisa und Alex hatten die Stadt als Umschlagplatz für gefälschte Waren und als Gangsterhochburg bezeichnet. Als wir uns umsahen, fanden wir ein gemütliches Städtchen mit überraschend schöner Biergartenszene vor.

2

Wir reisten schon am nächsten Morgen aus Petropawl ab und mit den Biergärten ließen wir auch die Zivilisation hinter uns.

Vor uns lagen nun hunderte Kilometer kasachischer Steppe. Es war anders als in Russland, karger, das Land wurde mit jedem Kilometer Richtung Süden trockener, die Vegetation dünner, Bäume wurden zu Büschen. Die Erde war flach, die Luft klar, nichts versperrte den Blick auf den Horizont. Wenn wir anhielten und die Motoren ruhten, hörten wir nur den pfeifenden Wind und es gab so wenig Verkehr, dass wir von jedem entgegenkommenden LKW-Fahrer gegrüßt wurden. Es fühlte sich an, als wären wir die letzten Menschen auf dem Planeten.

Dieses Gefühl verflüchtigte sich erst wieder, als wir Astana erreichten. Die neue Hauptstadt passte mit ihren Hochhäusern und Einkaufszentren nicht so richtig ins Bild, das wir bisher von Kasachstan gewonnen hatten. Dank der guten Infrastruktur konnten wir jedoch den ersten Ölwechsel der Reise vornehmen und den Motorrädern eine wohlverdiente Wellnessbehandlung gönnen.

Die Distanzen waren auch in Kasachstan so gewaltig, dass ich in zwei Wochen so viel fuhr wie in einer Motorradsaison zuhause. Eine schwarze Dunstglocke kündigte Karaganda an. Die Stadt war fest in der Hand der Kohleindustrie, die mit riesigen Schornsteinen dunklen Rauch in die Atmosphäre blies. Aber Karaganda war auch der Ort mit einer wegweisenden Kreuzung: Kam man von Astana, sah man auf der rechten Seite ein koreanisches Restaurant, schräg gegenüber lag eine Helios Tankstelle, die Benzin mit hoher Oktanzahl anbot. Fuhr man nun einfach gerade aus weiter gen Süden, grüßte tausend Steppenkilometer später die ehemalige Hauptstadt Almaty. Bog man stattdessen links ab, fuhr man in den wilden Osten Kasachstans. Vorbei an einigen Nationalparks, bis an die chinesische Grenze und zu den Ausläufern des Tian Shan Gebirges. Ich träumte seit vielen Monaten von diesen Bergen. Tian Shan – der Name klang schon nach Abenteuer.

Aber es gab einen Haken: Mindestens 400 Kilometer der Strecke waren nicht asphaltiert, vielleicht mehr. Die Benzinversorgung war ebenfalls ungewiss. Unterkünfte gab es wahrscheinlich keine. Die Fronten waren klar und verhärtet: Fou wollte am Koreaner vorbei und direkt nach Almaty, ich an der Helios Tankstelle und ab ins Abenteuer.

An dieser Kreuzung entzündete sich ein Streit zwischen uns, der schon schwelte, seitdem wir in Russland eingereist waren: Die Streckenplanung lag mittlerweile komplett in Fous Verantwortung. Hauptstraße folgte auf Hauptstraße. Fou liebte Effizienz. Er war wahrscheinlich der effizienteste Weltreisende aller Zeiten. Effizienz stand über allem. Campen lohnte sich nicht aus Effizienzgründen. Nebenstraßen waren nicht nur ein Risiko, sondern auch ineffizient. In diesem Effizienzdenken war kein Platz für Entdecken oder Abenteuer.

Meistens fand ich mich damit ab, ohne überhaupt zu diskutieren, aber an diesem Tag blieb ich stur. Ich schlug Fou vor, dass wir uns aufteilen könnten und in Almaty wiedersehen würden. Schließlich führten beide Wege dorthin. Das gefiel ihm noch weniger als die Aussicht auf Pisten. So ließen wir den Koreaner links liegen und fuhren nach Osten.

Die erste Etappe bis zum Karakaly Nationalpark war noch ein Kinderspiel. Vielleicht waren unsere Informationen veraltet? Nachts regnete es zwar heftig, aber am nächsten Morgen war der Himmel wieder tiefblau und wolkenlos. Zuversichtlich fuhren wir weiter. Nach wenigen Kilometern rollten wir jedoch über die Asphaltgrenze. Der Regen der letzten Nacht hatte die Piste aufgeweicht. Sie war schmierig und bestand nur aus Lehm. Kein Kies konnte unseren Reifen Halt bieten. Es war wie Motorradfahren auf einer Eisbahn. Wir quälten uns eine ganze Weile im Schritttempo über die Fahrbahn, bis Fou in einem unachtsamen Moment seine BMW auf die Seite legte. Der Sturz ging glimpflich aus, aber wir beschlossen unsere Wasser- und Kalorienvorräte in dem kleinen Dorf aufzufüllen, das wir eben passiert hatten.

Es war winzig, bestand aus weniger als zwanzig einfachen Backsteinhäuschen, die teilweise nur mit Stroh gedeckt waren. Als wir einbogen, entdeckte uns als erstes ein Junge. Er trug eine hellblaue Trainingsjacke, eine weiße Mütze und fiel beinahe von seinem Fahrrad, als er uns sah. Unsere Motorräder erregten schon, seitdem wir Moskau verlassen hatten, große Aufmerksamkeit und während jeder Pause mussten wir Fragen beantworten und für ein paar Fotos posieren. Unsere Reifen hinterließen Furchen im Matsch, unsere Gesichter Spuren auf Facebook.

Der Junge hatte seine Augen weit aufgerissen und starrte uns an, als ob wir Aliens wären. Fou versuchte ihm mit Händen und Füßen zu erklären, dass wir auf der Suche nach Wasser waren. Er nickte, grinste breit, seine Augen begannen zu leuchten und dann eskortierte er uns mit seinem Fahrrad in das Dorf. Innerhalb weniger Minuten scharrten sich fünf weitere Kinder um unsere Motorräder. Drei Männer gesellten sich zu uns. Sie hatten asiatische Gesichtszüge und freundliche Augen. Fou brauchte keine Worte um zu kommunizieren; er erklärte unsere Route mit ausladenden Gesten.

Zum Abschluss stellten wir uns auf für ein gemeinsames Foto und schüttelten die Hände der Erwachsenen, die Kinder eskortierten uns auf ihren Fahrrädern aus dem Dorf und winkten solange bis wir sie nicht mehr sehen konnten.

»Was willst du machen?«, fragte ich Fou. Wir hatten angehalten, um die Lage zu besprechen. Ich war noch ganz euphorisiert von der tollen Begegnung im Dorf.

»Wir drehen um und fahren zurück nach Karaganda! Die Straße ist eine Katastrophe, wir wissen nicht, wie es weiter geht und wenn es nochmal regnet, sind wir verloren! Das Risiko ist zu groß«, sagte Fou. Ich zeigte auf den blauen Himmel, er zuckte mit den Schultern.

Hier war das Dilemma: Genau für solche Erfahrungen war ich losgefahren. Nicht für Autobahnen, sondern für Schlammstraßen. Nicht für Städte wie Astana oder Karaganda, sondern für diese kleinen Dörfer, fröhliche Kinder, Fahrradeskorten und Auffahrten voller Kuhmist.

Aber mit diesen Wünschen war ich allein. Mein Reisepartner hatte andere Wünsche und Vorstellungen.

Wir fuhren zurück nach Karaganda.

Unsere Route durch Kasachstan war bisher einfacher gewesen, als ich es mir vorgestellt hatte. Mir fehlte das Abenteuer. Später sollte Fou sagen: »Für die meisten Menschen wäre es ein Abenteuer überhaupt durch Kasachstan zu fahren.« Mir war es trotzdem nicht genug.

Der Ärger kochte in mir. Fous Beteiligung an dieser Reise fühlt sich an wie ein Fremdkörper unter meiner Haut. Am liebsten hätte ich ihn rausgeschnitten. Für die nächsten Tage war die Stimmung vergiftet.

3

Zurück in Karaganda: nun doch am Koreaner vorbei und direkt nach Süden. Die Steppe wurde zur Wüste, in mir wurde es finsterer. Es gab keine Vegetation und keine Konversation. Die Straße verlief geradeaus, keine Kurven, pure Langeweile – perfekte Effizienz.

Wir fuhren am Balchaschsee entlang, der von oben aussah wie eine Säbelklinge, aber das Kämpfen schon lange aufgegeben hatte. Sein großer Bruder, der Aralsee war bereits ausgetrocknet und bald würde ihm das gleiche Schicksal bevorstehen. Die Steppe hatte mich ausgezehrt. Keine Ablenkung weit und breit, nur totes, karges Land. Während der vielen Stunden auf dem Motorrad drehten sich meine Gedanken im Kreis:

»Das ist nicht meine Reise, das ist nicht meine Reise, das ist nicht meine Reise.«

Couchsurfing war in Ordnung, aber mir fehlte das Campen, mir fehlte die Natur. Wann immer es die Chance gab eine Couch zu surfen, dann taten wir das auch. Gab es keine Couch, dann versuchte Fou das Campen unbedingt zu vermeiden. Er schaffte es selbst in dieser verlassenen Gegend am Ufer des Balchaschsee, mitten im Nirgendwo, ein Hotel zu finden. Die nächste Nacht hatte er weniger Glück und wir campten vor dem Hof eines Viehhirten. Es war ein furchtbarer Zeltplatz, aber die Schadenfreude gab mir Genugtuung.

Ich war froh, als wir endlich Almaty erreichten. Ich brauchte Ablenkung von meinem Gedankenkarussell. Unmittelbar vor Almaty wurde das Land hügeliger. Auf der Karte konnte man sehen, dass die Stadt nah am Tian Shan Gebirge lag. Vielleicht konnte man von Almaty aus sogar schon die Berge sehen? Die Straße lief hinunter in ein kleines Tal und dann in einer langgezogenen Rechtskurve einen Hügel hinauf. Als wir den Scheitelpunkt passierten, lag plötzlich Almaty vor uns. Eine Skyline aus Sowjethochhäusern, die überragt wurde von weißen Gipfeln – den ersten Ausläufern des Tian Shan. Sie wirkten wie gigantische Beschützer der Stadt. Über allen Gipfeln thronte der Pik Talgar, der höchste Gipfel der Kette mit beinahe 5.000 Metern Höhe.

Vor einem modernen Einkaufszentrum sollten wir Roman treffen, einen Freund unserer Couchsurfing Gastgeberin Nissa.

Wir waren schon früh am Treffpunkt und betraten das Kaufhaus durch eine große Glastür. Der Boden war poliert und glänzte, es gab Coffee to go und öffentliches Wlan. Mit meiner dreckigen Motorradkluft und meinem unrasierten Gesicht fühlte ich mich fehl am Platz.

Obwohl wir mittlerweile schon einige Erfahrungen beim Couchsurfing gesammelt hatten und Enttäuschungen bisher ausgeblieben waren, war es doch jedes Mal nervenkitzelig auf den nächsten Gastgeber zu treffen. Fous Handy klingelte und Roman meldete sich. Wir verließen das Einkaufszentrum und sahen ihn schon von Weitem. Er hatte blonde, schulterlange Haare und einen Bart um den Mund, trug eine Lederjacke, Zigarette im Mundwinkel, Motorradhelm in der Hand und stand vor einer schwarzen Honda. Roman war ein Couchsurfing-Jackpot. Nach kurzer Begrüßung fuhr er voran und brachte uns zu unserer Unterkunft. Sein Kumpel Alexej war nicht in der Stadt und wir durften seine Wohnung nutzen. Wir waren gerade erst in Almaty angekommen und nun hatten wir schon eine eigene Wohnung und einen motorradfahrenden Freund.

Später am Abend lernten wir Nissa kennen. Mit ihr hatte Fou geschrieben und sie hatte all das für uns möglich gemacht. Nissa war 25, sie hatte blaue Strähnen in den Haaren, arbeitete als Kinderfotografin, war einst mit dem Lied »Laniyami« in den kasachischen Charts gewesen und spielte auch im Theater. Eine Narbe an ihrem Ellenbogen zeugte von einem Rollerunfall, den sie in Indien gehabt hatte. Sie wurde vor Ort operiert und nun hielten Titanschrauben ihre Knochen an der gebrochenen Stelle zusammen. Was ich am meisten an Nissa mochte, war ihr Gesichtsausdruck: Ihr spielte immer ein leichtes Lächeln um den Mund.

Wir verstanden uns so gut, dass wir eine Woche blieben. In Almaty konnte jeder auf seine Kosten kommen. Zuerst war da Nissas Wohnung. Sie war das Couchsurfing-Epizentrum von Almaty. Es waren immer wieder unterschiedliche Gäste aus allen Ecken der Welt da. Am lebhaftesten blieb mir ein polnisches Pärchen in Erinnerung. Sie waren unter anderem per Anhalter durch den Norden des Irak gereist und hatten wunderschöne Geschichten zu erzählen. Freunde von Roman hatten eine Garage, die Treffpunkt und gleichzeitig Motorradwerkstatt war. Zusammen mit seinen Freunden war Roman schon bis zum Baikalsee in Russland gefahren. Eines Abends führte Nissa uns auf ein Dach mit herrlicher Aussicht über die Stadt. Es wurde getrunken und Joints wanderten von Hand zu Hand. Nissa stellte uns einen besonders betrunkenen Kerl vor: »Das ist Sergej! In ein paar Wochen entfernt er mir die Schrauben aus meinem Arm!«

Und wir gingen in die Berge. Ich war schon aufgeregt, aber das war nichts gegen die Freude von Timor. Timor war der Cousin von Nissas Mitbewohnerin, 18, ziemlich schüchtern und hatte in seinem Leben noch nie Berge gesehen. Es gab Menschen, die hatten noch nie Schnee gesehen oder den Ozean, aber Berge? Er lebte im völlig flachen Petropawl mit den schönen Biergärten. Als wir die ersten Höhenmeter hochkraxelten, war er verzaubert. Mit offenem Mund knipste er hunderte Fotos.

Wahrscheinlich wären wir noch länger in Almaty geblieben, hätten die Berge weiter erforscht, wären in der Werkstatt herumgehangen, hätten den Geschichten von Nissas Gästen gelauscht und das leckere Essen genossen, aber hinter den Bergen, wartete der Grund, warum wir überhaupt hier waren: Kirgisistan.

Bevor wir unsere Reise geplant hatten, wusste ich nicht mal, dass dieses Land existierte. Erst ein Youtube-Video klärte mich über die schroffen Berge, abenteuerlichen Schotterpisten, grünen Wiesen und alpinen Seen auf. Almaty lag nur zwei Stunden von der Grenze entfernt.

Durch einen glücklichen Zufall bekamen wir eine Verlängerung mit Nissa und Roman. Eine russische Rockband gab in der kirgisischen Hauptstadt Bishkek ein Konzert und so kamen Nissa und Roman einfach mit nach Kirgisistan.

4

Nissa und Roman hatten die Grenze nach Kirgisistan schon überquert, da hatte ich noch nicht mal meinen Helm abgenommen. Vor Fou und mir baute sich ein kleiner Soldat auf. Er war zwar recht klein, dafür schien er nur aus Muskeln zu bestehen. Er hatte den typischen, kalten Gesichtsausdruck eines Grenzbeamten und sein Maschinengewehr hielt er bedrohlich vor seiner Brust, den Zeigefinger nur Millimeter vom Abzug entfernt, eine schwarze Sonnenbrille verdeckte seine Augen. Er stellte sich vor mit den zwei Worten:

»Custom document!«

So musste es sich anfühlen von einem LkW überfahren zu werden. Mir wurde schwindelig und schlecht, schwarz vor Augen, heiß und dann kalt. Der Grenzer wollte das Dokument sehen, dass ich mit perfekter Zuversicht nach der Einreise in Kasachstan im Mülleimer neben dem Grenzhaus versenkt hatte. Was ich damals nicht wusste: Russland, Kasachstan und Weißrussland bildeten eine Zollunion, ähnlich wie die EU. Führte man etwas (ein Motorrad) in eines der Länder (Russland) ein, musste man die Ausfuhr erst nachweisen, wenn man die Union verließ (Kasachstan in diesem Fall). Ich wollte keine Unordnung. Wollte wichtige Sachen nicht aus Versehen wegwerfen. Nun hatte meine Taktik dazu geführt, dass ich mit Sicherheit wusste, wo der Grenzer das Papier finden konnte: Irgendwo auf einer Müllkippe an der Grenze zwischen Petropawl und Kurgan.

Der Grenzer bellte wieder:

»Custom Document!«

»Hör zu Kumpel, mir ist was ganz Dummes passiert. Auf dem Dokument stand…«

»Custom Document!«

»Ja also das Problem ist, dass..«

»Custom Document!«

»Ich habe das…«

»Custom Document!«

Er sprach kein Englisch oder wollte es nicht sprechen. Bellen konnte er dafür sehr gut.

In der Zwischenzeit produzierte Fou aus den Tiefen seines Tankrucksacks tatsächlich besagtes Dokument hervor. Der Schlingel! Ich war mir sicher gewesen, dass er es auch weggeworfen hatte. Der Grenzer nahm es, hielt es mir unter die Nase und bellte wieder:

»Custom Document!«, als ob er sagen wollte: »So sieht es aus, Dummkopf!«

In der Zwischenzeit hatte unser Theaterstück weitere Grenzbeamten angelockt. Das war zwar bedrohlich durch mehr Maschinengewehre und Muskelberge, aber es hatte auch etwas Gutes, denn Roman sah von Kirgistan aus, dass wir Probleme hatten und kam uns zu Hilfe. Ich erzählte ihm kleinlaut, was passiert war. Von meiner Sorge wichtige Dokumente zu verlieren und meinem Wurf und der Mülltonne. Er sah mich völlig entgeistert an und sagte nur: »Du weißt, dass das ziemlich dumm war, oder?«

Zumindest konnte Roman nun mein Problem erklären, worauf er von Mister »Custom Document« zu seinem Boss verwiesen wurde. Roman erzählte auch ihm, was vorgefallen war. Der Boss war aber anscheinend nicht der richtige Ansprechpartner und verwies uns an einen weiteren Boss. Dieser Boss wiederum war aber gerade nicht da, weswegen wir warten mussten. Nach einer Stunde oder zwei kam der neue Boss schließlich, der uns umgehend wieder zum ersten beorderte.

Roman hatte die Geschichte mittlerweile schon so oft erzählt, dass ich sie beinahe auf Russisch mitsprechen konnte. Als sich die Sonne hinter den Bergen senkte, jeder Boss nach Hause ging, verließ uns auch Roman und ging auf das Rockkonzert.

Fou blieb bei mir. Er mochte vielleicht kein Camping und keine Schlammpisten, aber er war definitiv eine treue Seele und er bewies einmal mehr, dass ich mich auf ihn verlassen konnte. Wir suchten uns eine Unterkunft in dem Grenzstädtchen Korday, das so aussah wie Lisa und Alex sich Petropawl vorgestellt hatten. An Schlaf war nicht zu denken. Selbsthass nagte an mir. Es war furchtbar und es schien aussichtslos. Ohne dieses Dokument gab es keine Ausreise. Das waren ernsthafte Schwierigkeiten. Das Schlimmste daran war, dass genau das eingetreten war, was ich befürchtet hatte und vermeiden wollte. Ich zweifelte ernsthaft an meiner Eignung als Motorradreisender.

Am nächsten Tag gingen wir wieder zur Grenze. »Custom Document« deutete mit seinem Kinn auf das kleine Gebäude und wir versuchten unser Bestes irgendeinen Boss davon zu überzeugen irgendetwas zu tun, aber wir erreichten nichts.

Am späten Vormittag kam Roman. Es war sein freier Tag. Die ganze Woche hatte er sich gefreut Zeit mit seinen Freunden in Kirgisistan zu verbringen. Anstatt ausgelassen zu frühstücken, rannte er weiter von Boss zu Boss und verkündete die frohe Botschaft von einem deutschen Motorradreisenden, der zu blöd war ein Stück Papier aufzubewahren.

Nach ein paar weiteren Stunden des Fragens und Wartens schienen wir schließlich den Boss ausgemacht zu haben, der uns tatsächlich weiterhelfen konnte: Sein Name war Juri. Juri musste in seinen späten Vierzigern sein, hatte einen Bauchansatz, war recht klein, aber der größte Fisch im Teich. Er schien nichts zu tun außer zu rauchen und Leute herum zu scheuchen. Juri gab uns endlich einen Hinweis, wie wir diese verzwickte Situation lösen konnten: Der Grenzposten, bei dem wir in die Zollunion eingereist waren, hatte eine Kopie des Dokumentes. Blöd, dass der Posten an der finnisch-russischen Grenze lag – fast 5000 Kilometer entfernt.

Fou schlug vor, die deutsche Botschaft um Hilfe zu bitten. Bei dem Gedanken kam ich mir idiotisch vor. War die Botschaft nicht damit beschäftigt internationale Probleme zu lösen und Geheimagenten zu befreien? Als Fou mich an die Alternative erinnerte (nach Finnland fahren), wählte ich doch lieber die Nummer. Im Konsulat erreichte ich einen Beamten mit dem Namen Schulz. Herr Schulz war äußerst praktisch veranlagt: »Herr Fay, haben Sie versucht den Grenzer zu schmieren?«

Ich traute meinen Ohren nicht. Ein Botschaftsmitarbeiter forderte mich auf einen kasachischen Grenzbeamten zu korrumpieren. Das war allerdings auch das Erste, was Roman versucht hatte. Er bot jedem Boss Geld an, um uns ausreisen zu lassen. Niemand ließ sich darauf ein, was nur noch deutlicher machte, wie ernsthaft diese Schwierigkeiten waren. Ich erzählte Herrn Schulz von unserem Versuch, worauf er nur meinte: »Herr Fay, das ist Kasachstan. Ich kann Ihnen leider auch nicht helfen.« Immerhin sicherte er mir eine Übersetzerin zu.

Einige Minuten später klingelte tatsächlich das Handy und eine Dame mit kasachischen Akzent war in der Leitung. Ich gab sie sofort Juri.

Juri wurde auf einmal sehr leise, nur um nach dem Gespräch sehr laut zu werden. Roman übersetzte viele Schimpfwörter und dass er keine Lust habe mit dem deutschen Konsulat zu reden und dass er mich nach Finnland schicken würde. Die Übersetzerin berichtete hingegen, dass Juri sich bereit erklärt habe den

Grenzposten an der finnischen Grenze zu kontaktieren und das Dokument anzufordern.

Endlich ein Fortschritt!

Von nun an spielten wir ein neues Spiel. Jede Stunde gingen wir nun zu Juris Büro und fragten: »Ist das Fax schon da?« Als es Abend wurde, verabschiedete sich Roman nach Almaty.

»Roman, vielen Dank für deine Hilfe, ich weiß es zu schätzen und werde dir für immer dankbar sein!«, sagte ich.

»Schon okay. Behalte beim nächsten Mal einfach deine Dokumente bei dir!« brummte er.

Als sich abzeichnete, dass wir nichts mehr erreichen würden, fuhren wir wieder in unsere Absteige. Am nächsten Morgen standen wir früh auf der Matte. »Custom Document« bot uns gar eine Zigarette an und wir spielten unser Spiel «Ist das Fax schon da?« in der Hoffnung auf ein Happy End. Roman half uns weiterhin, jetzt über das Telefon.

Am Abend des dritten Tages brachte uns »Custom Document« zu Juri. Wir betraten das kleine Häuschen, in dem Juri hinter seinem Schreibtisch saß, Füße auf dem Tisch, und mit einem Fax wedelte. Wir hatten es geschafft! Die feierliche Übergabe von umgerechnet 150 Euro ließ seine Augen strahlen.

Er bot mir noch an das Geld zurückzugewinnen: Am Abend spielte Deutschland gegen Portugal bei der Weltmeisterschaft in Brasilien. Juri war sich sicher, dass Deutschland keine Chance hätte gegen Christiano Ronaldo. Deutschland gewann 4:0. Mir war es egal. Ich war einfach nur froh endlich die Grenzstation zu verlassen.

5

Der Himmel war dunkelblau, fast noch schwarz, und er war das Erste, was ich am Morgen sah. Unter freiem Himmel zu schlafen und in der Natur aufzuwachen war für unsere Vorfahren völlig normal gewesen, auch wenn sie kein High-Tech-Zelt, keine selbstaufblasende Isomatte und keinen Kunstfaserschlafsack gehabt hatten. Wir hatten uns so weit von der Natur entfernt, dass viele Menschen diese Erfahrung überhaupt nicht mehr machten. Für mich war es das achte Mal. Dabei wirkte es so erdend und entspannend wie nichts anderes. Ich musste lachen bei dem Gedanken an einen Besuch in einem Wellnesshotel vor ein paar Jahren. Wer hier draußen aufwachte, konnte unmöglich gestresst sein. Man konnte sogar den schlimmsten Ärger über verlorene Zolldokumente ausblenden, stellte ich fest.

Wir hatten am Ufer des Yssykköl See gezeltet. Die Kirgisen lieben ihren Yssykköl und auch viele Kasachen, die sonst gerne über ihre kirgisischen Nachbarn lästern, wissen um seine Schönheit und verbringen ihre freien Tage hier. Im Winter fallen die Temperaturen auf -20 Grad unter dem Gefrierpunkt, dennoch friert der See niemals zu. Ihn deswegen »Heißen See« zu nennen, was Yssykköl übersetzt bedeutet, war dann doch eine grobe Übertreibung.

Ich richtete mich auf, blieb aber noch im Schlafsack. Es war frisch, die Luft klar. Der See lag eingekeilt zwischen zwei massiven Gebirgsketten. In einem Reiseführer hatte ich gelesen, dass sie so schwer zugänglich waren, dass sie zu den wenigen Rückzugsorten für die letzten freilebenden Schneeleoparden zählten. Von meinem Zelt aus sah ich die nördliche Kette des Tian Shans. Hinter den Bergen lag Almaty. Dort gingen irgendwo Nissa und

Roman ihrem Leben nach. Der Duft von blühenden Kräutern lag in der Luft. Die Vögel hatten ihren Tag schon lange vor mir begonnen und waren beschäftigt, sich gegenseitig mit ihren Melodien zu überbieten. Ich schälte mich aus dem Schlafsack und kroch aus meinem Zelt. Zu meiner Rechten war die Sonne gerade aufgegangen und spielte mit sanftem Licht um die schneebedeckten Gipfeln. Es war vollkommen friedlich und wunderschön. Nichts von dem, was mich umgab, war vom Menschen gemacht und nichts, was der Mensch erschaffen hatte, würde jemals an diese Pracht heranreichen. Es war perfekt. Wir waren in Kirgisistan. Ein Youtube-Traum wurde wahr.

Nachdem wir den Yssykköl im Uhrzeigersinn umrundet hatten, machten wir und auf den Weg zum Songköl See. Viehhirten nutzten schon seit Jahrhunderten das Plateau um den hochgelegenen See herum, um ihre Tiere dort in den Sommermonaten grasen zu lassen. Der Weg zum See führte über den Kalmak-Pass, der nur mit Geländewagen oder entsprechenden Motorrädern befahrbar war. Zuerst ging es auf feinsten Schotterstraßen durch ein enggeschnittenes Tal entlang des Tölök Flusses. Danach erklommen wir das Plateau in unzähligen steilen und spektakulären Serpentinen. Jede Kurve eröffnete neue Welten. Der Ausblick war fantastisch und wurde mit jedem Höhenmeter besser. Es war eine Achterbahnfahrt auf zwei Rädern. Wir waren nicht sicher, ob unsere Motorräder geländegängig genug wären, um es mit dem Pass aufzunehmen, aber Smetana und Fous Motorrad schlugen sich erstaunlich gut auf losem Untergrund. Fou lag diese Form des Motorradreisens weniger, aber mit jedem Matschspritzer gewann er mehr Sicherheit.

Oben angekommen war es, als stünde man inmitten eines Gemäldes. Der See war eingerahmt von saftigen Wiesen, in einiger Entfernung lagen die Berge des Moldotoos, die mit weißen Gipfeln freundlich grüßten. Abgesehen davon bot das Plateau tatsächlich viel Weideland. Das war rar, denn gefühlt bestand Kirgisistan nur aus Berg und Fels.

Die Kirgisen waren früher – wie die Kasachen und Fou und ich heute – Nomaden gewesen. Jurten waren für beide Völker die traditionellen Behausungen. Auch heute lebten die Viehhirten am Songköl noch in Jurten. Sie fügten sich geschmeidig in die Szenerie ein anstatt sie zu dominieren.

Die Schönheit des Songköl hatte sich über die Grenzen Kirgisistans hinweg herumgesprochen und so war es einer der Hot Spots für die wenigen Touristen, die es nach Kirgisistan verschlug. Einige Hirten gaben in Folge ihre Tiere auf und betrieben nun Jurtenhotels. Das kam uns gerade recht, denn kurz nachdem wir oben angekommen waren, wurden wir von einem Hagelschauer begrüßt und eine Jurte schützte doch besser vor Niederschlag als unsere Zelte.

Wer nun eine Rezeption und förmlich gekleidete Angestellte erwartet hatte, wurde enttäuscht. Es war ein kleiner, liebenswerter Familienbetrieb. Said war Hotelchef und Familienoberhaupt in einem. Er trug eine Wollmütze und eine schwarze Jacke, hatte braune lederne Haut und kleine, freundliche Augen. Er stellte sicher, dass wir umgehend mit heißem Tee versorgt wurden. Wir saßen mit den Kindern auf dem Boden, aßen Kekse, neben mir stillte eine Mutter ihr Kind. Als sich der Hagelschauer verzogen hatte, spielten wir mit bei einer kirgisischen Version von Völkerball, bei der keine Rücksicht auf Verluste genommen wurde.

Wir bahnten uns weiter unseren Weg durch dieses magische Land. Immer wieder mussten Gebirgszüge des Tian Shans überwunden werden. Das Land zwischen den Bergen war sommerlich heiß, flach, trocken und staubig. Im Bergvorland war es grün, am Wegesrand blühten tausende Blumen und es hatte frühlingshaft angenehme Temperaturen. In höheren Lagen war hingegen noch Winter. Auf der Nordseite der Berge mussten wir auf vereiste Flächen Acht geben, auf der Südseite war die Piste oft über- oder unterspült von Schmelzwasser. Nie hat mir Motorradfahren so viel Spaß gemacht! Smetana und ich arbeiteten mittlerweile viel besser zusammen und auch wenn sie noch immer recht schwer war, so gelang es mir doch viel besser die Balance zu halten.

Die meisten Gebiete des Landes waren touristisch nicht er- schlossen und als wir eines Abends irgendwo im Nirgendwo ge- strandet waren und eine weitere Nacht im Zelt drohte, zeigte Fou seinen ganzen Einfallsreichtum. In einem kleinen Ort entschied er, eine Schule als Tourismusbüro zu nutzen. Er fragte sich durch die Gänge, ob es nicht jemand gäbe, der uns für eine Nacht auf- nehmen könne.

Ich räumte seinem Unterfangen keinerlei Chancen ein und wartete peinlich berührt draußen auf der Straße. Man stelle sich nur einmal vor, ein verschwitzter Motorradreisender würde in ei- nem verdreckten Motorradanzug in einer deutschen Schule durch die Gänge irren und dazu kein Wort Deutsch sprechen. Die Lehrer würden wohl eher Alarm auslösen. Aber nicht in Kir- gisistan und vor allem nicht mit Fou. Niemand konnte diesem Kerl einen Wunsch ausschlagen. Und so fand er tatsächlich eine Lehrerin, die sich bereit erklärte uns zu beherbergen.

Sie hieß Dshamilja hatte eine strenge Frisur, trug eine Brille und schritt mit aufrechtem Gang voran. Ihre Familie schaute ziemlich verdutzt, als wir unsere Motorräder auf dem Hof ab- stellten, nahmen uns aber dann sehr herzlich auf. Dshamiljas Sohn meinte, diese Aktion sei typisch für seine Mutter. Am nächsten Morgen bereitete sie ein reichhaltiges Frühstück zu und ließ uns erst weiterreisen, nachdem wir so voll waren, dass wir uns kaum noch bewegen konnten.

Ich hätte noch monatelang im magischen Kirgisistan bleiben können. Überall gingen kleine Wege und Pisten ins Hinterland und ich fragte mich, welche liebenswerten Menschen wohl am anderen Ende warten würden. Aber wieder einmal zwang uns die Deadline des Iran-Visums weiterzureisen. Schließlich endete unsere Reise durch Kirgisistan in Osh, nah an der Grenze zu Usbekistan. Aber selbst dort war mein neues Lieblingsland noch für eine mächtige Überraschung gut.

6

Der Hof unseres Hostels versteckte sich hinter einem großen Tor. Besser konnte es nicht sein, denn ein fortwährender Begleiter bei unserer Reise war die Sorge um die Motorräder. Ein abgesperrter Hof versprach eine sorglose Übernachtung.

Als sich das Tor öffnete, konnten wir unseren Augen kaum trauen: Hinter dem Tor standen drei große Reisemotorräder! Die dazugehörigen Fahrer machten sich gerade in löchrigen Jeans, ölverschmiert von den Finger- bis in die Haarspitzen, an ihnen zu schaffen.

»Da habt ihr die richtige Unterkunft gewählt, Jungs!«, sagte Michael aus Dänemark, der uns als erstes mit einem breiten Grinsen begrüßte. Er war Anfang vierzig und hatte einen blonden Stoppelhaarschnitt. Seine Begleiterin war Saskia, eine gut zwanzig Jahre alte Africa Twin. Michael hatte schon immer chronisches Reisefieber gehabt. Diesmal reiste er auf unbestimmte Zeit, denn zuvor hatte er alles verkauft, was er besaß. Michael war mir sofort sympathisch.

Laura fuhr eine alte, nicht mehr zu erkennende BMW. Wo früher einmal ein Windschild gewesen sein musste, war ein kleines hölzernes Schild angebracht auf dem der Name des Gefährts eingraviert war: »Pixie«. Laura war Italo-Australierin und bediente bald das Klischee von selbstgekochter Pasta und leckerer Tomatensauce, die man anscheinend nur so gut hinbekommt, wenn italienisches Blut in den Adern fließt. Laura hatte braune Haare und Augen. Das Bemerkenswerteste an ihr war die Wärme, die sie ausstrahlte. Sie war einer dieser Menschen, in deren Anwesenheit man sich sofort wohl fühlte. Ihr Lebenslauf las sich wie ein fortwährendes Abenteuer und so passte es ins Bild, dass sie ihren Freund Chris nicht über Tinder und auch nicht im Supermarkt kennengelernt hatte, sondern als sie Tourguide in Afrika war. Chris war zur gleichen Zeit auf einer Weltreise mit einem alten Landrover. Seitdem reisten die beiden zusammen.

Ich hatte noch nie einen Menschen kennengelernt, der mehr von der Welt gesehen hatte als Chris. Er war ziemlich groß und schlank, hatte lange Haare und einen Bart. Laura erzählte, dass ihr Facebook, wenn sie ein Bild von Chris hochgeladen hatte, vorschlug ihn als Jesus zu markieren. Als Jesus-Doppelgänger ging Chris bestimmt nicht durch, aber sein Äußeres ging zumindest grob in die Richtung. Vor dieser Reise, hatte er während besagter Landrover-Reise schon die Welt umrundet und war davor auch schon einmal mit dem gleichen Motorrad von Deutschland nach Neuseeland gefahren. Damals war es schon eine alte Ténéré. Heute war es einfach »Puck«. Chris war der Stoiker unter den Reisenden. Unendliche Ruhe und einen Haufen Weisheit hatte er in den Jahren, in denen er die Welt bereiste, kultiviert. Wann immer wir uns abends in der Gruppe unterhielten, wog seine Meinung besonders schwer. Beiläufig erwähnte er einmal, dass er ein Buch über seine Landroverreise geschrieben hatte. Da ihm das Schreiben Spaß gemacht hatte, arbeitete er an seinem zweiten Buch.

Fou und ich waren immer noch Novizen in Sachen Überlandreisen. Michael, Laura und vor allem Chris waren hingegen Veteranen. Michael aus Dänemark erzählte mir mit strahlenden Augen von seiner Reise durch Indien, die erst ein paar Jahre zurück lag: »Das Beste ist der Himalaya und vor allem Ladakh. Dort ist die höchste befahrbare Straße der Welt, aber es gibt noch viele weitere Pässe, die mindestens genauso spektakulär sind. Lasst euch das auf keinen Fall entgehen!«

»Es ist mein Traum, es bis in den Himalaya zu schaffen«, sagte ich wie ein kleiner Junge, der vor dem Weihnachtsmann stand.

»Mach es auf jeden Fall!«, meinte Michael, »Aber die Saison dort oben ist nur kurz. Sieh zu, dass du sie nicht verpasst!«

Später fragte ich Michael um Rat:

»Fou und ich kommen im Großen und Ganzen schon gut aus, allerdings haben wir andere Vorlieben. Wie würdest du das lösen, damit wir uns nicht gegenseitig irgendwann massakrieren?«

»Teilt euch auf. Dann habt ihr euch danach auch wieder etwas zu erzählen. Ihr wirkt jetzt schon wie ein altes Ehepaar!«, sagt er gelassen.

Vielleicht war das tatsächlich eine gute Idee. Ich hatte Fou zwar schon in Kasachstan vorgeschlagen uns aufzuteilen, aber im Streit – keine gute Grundlage für eine konstruktive Lösung.

Eine Frage, über die ich viel nachdachte war: »Warum reisen wir eigentlich so verdammt schnell?« Um nach Osh zu gelangen, brauchten Fou und ich zwei Monate. Die alten Hasen waren sechsmal so lange unterwegs gewesen und hatten dabei weniger Kilometer zurückgelegt.

Laura und Chris reisten so langsam, dass sie ständig von anderen Reisenden überholt wurden. An passierende Wohnmobile und Motorräder hatten sie sich schon gewöhnt. Selbst Fahrradfahrern hinterher zu sehen war keine Seltenheit. Als sie eines Tages aber ein Wanderer aus München überholte, waren sie doch verwundert. »Das war aber auch ein besonders Eiliger«, merkte Laura lachend an.

Der größte Unterschied zwischen ihnen und uns war wohl, dass ihre Reise kein Projekt war. Es war ihr Leben. Und das gingen sie völlig entspannt an. Wir reisten hingegen in Lichtgeschwindigkeit wie Captain Kirk und Mr. Spock.

Ursprünglich hatten auch wir keinen Zeitdruck gehabt, schließlich hatten wir alle Verpflichtungen zurückgelassen. Den Zeitdruck hatten wir uns selbst durch unsere Streckenplanung auferlegt. Wir wollten alles sehen. So wurde die tickende Uhr unser Begleiter und das war nun erst einmal unumkehrbar.

Wir waren aber auch nichts anders gewohnt. Zuhause folgten wir Parolen wie: »Stillstand ist Rückschritt.« Ein voller Terminkalender taugte als Statussymbol mindestens so gut wie ein Porsche. Niemand hatte Zeit. Wir hatten dieses Denken und Handeln, ohne es zu merken, mit auf unsere Reise genommen. Das führte dazu, dass wir unsere Reise konsumierten wie eine Packung Chips, anstatt sie zu genießen und mit entsprechender Zeit und Ruhe zu würdigen. Es war an der Zeit, den Fuß vom Gas zu nehmen. Spätestens in Indien würde das möglich werden, denn dort würden wir ein Jahr lang bleiben dürfen. Jetzt mussten wir einfach den Iran erreichen, bevor unser Visum verfiel.

Eine andere Frage war: Ist ein fortwährendes Reiseleben etwas für mich? Laura war digitale Nomadin und arbeitete als Reisejournalistin von überall auf der Welt. So konnte sie ständig unterwegs sein, allerdings benötigte sie immer mal wieder Pausen, um ihrer Arbeit nachzukommen. Das war für Chris kein Problem, denn dann konnte er ein neues Kapitel verfassen.

Laura und Chris finanzierten ihre Reisen von unterwegs. Daher konnten sie in der Theorie ewig reisen und setzten das auch in die Praxis um.

Sie spielten ein komplett anderes Spiel als alle Menschen, die ich kannte. Alle Langzeitreisenden, die wir bisher getroffen hatten, finanzierten ihre Reise so ähnlich wie wir. Sie lebten von Erspartem. Teilweise hatten sie ihr ganzes Leben lang gespart so wie Christine und Wolf, die wir in Kasan getroffen hatten, oder eine ganze Weile, wie Michael aus Dänemark, oder ein paar Jahre, so wie Fou und ich. Je mehr gespart wurde, desto länger konnte man reisen. Aber danach ging es für alle wieder zurück. Wir konnten unsere verbleibende Reisezeit am Kontostand ablesen.

Wäre es möglich ein ähnliches Leben zu leben, wie Chris und Laura? Vielleicht schon. Wäre es erstrebenswert? Für eine Weile bestimmt! Aber so sehr mich die Welt reizte, begriff ich: Ein Teil in mir wollte nicht ständig unterwegs sein. Ein Teil von mir wollte einen Garten haben, Tomaten anbauen, einen Hund haben, auf einem Schaukelstuhl sitzen, Geschichten erzählen und ankommen.

Nach wenigen Tagen zogen wir weiter, der Zeitdruck trieb uns. Michael, Chris und Laura blieben noch für einige Wochen, denn sie fühlten sich wohl und sahen keinen Grund abzureisen.

7

Mit Kirgisistan ließen wir Berge, Höhenluft und die angenehmen Temperaturen zurück. In Usbekistan erwartete uns nun ein Land, das so flach war wie Holland und so heiß wie Saudi-Arabien. Außerdem hatte es den Ruf ein Polizeistaat zu sein und was das bedeutete, lernten wir schon an der Grenze.

Dort wurden nicht nur unsere Pässe kontrolliert, sondern auch unser gesamtes Gepäck durchsucht. In Usbekistan darf außerdem kein pornographisches Material eingeführt werden. Für die Grenzer war das ein willkommener Vorwand, um in unseren Laptops und Handys herum zu schnüffeln.

Als wir endlich im Land waren, lernten wir, dass in Usbekistan auch Schluss war mit freiem Reisen. Vor jeder Brücke, jedem Tunnel, jeder Stadt, jedem Dorf, stand ein Checkpoint. Das Spiel war immer das Gleiche: Absteigen, Pass zeigen, in einem zerfledderten Buch Namen, Passnummer, Adresse, Grund des Aufenthalts und das Woher und Wohin eintragen und abschließend Fragen zum Motorrad (Preis, Hersteller, nochmal zum Preis, Leistung, Preis in usbekischen Som, Preis in US-Dollar) und schließlich zur Fußball-WM beantworten. Das wäre alles nicht so schlimm gewesen – die meisten Polizisten waren sehr freundlich und boten uns Tee an, dessen Temperatur sich kaum von der Außentemperatur unterschied – wenn nicht jedes Absteigen den kühlenden Fahrtwind unterbrochen hätte.

Fou war froh aus Kirgisistan auszureisen. Kein Campen mehr und keine Offroad-Etappen. Dafür Couchsurfing, Menschen, Städte und Zivilisation. Er fand uns in Oybek einen Gastgeber, der gerade dabei war ein altes Gebäude in ein Hostel umzubauen. Dort durften wir bleiben.

Taschkent war eine seltsame Stadt, sie hatte Luxusboutiquen wie Mailand und breite Straßenzüge wie Buenos Aires. Dafür schien sie wie ausgestorben, kaum jemand war auf den Straßen. Erst abends, als die Hitze nachließ, sah man vereinzelt Menschen.

Hätte meine Oma Oybek kennengelernt, sie hätte gesagt: »Dem sitzt doch der Schalk im Nacken.« Er war witzig und smart und ein weiterer Couchsurfing Glücksfall, denn er half uns dabei uns in Usbekistan zurecht zu finden.

Das Land kämpfte mit massiver Inflation. Oybek riet uns dazu unser Geld auf dem Schwarzmarkt zu wechseln. Dabei konnte man einen besseren Wechselkurs erzielen, als wenn man Geld in einer offiziellen Wechselstube umtauscht. Bis dahin konnte ich ihm folgen, aber dann schickte er uns zu einem Metzger, der einen Stand an einer Straßenecke unterhielt.

Der Metzger trug einen weißen Kittel und war gerade dabei, auf ein Stück Fleisch einzuhacken. An unseren Gesichtern erkannte er sofort, was wir wollten. Er legte das Beil auf die Seite, wusch sich die Hände und öffnete einen Schrank, in dem dutzende Geldstapel zum Vorschein kamen. Jeder von uns wollte 200 US-Dollar wechseln. Die größte usbekische Banknote war nicht einmal 80 Cent wert. Somit tauschten wir jeweils vier 50-Dollar-Noten gegen vier große Stapel usbekischer Som. Die Usbeken waren das gewohnt und hatten eine besondere Technik entwickelt, um die Geldstapel zu zählen. Wenn man ihnen dabei zusah, konnte einem schon schwindelig werden. Wir wären völlig überfordert gewesen, das Geld an Ort und Stelle zu zählen. Strenggenommen waren wir an einer Straßenkreuzung an einem illegalen Handel mit einem Metzger in einem Polizeistaat beteiligt. Nicht cool. Zum Glück hatten wir Oybek. Er zählte unsere Geldstapel in Windeseile.

Unsere eigentliche Mission in Taschkent war es ein Visum für Turkmenistan zu besorgen. Turkmenistan gehörte zu den zehn wenigsten bereisten Ländern der Welt und das hatte seinen Grund: Touristen waren nicht willkommen und das einzige Visum für Überlandreisende war ein 5-Tage-Transit-Visum. Um an das Visum zu gelangen, mussten wir der Botschaft einen Besuch abstatten und anschließend einige Tage warten.

Es war zu heiß, um die Stadt zu erkunden. Wir verbrachten die Wartezeit, indem wir tagsüber bei der Renovierung des Hostels halfen und abends schauten wir Fußball mit Oybek und seinen Freunden.

Als wir unser Visum abholen konnten, verließen wir Taschkent direkt am nächsten Tag. Je weiter wir Richtung Süden fuhren, desto heißer wurde es. Wir lernten, dass man ab 41 Grad nicht mehr pinkeln musste, egal wie viel man trank und dass ab 43 Grad der Fahrtwind so heiß war, dass es besser war, das Helmvisier geschlossen zu halten. Der Boden war knochentrocken, die Luft flimmerte. Der Asphalt war oft so durchlöchert, dass wir lieber neben der Straße fuhren.

Aber die Strapazen lohnten sich: Samarkand und Bukhara waren wunderschön. Beide Städte waren Teil der Seidenstraße und gaben an mit tausende Jahre alten Architektur. Samarkand galt einst als die schönste Stadt der Welt. Sie war die Heimat der Bibi Khanun Moschee, der größten Moschee in Zentralasien. Es war ein unvergessliches Erlebnis im Sonnenaufgang über den Vorplatz zu laufen und Minarette und Mosaike zu bewundern.

Bukhara war viel kleiner und ruhiger, aber nicht weniger schön. Die Stadt schien ein einziges Museum aus Moscheen, Stadtmauern und Märkten zu sein. Am Stadtrand fand ein großer Obstmarkt statt und ein dicker Mann warf die größten Wassermelonen, die ich jemals gesehen hatte, in einen LKW.

Als wir in Bukhara waren, wurde Deutschland Fußallweltmeister und man sollte es nicht glauben, aber der einzige Ort, um das Finale zu schauen, war ein »German Biergarten«, in dem die Kellner Lederhosen trugen. Auch wenn wir nichts mit dem Sieg zu tun hatten, half uns der Titel doch bei der nächsten Etappe.

8

Ein schöner Nebeneffekt des Überlandreisens: Man kommt in Länder, in die man vermutlich sonst niemals reisen würde. So wie Turkmenistan.

Beschäftigte man sich mit dem Land, dann las man hauptsächlich über einen Herrn mit dem umständlichen Namen Saparmyrat Nyýazow, den ersten Präsidenten Turkmenistans. Er war an die Macht gekommen, als die Sowjetunion zusammenbrach und Turkmenistan unabhängig wurde.

Wahrscheinlich würde sich niemand um ihn scheren, hätte er nicht einen gewaltigen Personenkult um sich herum geschaffen. Sein Buch »Ruhanma« war Pflichtlektüre für jeden Turkmenen, Kinder mussten ihm in der Schule täglich die Treue schwören und mit Aschgabat hatte er eine Stadt aus der Wüste gestampft und sie gleich zu seinem Andenken gemacht mit golden Statuen von sich selbst. Nyýazow kürte sich nicht nur zum Präsidenten auf Lebenszeit, sondern nannte sich auch Turkmenbashi, den Führer aller Turkmenen. 2003 ließ er sich gar zum Propheten ausrufen.

Aber auch Propheten sind vergänglich und so starb Turkmenbashi 2006. Seine goldenen Statuen stehen noch heute. Sein Nachfolger Berdimuhamedow wollte die Richtung der Politik beibehalten. Zumindest versprach er landesweit den Internetzugang auszubauen. Als wir sieben Jahre später durch Turkmenistan reisten, suchten unsere Laptops verzweifelt nach Wlan. Berdimuhamedow verbot zusätzlich alle Satellitenschüsseln. Die offizielle Begründung war, dass diese die Fassaden der Häuser verschandeln würden (ein Argument mit dem er sicherlich Chancen hätte Bürgermeister im Schwabenland zu werden – vielleicht könnte er sich gar zum Schwabenbashi ausrufen lassen?). Der eigentliche Grund war natürlich, dass sich Kabelfernsehen viel leichter kontrollieren ließ, denn ausländische Medien waren schon lange verboten.

Bei der Einreise mussten wir unsere Route und Übernachtungsadressen angeben. Da das Benzin in Turkmenistan nahezu kostenlos war, mussten wir einen Aufschlag an der Grenze zahlen. Aber von nun an hatten wir an den Grenzen den Weltmeisterbonus und beim Stempeln gab es stets ein freudiges: »Ohhh! Schweinsteiger, Müller, Özil!«, begleitet von Nicken und Grinsen.

Bevor wir Aschgabat im Süden des Landes erreichten, mussten wir erst einmal das Land durchqueren. Es war immer noch sehr heiß und die Straßen waren oft in noch schlechterem Zustand als in Usbekistan. An Couchsurfing war ohne Internet nicht zu zudenken und so übernachteten wir in Hotels. Es war schwer mit den Menschen in Kontakt zu treten, denn sie wirkten meist scheu. Außerdem standen an jeder Ecke Polizisten, was auch uns einschüchterte.

Wir erreichten Aschgabat und planten nur eine Nacht zu bleiben. Nach Sonnenuntergang, als sich die Luft endlich abgekühlt hatte, wollten wir ein wenig die Stadt erkunden. Das durften wir nicht lange, denn ab 23 Uhr war Sperrstunde. Wir bekamen zwar kein Abendessen mehr, dafür aber einen Taxifahrer mit einer Vorliebe für Michael Jackson. So sang der King of Pop in Aschgabat aus den Boxen von Billie Jean und Dirty Diana. Es gelang der Führung zwar ausländische Medien zu verbieten und Touristen fern zu halten, aber Michael Jackson sperrte niemand aus.

Am nächsten Morgen machten wir uns auf zum Iran. Die iranische Grenze war der erste große Meilenstein dieser Reise und nur eine kurze Etappe entfernt. Kurz nachdem wir Aschgabat verließen, sahen wir schon die Berge, die Turkmenistan vom Iran trennten.

Drei Monate waren wir nun unterwegs – es war völlig abgefahren! Ich dachte an die Parks in Moskau und an Udo und Valentina, fragte mich wo Wolf und Christine gerade waren und schämte mich noch immer ein bisschen, als ich an Roman und die kasachisch-kirgisische Grenze dachte. Wir hatten überall so hilfsbereite und großzügige Menschen getroffen, dass es leicht war sich in der Welt wohlzufühlen.

Aber mich verstörte eine Beobachtung: Ich fiel zurück ich in meine alten Denkmuster. Ich plante. Ich plante noch dazu völlig absurde Dinge, wie zum Beispiel meine nächste Motorradreise.

Oder was ich tun würde, wenn ich wieder daheim wäre. Diese Reise hatte doch eben erst begonnen! Planen war genau das, was ich immer tat. Bisher tat ich es gerne, schließlich hatte es stets viel Raum für Verbesserung gegeben. Nun war ich aber zum ersten Mal in der Zukunft angekommen, die ich für die beste aller Möglichkeiten hielt. Das hier war mein Traum. Ich lebte ihn. Aber waren die Erlebnisse nicht intensiv genug, um mich ins Hier und Jetzt zu holen, dann wanderten meine Gedanken sofort wieder in die Zukunft. Das war nicht nur absurd, sondern auch traurig, denn ich hatte das Gefühl etwas zu verpassen.

Warum konnte ich ruhige Momente nicht einfach genießen? Oder mich darauf besinnen, was wir erreicht hatten? Wie weit Fou und ich schon gekommen waren? Mein Denkapparat schaltete nur ab, wenn die Eindrücke im Außen so krass waren, dass mir gar nichts anderes übrig blieb, als voll da zu sein.

Und wie es der Reisegott so wollte, drang während dieser Überlegungen ein furchtbarer Lärm in meine Ohren. Er kam von meinem Hinterrad und beanspruchte sofort 100 Prozent meiner Aufmerksamkeit. Ich signalisierte Fou zu halten und wir parkten die Motorräder im Schatten einer ausrangierten Bushaltestelle. Motorradmechanik war unsere große gemeinsame Schwachstelle, dementsprechend angespannt war ich. Ich nahm an, dass die Kette zu locker saß und wir spannten sie ein wenig nach.

Während unserer unbeholfenen Aktion, merkten wir erst gar nicht, dass ein Auto neben uns hielt. Bisher waren die Turkmenen uns gegenüber scheu aufgetreten. Kein Wunder bei dem Ausmaß der Bespitzelung. Aber nun wollte uns wohl jemand helfen. Vielleicht ein Motorradmechaniker? Vielleicht jemand mit fachkundiger Meinung?

Ein junger Kerl stieg aus, mit seiner Jeans, weißem Shirt, Sonnenbrille und zurückgegelten Haaren sah er aus wie eine turkmenische Version von James Dean. Er hielt eine Plastiktüte in der Hand. Vielleicht Werkzeug?

»Hier, das ist für euch! Willkommen in Turkmenistan. Danke für euren Besuch!«

Ich öffnete die Plastiktüte und schaute in die Augen eines Fischs. Es war wirklich eine nett gemeinte Geste und es war auch schön endlich in Kontakt mit Menschen zu kommen – aber ein Fisch? Es hatte vierzig Grad und wir keinen Kühlschrank an den Motorrädern.

Wir zogen das Hinterrad wieder an und fuhren weiter. Fou gab den geschenkten Fisch an eine Straßenarbeiterin. Sie schien sich sehr zu freuen und das war gut, denn für die nächste Etappe konnten wir Karmapunkte dringend gebrauchen, denn die Geräusche kehrten bald zurück.

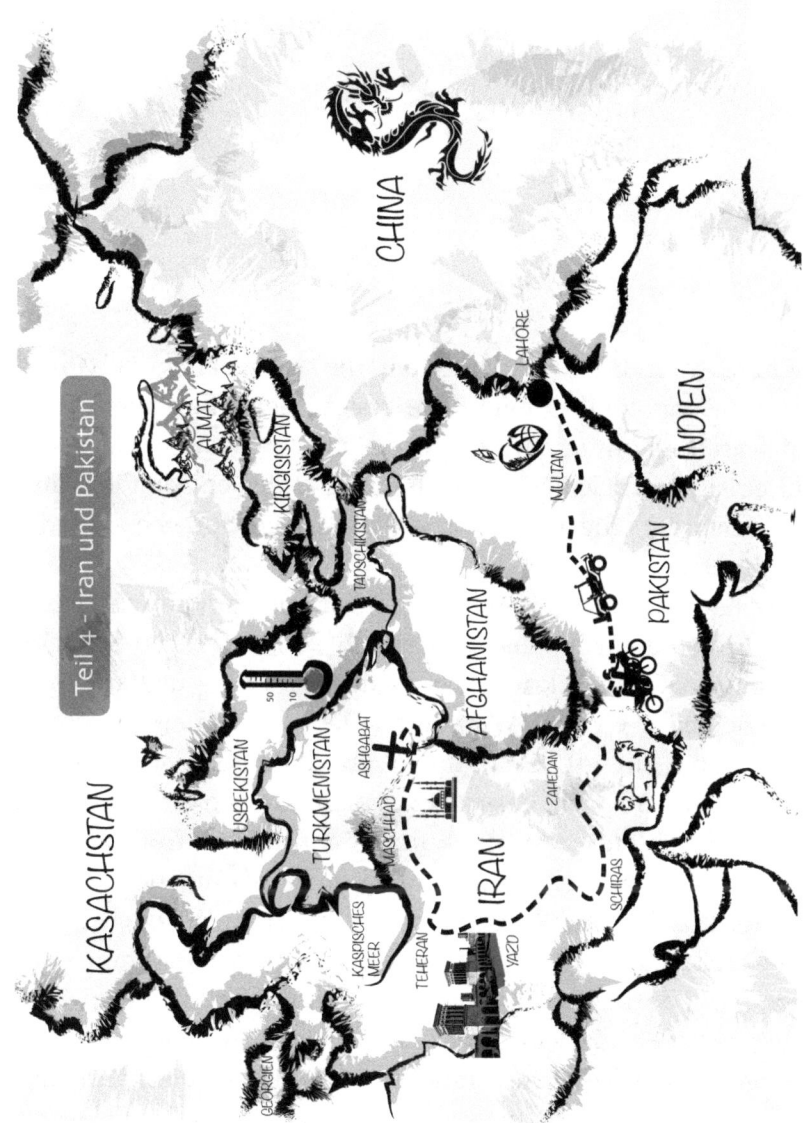

Teil 4 - Iran und Pakistan

»Wo kämen wir hin, wenn alle sagten, wo kämen wir hin, und keiner ginge, um zu sehen, wohin wir kämen, wenn wir gingen.«

- Kurt Marti

1

Die Grenze zum Iran war zwar schon die sechste außerhalb Europas – der Nervenkitzel blieb. Die ersten Meter in einem neuen Land waren schon immer die aufregendsten gewesen. Das Auge sucht emsig nach Gemeinsamkeiten und Unterschieden in Natur und Gesichtern, die Ohren hören eine neue Sprache und der Geist ist wach.

Kurz nach dem Einreisen ist man aber auch am verwundbarsten. Man kennt niemanden und spricht kein Wort der Sprache. Nach ein paar Tagen kriegt man schnell ein Gespür dafür, wie Probleme gelöst werden. Wir sollten diese Lektion besser schnell lernen, denn ein großes Problem kündigte sich an: Smetana machte so einen Krach, dass es in den Ohren weh tat. Das Nachspannen der Kette hatte nur kurzzeitig für Linderung gesorgt, jetzt war das Geräusch noch lauter. Wir hatten nur noch knapp 200 Kilometer bis nach Maschhad und zu unserem Couchsurfing Gastgeber Amin. So weit würde mich Smetana bestimmt noch bringen und dort könnten wir sie sicher in Ruhe reparieren.

Aber genau in diesem unpassendsten aller Momente verweigerte Smetana ihren Dienst. Eine leichte Anhöhe verhinderte alle meine Versuche sie zu bewegen. Egal wie sachte ich am Gasgriff drehte – alles, was sie von sich gab, war furchtbarer Lärm.

Ich habe schon immer Menschen beneidet, die Dinge reparieren können. Meine Theorie ist, dass die Entscheidung für technische Begabung schon im frühen Kindesalter getroffen wird. Irgendwann beginnt jedes Kind sein Spielzeug zu zerlegen. Den Kids, die es wieder zusammensetzen können, steht eine große Karriere als Raumfahrtingenieur bevor. Den armen Schluckern hingegen, die die Einzelteile frustriert in eine Ecke werfen, kann später höchstens der ADAC helfen. Der kommt aber nicht in den Iran.

Ich vermutete den Defekt irgendwo an der Kette und schraubte die Abdeckung des Antriebsritzels ab. Da starrte mich der Grund des Versagens an: Das Ritzel war völlig abgeschliffen. Wo einst Zähne die Kette griffen waren nur noch leichte Hügel zu erkennen, über die die Kette rutschte.

Das Antriebsritzel ist ein Verschleißteil, das man tauscht, bevor man in einem iranischen Dorf strandet. Es war mein zweiter grober Fehler innerhalb kurzer Zeit. Ich stellte meine Eignung als Motorradweltreisender fortan noch viel ernsthafter in Frage als jemals zuvor. Sofort hörte ich wieder das Flüstern meiner Zweifel:

»Die Wartung des Antriebsritzels ist dein Job!«

»Was bist du für ein Motorradreisender, wenn du nicht mal das Ritzel rechtzeitig wechseln kannst?«

Nach ein paar hundert Metern bemerkte Fou, dass ich ihm nicht mehr folgte. Er wendete und fand mich fluchend am Straßenrand. Wieder war er mit mir gestrandet, nahm es aber mit stoischer Gelassenheit. Schnell versammelte sich eine kleine Menschentraube um uns. Nach neugierigen Blicken war mir nun gar nicht; meistens wollten die Zuschauer vom Straßenrand doch nur Bilder von uns knipsen oder Fragen stellen zu dem Preis der Motorräder. Aber hier war es anders – sie wollten helfen. Die Männer am Straßenrand waren wie ein Bienenschwarm, der in einer fremden Sprache summte, aber offensichtlich gute Absichten hatte. Als erstes machten sie einen Mechaniker ausfindig und halfen mir das Motorrad zu ihm zu schieben. Leider konnte er uns nicht helfen. Aber der Schwarm hatte weitere Überraschungen parat. Ein Mann hielt mir ein Handy ins Gesicht. Ich nahm es und sagte »Hallo?«. Eine Stimme antwortete in feinstem Oxford Englisch: «Hallo! Ich habe gehört Sie haben ein Problem. Vielleicht kann ich Ihnen helfen.«

Ich beschrieb ihm die Lage und er sagte, er würde vorbeikommen. Sein Name war Ahmed und er kam tatsächlich. Nun konnten wir mit dem Bienenschwarm kommunizieren. So organisierten wir die Adresse eines Mechanikers in Maschhad und einen Transporter, der Smetana und mich dorthin bringen würde. Nur eine Stunde nachdem die Yamaha den Dienst quittiert hatte, waren wir wieder auf dem Weg.

2

Die Werkstatt war geschlossen und so setzten wir uns erst einmal mit dem berühmtesten Sohn Maschhads auseinander:

Imam Reza war ein frommer und beliebter Mann gewesen. Er verbrachte die Nächte im Gebet, speiste die Armen und Kranken und aß gemeinsam mit den Dienern. Sein frühes Ableben machte ihn nur noch beliebter, denn vom Moment seines Todes bis zum heutigen Tag, 1200 Jahren später, pilgerten Menschen zu seinem Grab. Was einmal ein einfaches Grab war, ist heute eines der größten Mausoleen der Welt. Der gesamte Komplex ist so groß wie die Insel Mainau im Bodensee und wird jedes Jahr von fünfzehn Millionen Menschen besucht. Das entspricht 41.095 Menschen pro Tag, zwei davon waren an diesem Tag im Sommer Fou und ich.

Das Mausoleum wirkte wie ein Märchenschloss. Die Innenhöfe pompös, die Eingänge vergoldet, im Inneren des Schreins dutzende Kronleuchter, Wände und Decken verziert von tausenden kleinen Spiegeln. In Hallen und Höfen waren so viele Besucher, dass man kaum einen Fuß vor den anderen setzten konnte. Uniformierte Aufseher mit farbigen Staubwedeln dirigierten die Massen. Der Halter eines gelben Wedels konnte allgemeine Fragen beantworten, Fragen nach Fluchtwegen oder den nächsten Toiletten. Der Halter eines grünen Wedels war Fachmann für religiöse Fragen.

Was mich allerdings am meisten bei unserer Mausoleumsbesichtigung beeindruckte war die Stimmung: Es war ganz leicht sich wohl zu fühlen. Wenn ich mich als gebürtiger Katholik an die Kirchen meiner Kindheit zurückerinnere, dann waren das Orte der Ehrfurcht, an denen man höchstens flüstern durfte. Hier im iranischen Mausoleum jedoch wurde laut geredet und gelacht, Kinder spielten in den Gängen, ein Mann schlief angelehnt an einer Wand und wenn nicht gerade Gebetsstunde war, wirkten die Gebetsräume wie Picknickwiesen.

Unser Gastgeber Amin hatte uns nicht zum Schrein begleitet. Amin war 28, über 1,90 Meter groß und recht hager. Er hatte lockige Haare und einen buschigen Kinn- und Schnurrbart. Der Schrein war nicht seine Welt. Amin passte auch nicht in das Bild, das ich vom Iran hatte. Er importierte Lenovo Handys aus China und verkaufte sie im ganzen Land. Das Geschäft lief gut. Privat war Amin eine sehr spirituelle Person, aber nicht im religiösen Sinne. Er suchte eher Antworten auf die großen philosophischen Fragen des Lebens.

Als wir nach unserem Schreinbesuch zurückkamen, waren wir dankbar für die Ruhe, die wir auf seinem Balkon fanden. Ich versuchte mich bei Facebook einzuloggen, doch mein Versuch scheiterte. Auch andere soziale Medien und selbst die Sportseite meiner Wahl waren blockiert. Das Internet war eben so stark reglementiert, wie das öffentliche Leben: Frauen mussten den Hidschab tragen, ein Kopftuch, zu dem es genaue Vorschriften gab. Es durfte nicht getanzt werden und bei den meisten Anlässen galt strikte Geschlechtertrennung. Alkohol war verboten. Amin sagte, dass Freude staatlich verboten sei.

Aber wir lernten an diesem Tag auch, dass das private Leben im Iran anderen Regeln folgte. Die meisten Wohnungen und Häuser waren nicht einsehbar, Rollläden und Vorhänge versperrten die Sicht. Und das aus gutem Grund, denn dort, wo es niemand sehen konnte, wurde die Geschlechtertrennung aufgehoben, es fielen die Hidschabs, es wurde gelacht, auf Facebook gesurft, getrunken und getanzt.

Amins Haus war keine Ausnahme. Selbst auf seinem Balkon boten Bäume und Sträucher Schutz vor neugierigen Blicken. Aber als Amin anfing einen dicken Joint zu rollen, gingen meine Alarmglocken an.

»Amin, ist das dein Ernst? Das muss doch illegal sein«, brach es aus mir heraus. Ich mochte Amin, aber das ging mir zu weit. Wenn er uns nur testen wollte? Vor meinem geistigen Auge wurde sein Haus in jeder Sekunde von einer Spezialeinheit gestürmt.

»Bruder, das ist nicht illegal. Das ist ein Geschenk des Universums, damit wir klarer sehen können!«, sagte er mit einer Selbstverständlichkeit als spräche er darüber, dass Wasser nass ist. Das beruhigte meine Nerven, denn so etwas hätte sich ein Spitzel niemals ausdenken können.

»Und die Polizei?«, fragte Fou.

»Die kommt doch nicht hier her! Entspannt euch einfach, Jungs.«

Amin zündete den Joint an, zog ausgiebig, hielt den Atem für eine Weile und beim Ausatmen sagte er:

»Willkommen im Iran!«

Amin gab den glühenden Joint weiter. Mittlerweile war es vollkommen dunkel, nur eine Kerze spendete flackerndes Licht und man konnte nur noch Umrisse erkennen. Der glühende Joint wanderte durch die Runde. Als ich an der Reihe war, fragte ich mich wie viele Peitschenhiebe wohl auf dem Genuss von Marihuana standen? Ich zog einmal, danach war es mir egal. Nach wenigen Minuten saßen wir mit breitem Grinsen da. Reflektierter Kerzenschein tanzte auf Zahnreihen.

Ich wollte gerne Persisch lernen und bat Amin mir zu helfen. Er sprach etwas vor und ich wiederholte es. Dem Anschein nach nicht allzu gut, denn meine ersten persischen Sprechversuche sorgten für einen heftigen Lachanfall bei meinem Lehrer.

»Sag es nochmal! Sag es nochmal!«, rief Amin.

Ich tat ihm den Gefallen und begrub gleichzeitig meine Ambitionen. Amin lachte hysterisch, ließ sich von seinem Stuhl gleiten und lag laut lachend auf dem Boden. Sein Lachen steckte mich an und Fou war so high, dass er mit seiner Glatze und seinem breiten Grinsen aussah wie eine Reinkarnation Buddhas.

Passierte das gerade wirklich? Rauchten wir Marihuana aus Afghanistan in der konservativsten Stadt des konservativen Irans und lachten dabei wie ein Rudel Hyänen? Diese Reise hörte nicht auf, uns neue Überraschungen zu servieren.

Eine Überraschung der anderen Art bot die Ersatzteillage für mein Motorrad. Ohne neues Antriebsritzel kam ich nicht weiter, besser wäre gleich ein kompletter Kettensatz gewsen. Im Iran gab es aber nur kleine Motorräder und Mofas, somit keinen Händler, der die passenden Teile führte.

Das wäre nicht zu schlimm gewesen, denn ich hätte mir die Teile auch schicken lassen können. Aber auch das war nicht möglich, denn über dem Iran waren Wirtschaftssanktionen verhängt worden.

Dieser Umstand ließ mich von den Problemen kosten, die die Iraner jeden Tag zu bewältigen hatten. Amin erzählte uns, dass tausende Iraner nicht an wichtige Medikamente kamen. Fluggesellschaften konnten keine Ersatzteile für ihre Flugzeuge kaufen. Der notwendige Erfindungsreichtum hatte in jüngster Vergangenheit für diverse Abstürze gesorgt. Anstatt der iranischen Führung zu schaden, kosteten die Sanktionen also hunderten, wenn nicht tausenden Iranern das Leben.

Ein Mechaniker schlug mir schließlich vor, er könne improvisieren und ein neues Kettenritzel »herstellen«, was immer das bedeuten würde. Es würde vielleicht 1000 Kilometer halten. Danach würde ich wohl abstürzen.

3

Mit dem selbstgebastelten Ritzelersatz fuhr ich wie auf rohen Eiern nach Teheran. Fou schaute immer wieder in den Rückspiegel, um zu sehen, ob ich ihm noch folgte. Zumindest kamen wir voran. Als wir uns der Stadt näherten, lernten wir eine andere Seite der Iraner kennen: So liebenswert die Menschen waren – sobald sie in ein Auto stiegen, vergaßen sie jegliche Etikette. Im Iran gab es die fünftmeisten Verkehrstoten weltweit. Wer einmal in den Straßen von Teheran unterwegs war, weiß ganz genau, woher diese Zahlen kommen: Es wurde gedrängelt, gehupt, gerast und keinerlei Rücksicht genommen. Fou wurde erst wüst abgedrängt, dann vom Fahrer zum Essen eingeladen. Das Verkehrsproblem war bekannt, dennoch turnte in jedem dritten Auto ein nicht angeschnalltes Kind zwischen den Sitzen.

Ich war heilfroh, als wir unsere Gastgeber Abbas und Zara erreichten. Sie waren ganz anders als Amin. Bodenständiger, religiös, verheiratet. Zara war im dritten Monat schwanger. Abbas arbeitete für die Stadt und begleitete Bauprojekte in ganz Teheran. Bevor er arbeiten ging, sagte er stets: »Wenn ich wiederkomme, ist der Kühlschrank leer.« Abends kontrollierte er als erstes den Inhalt des Kühlschranks und redete uns ins Gewissen, dass wir hier Zuhause seien und gefälligst essen sollten.

Am Wochenende und nach Feierabend führte er uns durch die Stadt. Er zeigte uns Basare, Cafés, Parks und das quirlige Leben der Hauptstadt. Wenn es eine Wiese gab, konnte man darauf wetten, dass sie bevölkert wurde von Familien mit Picknickkörben und Wasserpfeifen – Iran das Land der Picknicker.

Wir besuchten einige Moscheen und sie faszinierten mich aufs Neue. Die Leichtigkeit und Wärme, friedlich und schön. Ich war vor dieser Reise noch nie in einer Moschee gewesen, obwohl ich viele muslimische Freunde hatte – mit einem fuhr ich gerade um die Welt. Vielleicht hatte ich unterbewusst Angst. Ich kannte das muslimische Gebet nur aus dem Fernsehen. Mir war mulmig dabei zu sehen, wie sich hunderte Menschen auf den Boden warfen um zu beten. Nur wurde durch das Fernsehen nie die Wärme transportiert, die ich hier spürte – die menschliche Wärme.

Abbas hielt Ramadan. Er meinte, dass wohl 60 Prozent der Bevölkerung es ihm gleichtaten. Ich hätte mit einer weitaus höheren Zahl gerechnet. Das Wetter nahm keine Rücksicht auf die Fastenden. Die Hitze war unnachgiebig. Abbas hielt stand. Wenn er uns die Stadt zeigte, trieb er uns voran wie ein paar Schafe, aber trank keinen Schluck Wasser. Abends, wenn die Sonne untergegangen war, und er das Fasten brechen durfte, trank er erst einmal zwei Liter Wasser. Und wenn er aß, konnte er die ersten Minuten überhaupt nicht sprechen, so sehr genoss er die Mahlzeit. Ich dachte darüber nach, wie verschwenderisch ich meistens mit Essen und

Trinken umgegangen war – nie wirklich gewürdigt, als selbstverständlich betrachtet, runtergeschlungen und in mich reingeschüttet.

Fou und ich unternahmen einen Ausflug zum kaspischen Meer. Ich wollte eigentlich nicht – wegen des Ritzels, aber Abbas hatte die Vielfalt des Landes betont, sich erbost darüber gezeigt, dass viele Menschen dachten, der Iran sei eine Wüste und behauptet es gäbe tropische Früchte und Dschungel auf der anderen Seite des Elbur Gebirges. Also fuhren wir gen Norden, um zu sehen, ob er recht hatte.

Wäre der Verkehr nicht so grauenhaft, es wäre eine der schönsten Straße der bisherigen Reise gewesen. So konnten wir den Blick nicht zu sehr über die Landschaft schweifen lassen, denn wir mussten auf Busse Acht geben, die die Kurven schnitten. Sie kamen oft so weit auf unsere Fahrbahn, dass zwischen Felswand und dem Kotflügel des Busses gerade noch ein Motorrad durchpasste.

Auf der anderen Seite der Berge war es tatsächlich grün und schwül. Dichte Wälder wuchsen auf den Hügeln und Straßenverkäufer boten die versprochenen Früchte an. Es sah aus wie ein anderes Land. Aber auch das war der Iran.

Auf dem Rückweg geschah das Unausweichliche: Es waren noch knapp 50 Kilometer zurück zu Abbas. Wir waren gerade in eine Senke gefahren, schöne Streckenführung, Doppel-S-Kurve und in der letzten Biegung ging es den Berg wieder hoch. Dafür waren Motorräder gebaut worden. Man ließ sich in die Kurve fallen, anstatt sich wie in einem Auto gegen die Fliehkräfte wehren zu müssen, pendelte man sie locker aus und sobald der Scheitelpunkt der Kurve erreicht war, zog man am Gasgriff und während man die Steigung hinaufglitt, ließ man sich von der Kraft des Motors berauschen. Das machte süchtig. Es wurde nie langweilig.

Anstatt die Kraft des Motors zu spüren, hörte ich jedoch ein lautes, bekanntes Geräusch: Kette rutscht über abgeschliffenes Ritzel. Der Mechaniker-Prophet aus Masschad behielt recht: 1000 Kilometer – weiter kam ich nicht. Zumindest wussten wir in der Zwischenzeit, wie der Iran funktionierte:

1. Früher oder später tauchte jemand auf, der einem helfen kann.

2. Jeder Fahrer mit einem Pick-Up-Truck war ein potentieller Abschleppwagen.

In diesem Fall war es ein Exil-Iraner, der mittlerweile in Kalifornien wohnte und gekleidet war wie ein Gangster-Rapper. In einem weißen Mercedes fuhr er mich vor ein kleines Geschäft und half mir einen Abschleppwagen zu finden. Der Fahrer des Abschleppwagens hieß Ali, er sprach zwar kein Englisch, dafür hatte er einen Freund, der Zahnarzt in Hamburg war und mit dem ich per Ferngespräch die Preisverhandlungen führte.

Ali und ich fuhren über den letzten Pass, auf der Ladefläche wippte das Motorrad bedenklich hin und her, als sich Teheran vor uns ausbreitete. Die Lichter der Stadt flimmerten in der heißen Luft, über uns war der Himmel schon schwarz, während der Horizont noch feuerrot glühte. Für einen kurzen Moment vergaß ich, dass ich in einem Transporter saß, der Defekt an Smetana nur mit passendem Ersatzteil zu beheben war, an das ich aber nicht heran kam, und Fou mal wieder geduldig hinterherfuhr. Es war – trotz allem – ein schöner Moment

4

Ich weiß nicht, ob ich überdurchschnittlich viel mehr Glück hatte als andere. Einige meiner Freunde sagen Ja, aber ich glaube das nicht. Mein Vater hatte immer gesagt: Wie man in den Wald schreit, so schreit es auch wieder hinaus. Ein nettes Bild, um einem kleinen Jungen beizubringen freundlich zu sein. Es war haften geblieben. Ich fühle mich mit der Welt verbunden. Die Reise vertiefte dieses Gefühl, denn selbst wenn es mal nicht so lief, irgendwie fügte es sich doch jedes Mal wieder. Alles was ich in den Wald rief war: »Ich bin dein Freund« und meistens kamen gute Dinge zurück. Zum Beispiel ein Original Yamaha Kettensatz für meine gequälte Smetana.Es war eine kurze Nachricht, die mein Handy zum Leuchten brachte:

»Hey, mein Onkel Nezam fliegt demnächst von Frankfurt nach Yazd. Braucht ihr etwas?«. Ich sprang vor Freude in die Luft. Die Nachricht kam von Jasamin. Wir waren gemeinsam zur Schule gegangen. Jasamins Vater hatte es überhaupt erst möglich gemacht, dass wir in den Iran einreisen konnten, denn nur über seine Kontakte hatten wir noch rechtzeitig ein Visum bekommen. Und nun schien mich Jasamins Onkel zu retten, der sich bereit erklärte die Ersatzteile mitzubringen.

Unser Gastgeber Abbas organisierte uns eine Spedition, die mein Motorrad nach Yazd bringen würde. Fou entschied sich dazu seine BMW ebenfalls aufzugeben. Wir tauschten zwei Motorräder gegen zwei Papierbögen und hofften den Tausch 623 Kilometer später wieder rückgängig machen zu können. Abbas und Zara brachten uns zum gigantischen Busbahnhof der Stadt, der die Ausmaße eines Flughafens hatte. Wir stiegen in den Bus, die Klimaanlage lief, ein Busbegleiter in Uniform verteilte Getränke und Erfrischungstücher. Ein kaputtes Motorrad hatte seine Vorzüge. Draußen winkten Abbas und Zara und wir verließen traurig Teheran.

Yazd schloss ich gleich ins Herz. Zuerst war die Stadt ungefähr so groß wie Stuttgart; ein angenehmer Kontrast nach Teheran. Außerdem hatte sie eine wunderschöne, 4000 Jahre alte Innenstadt. Lehmgebäude bildeten ein Labyrinth aus verwinkelten Gassen. Hinter jeder Ecke gab es etwas zu entdecken: Da waren Frauen, die Brot backten, Händler, die ihre Waren anpriesen, kleine und große Moscheen, Hühner und Esel, immer wieder Arbeiter, die sich dem fortwährenden Verfall der Stadt entgegenstemmten und Hinweisschilder, die uns über die vielen Besonderheiten von Yazd aufklärten.

Zum Beispiel über die Ingenieurskunst, die sich unter den Straßen abspielte. Die Lehmgebäude können nur deshalb erhalten werden, weil es so selten regnet. Um Wasser in die Stadt zu bringen, wurde schon vor tausenden Jahren ein unterirdisches Kanalisationssystem angelegt, das Wasser aus den Quellen der Berge bis in die Stadt bringt und an das jedes Haus angeschlossen ist.

Ein weiteres Schild stand vor einem Gebäude, auf dem ein hoher Turm saß. Das Schild erklärte, dieser Turm sei ein »Badgir«, die Urform der Klimaanlage. Badgirs sehen aus wie alte Mikrofone. Sie ragen einige Meter über die Dächer hinaus und sind auf vielen alten Gebäuden zu finden. Oben haben sie Öffnungen, die den Wind fangen und ins Gebäudeinnere leiten. Weht kein Wind, wirkt der Badgir wie ein Kamin und saugt warme Luft an und führt so zu einem Luftaustausch. Diese hübschen Türme prägten die Skyline der Stadt.

Jasamins Familie in Yazd führte eine Süßigkeitenmanufaktur und ihr Onkel Vali deren Geschäfte. Er hatte einst in Deutschland studiert und empfing uns herzlich in seinem Büro.

Vali wollte uns im Sillk Road Hotel einquartieren. Wir bedankten uns freundlich, doch lehnten ab, denn wir konnten das unmöglich annehmen. Das ließ die Drähte zwischen Yazd und Stuttgart glühen und sorgte für die finale Nachricht von Jasamin: »Ihr könnt überall couchsurfen – nicht in Yazd.« Gastfreundschaft war Ehrensache.

Wir gaben schließlich nach. So sehr ich Couchsurfing liebte, abends in ein Zimmer zu kommen, niemandem zu etwas verpflichtet zu sein und einfach seine Ruhe zu haben, fühlte sich himmlisch an. Und das Bett! Frisch bezogen, weiße Laken, frisch duftend und bequem. Eine Wohltat für unsere geschundenen Knochen und Fou konnte endlich wieder seinem Waschzwang gerecht werden.

Ein paar Tage später kam Nezam mit breitem Grinsen, Fönfrisur und schwerer Tasche in die Süßigkeitenfabrik.

Er konnte kein weiteres Handgepäck mitnehmen, weil die Tüte schon so schwer war und auch der Zoll hatte Interesse bekundet. Trotz aller Widrigkeiten brachte er meine Ersatzteile von Deutschland nach Yazd. Sollte es ihm Probleme bereitet haben, er würde es nicht sagen – iranischer Ehrenkodex. Ich badete ihn in Dankbarkeit.

Gemeinsam machten wir uns auf den Weg die Papierbögen der Spedition wieder in Motorräder zu verwandeln. Als wir das Lager erreichten, waren Arbeiter gerade dabei einen riesigen LKW abzuladen. Ganz hinten standen unsere Motorräder. Es grenzte an ein Wunder, dass sie diese Reise unversehrt überstanden haben. Anschließend wurde Smetana zum hoffentlich letzten Mal auf einen Transporter verladen und in eine Werkstatt gefahren.

Als wir am nächsten Tag in die Werkstatt kamen, funkelte der neue Kettensatz bereits im Sonnenlicht. Der Mechaniker verweigerte jegliche Bezahlung: »Du bist Gast. Willkommen im Iran.«

Was für ein Land.

Wir waren fünf Tage in Yazd und waren gefühlt jeden Tag auf einem Familienfest. Meistens gab es keinen Grund. Es musste nicht geheiratet oder gestorben werden, um die Familie zu versammeln.

An unserem letzten Tag lud uns Vali bei sich zu Hause zum Essen ein. Vor dem Essen erteilte mir sein Sohn eine Lektion im

Tischtennis. Es gab leckeres Essen und Saft aus Wasser- und Honigmelonen. Wir spielten ein witziges Kartenspiel, bei dem man Tiergeräusche imitieren musste, um zu gewinnen.

Als wir Yazd verließen, fühlte es sich so an, als ob ich zum zweiten Mal meine Familie hinter mir ließ.

5

Endlich fuhren Fou und ich wieder gemeinsam. Smetana klang euphorisch und konnte wieder ihre volle Kraft auf ein adäquates Ritzel übertragen. Die einzigen seltsamen Geräusche kamen aus meinem Helm und waren eine wenig talentierte Version von Queens: »Don't stop me now«. Vielleicht hatte ich keine Ahnung von Motorradwartung, aber was soll's! Ich lernte hinzu und dieses Missgeschick würde mir sicherlich nie wieder passieren.

Durch den Iran von Stadt zu Stadt zu fahren war sehr einfach. Die Straßen waren perfekt beschildert, sodass man kein Navigationssystem brauchte. Heimatgefühle lösten einige Radarfallen aus. Die weiteren Unfallverhütungsstrategien waren aber aggressiver als in Deutschland: Statt Plakate aufzuhängen, um die Verkehrsteilnehmer an ihre Sterblichkeit zu erinnern, wurden im Iran völlig deformierte und teilweise ausgebrannte Unfallwracks auf Podesten präsentiert. Bei mir wirkte es, den Iranern schien es egal.

Bevor wir nach Shiraz aufbrachen, kontaktierten wir einen Freund von Abbas. Fou schrieb eine SMS an einen gewissen Saeed:

»Hi, wir sind Stefan und Fou und reisen gerade auf Motorrädern durch den Iran. Wir haben deine Nummer von Abbas aus Teheran. Er meint, wir können dich treffen.«

Es war unangenehm jemanden um etwas zu bitten, den man gar nicht kannte. Die Antwort?

»Klar, kommt vorbei!«

Wir hielten in einer Sackgasse im Südwesten von Shiraz. Saeed war jung, schlank, dunkle Haare, dunkle Augen, ein wenig wie ein junger iranischer Enrique Iglesias. Er öffnete mit einem freundlichen Lachen die Tür. Als er die Motorräder sah, weiteten sich seine Pupillen.

»Mist, ich habe nicht damit gerechnet, dass die so groß sind!«

Er öffnete ein Tor.

»Schnell! Schnell! Schiebt sie herein.«

Ein Motorrad nach dem anderen verschwand und erst als beide Motorräder verstaut und das Tor geschlossen war, bemerkten wir, dass die Bikes direkt in Saeeds Wohnung parkten. Neben den Motorrädern war noch ein schmaler Durchgang, davor war ein Schreibtisch mit seinem Computer. Dahinter eine kleine Küche und ein weiteres Zimmer.

Saeed schaute ungläubig auf das, was mal sein Wohnzimmer gewesen war: »Wenn sie mich jetzt nicht hochnehmen, dann werden sie mich nie erwischen.«

Couchsurfing war im ganzen Iran verboten. In den meisten Städten wurde es allerdings toleriert oder zumindest ignoriert, aber in Shiraz war die Polizei sehr aufmerksam und ging gegen Gastgeber vehement vor. Saeed wusste das, aber es konnte ihn nicht abhalten.

Wir setzten uns in das hintere Zimmer, tranken Tee und Saeed erzählte uns etwas von sich. Früher war er ein recht erfolgreicher Kampfsportler gewesen. Heute war er einer der aktivsten Couchsurfer im Iran. Wenn Saeed etwas anging, dann klemmte er sich eben mit aller Leidenschaft dahinter.

Außerdem hatte er mit seinen 24 Jahren beeindruckende Ansichten. So gab er den Kampfsport auf um zu klettern: »Man kämpft für ein gemeinsames Ziel, anstatt gegeneinander. Das gefällt mir besser«.

Er war gerade erst von einer eigenen Reise zurückgekehrt, bei der er durch den Iran getrampt war. Ich fragte ihn, was ihm an dieser Reiseart am besten gefiel und er antwortete:

»Das Beste ist, dass man das Land wirklich erfährt. Du weißt nie, wer dich mitnimmt. Manchmal sind es Arme oder Reiche, Konservative oder Progressive, Religiöse oder Hippies. Beim Couchsurfen trifft man eher auf den jungen, weltoffenen, internetbegeisterten Teil der Bevölkerung.« Messerscharfe Beobachtung: Von Warschau bis Shiraz traf diese Beschreibung auf alle unsere Couchsurfing Gastgeber zu.

Wir hatten eben unsere weiteren Reisepläne ausgebreitet und ihm erzählt, dass es uns vor der Durchfahrt durch Pakistan gruselte. Er antwortete: »Es gibt keine schlechten Orte, wenn man wegen der Menschen reist.«

Am zweiten Abend saßen wir auf dem Boden in Saeeds Wohnung und verwandelten Bananen, kleine Saftpackungen und bunte Blumen in Geschenke. Shiraz' Couchsurfer Community plante einen Besuch im Altersheim.

Am nächsten Morgen fanden wir uns vor dem Hof des Altersheims ein. Im Iran wurden die Geschlechter überall getrennt (selbst Greisen war anscheinend nicht zu trauen). Wir standen vor einem Altersheim für Damen. Es waren circa zwanzig Couchsurfer da und sogar eine Band. Auch im Iran galt: Wo eine Band spielte, da gab es auch Alkohol.

Der Sänger fragte mich, ob ich nicht einen Schluck seines selbst hergestellten Weines haben wolle. Er sei gemischt mit seinem selbst gebrannten Wodka und sehr lecker. Die Vorstellung klang schrecklich, aber ein wenig Lockerung konnte mir nicht schaden. Ich war mir noch nicht sicher, wie ich denn gleich die Omis bespaßen sollte. Er gab ein wenig Orangensaft zur Tarnung hinzu.

Ich nahm einen Schluck und sah Sterne. Lippen, Zunge, Speiseröhre, Magen schienen sich aufzulösen. Es schmeckte wie Benzin. Der Gitarrist erkannte meine Probleme, nahm meinen Becher und trank ihn auf einen Zug leer. Ich hoffe, er lebt heute noch.

Das Tor zum Hof des Altersheims öffnete sich. Dahinter war ein schöner, grüner Garten mit weißen Bänken. Die Couchsurfer fielen in das Altersheim ein und hinterließen eine Schneise lächelnder Omis mit Geschenken.

Manche der älteren Damen konnten nicht mehr laufen, andere schienen verwirrt, aber viele waren auch rüstig, eine grinste mich zahnlos an. Mir grauste zuerst. Es war auf der ganzen Welt dasselbe: Altersheime lähmten mich, sie rochen komisch. Der menschliche Verfall, so direkt vor Augen geführt, bedrückte mich. Dann versammelten die Couchsurfer alle Omis in einem Raum. Es waren Stuhlreihen aufgebaut, davor wartete die Band. Die Musik begann:

Jede Omi, die noch Herrin über ihre Füße war, schwang das Tanzbein, als wären es die goldenen Zwanziger Jahre, die anderen klatschten, pfiffen und grölten. Es war Lebensfreude. Es war wunderschön.

Wir schenkten Freude. Es war so einfach. Alles, was es kostete, war Zeit. Die Belohnung? Unermesslich. Nichts, was Geld kaufen konnte. Es tat einfach gut Gutes zu tun.

Aber machte so etwas einen Unterschied? Bewirkte es etwas?

Jeder hatte eine bestimmte Vorstellung von »die Welt retten« in sich. Aber dann realisierte man recht bald, dass man es wohl doch nicht schaffen würde mal eben so die Welt zu retten. Die Probleme zu groß, die Aufgaben zu komplex. Was konnte man schon als Einzelner ausrichten? Und dann ließ man es bleiben und verzichtete auf eines der schönsten Geschenke des Menschseins: anderen zu helfen.

Mir ging es nicht anders. Bis zum heutigen Tag war die beste Zeit in meinem Leben jene Tage, in denen ich Freiwilligenarbeit in Südamerika geleistet hatte. Es hat mich ausgefüllt, mich zu einem besseren Mensch gemacht. Ich schwor mir damals »helfen« zu einem festen Bestandteil meines Lebens zu machen. Aber ich kam heim und tat es nicht. Andere Dinge kamen dazwischen. Vermeintlich wichtigere Dinge. Wie schön, dass mich die iranischen Großmütterchen an meinen eigenen Vorsatz erinnert hatten.

6

Der problematische Teil Pakistans, durch den wir fahren mussten, hieß Belutschistan. Als ich recherchierte, was uns dort erwarteten würde, las ich über das Schicksal von Faisal Mengal: Ein vorwärts denkender Journalist im rückständigen Belutschistan. Er half den Menschen nach Dürren, Fluten und Erdbeben. Am 10.12.12 wurde er auf offener Straße von elf Kugeln getötet.

Sein Schicksal war kein Einzelfall: Angeblich wurden über 5000 Menschen in den letzten Jahren verschleppt. Manchmal tauchten ihre Leichen später wieder auf, manchmal waren sie für immer verschollen. Hinter vielen Taten wird die Regierung in Islamabad vermutet. Aber auch die Freiheitskämpfer Belutschistans entführten Journalisten, Diplomaten, Entwicklungshelfer – und Touristen. Außerdem waren die Taliban in der Grenzregion zu Afghanistan aktiv und auch sie entführten Menschen.

Genau dieses Belutschistan hatten wir nun vor der Brust, als wir Shiraz verließen. Man durfte die Region durchfahren, aber nur mit bewaffneter Eskorte. Wir hatten uns für die Route durch Pakistan entschieden, als wir noch im sicheren Stuttgart waren, weit weg von Freiheitskämpfern, erschossenen Intellektuellen und entführten Touristen. Wir machten uns gegenseitig Mut. Schließlich waren vor uns schon viele Reisende durch Pakistan gefahren und die meisten waren heil in Indien angekommen.

Belutschistan hat auch einen iranischen Teil. Im Iran mussten wir uns bisher keinerlei Gedanken um unsere Sicherheit machen. Das änderte sich nun. Wir hatten gelesen, dass uns die iranische Polizei zu einem Hotel eskortieren würde, sollte sie uns aufgreifen. Das passte nicht in unsere Couchsurfing Pläne. Fou fand auf der Karte eine Umgehungsstraße und so kamen wir über den Hintereingang nach Zahedan und blieben unentdeckt.

Die anstehende Gefahr ließ uns nicht mehr los. Wir dachten uns allerlei Szenarien aus. Zum Beispiel: Was würden wir tun, wenn einer von uns beiden gefangen genommen werden würde, der andere aber nicht? Stellte er sich den Entführern, um den anderen nicht alleine zulassen? Oder suchte er das Weite und anschließend Hilfe? Fou wollte sich stellen, ich wollte Hilfe holen. Hoffentlich würde keiner von uns herausfinden, was die bessere Option sei.

Wir tankten Mut und Zuversicht bis unser Visum ablief. Benzin bekamen wir hingegen keins. Benzin ist in Zhedan Schmuggelware und wird in Pakistan teurer verkauft. Um dem Schmuggel Einhalt zu bieten, brauchte man einen speziellen Ausweis um Benzin zu tanken. Mit flauen Mägen und halbleeren Tanks machten wir uns auf den Weg zur pakistanischen Grenze.

Eigentlich war alles wie immer. Heiß, trocken, blauer Himmel über uns, kaum Verkehr vor uns, nur spärliche Vegetation um uns. Aber trotzdem wirkte es bedrohlicher. Oder war es nur die Angst, die nun mit uns auf den Motorrädern saß und uns ihre Geschichten einflüsterte? Jetzt wünschten wir uns eine Eskorte. Aber niemand empfing uns. Noch 80 Kilometer bis zur Grenze.

Plötzlich rannten hinter einem Hügel ein Dutzend Menschen Richtung Straße. Sie waren ein paar Hundert Meter vor uns. Ich hatte keine Ahnung, was sie wollten oder was wir tun sollten. Wir fuhren nun langsamer. Es schienen keine Frauen zu sein, nur Männer. Sie trugen Gewänder und Kopfbedeckung. Und sie rannten schnell. Als ob sie vor etwas davon rannten. An der Straße warteten drei Geländewagen. Als die Männer die Autos erreichten, hechteten sie in alle Türen und sogar in den Kofferraum. Reifen quietschten und eine Staubwolke stieg auf.

Das war die Welt, in der wir uns nun bewegten. In der solche Dinge passierten. Ich sehnte mich nach schwäbisch-grauem Alltag, meiner Couch und der Sportschau.

Wir waren erleichtert, als wir an einen Posten des iranischen Militärs kamen. Es war ein kleines Häuschen am Straßenrand. Der Weg wurde von einer Schranke versperrt. Links ging ein Weg ab, der nach wenigen Metern vor einem großen Tor versperrt wurde, das in den Farben der iranischen Flagge lackiert war.

Ein junger Soldat kam auf uns zu:

»Tourist?«

»Ja.«

»Pakistan?«

»Ja.«

»Wait for Escort«

Gott sei Dank!

Er drehte sich weg und sprach etwas in sein Funkgerät.

»Hast du das eben gesehen?« fragte ich Fou.

»Ich hab keine Ahnung, was das war. Das war wie in einem verdammten Film! Oder wie in einer dieser Dokumentationen!«

»Ich bin froh über die Eskorte«

»Ich auch.«

Der Beamte schüttelte den Kopf: »No Escort!«

Verdammt!

Er gab uns ein Zeichen ihn anzuschauen und zauberte hinter seinem Rücken eine Kamera hervor und schoss Bilder von uns. Waren die für unsere Vermisstenanzeige? Waren das die Bilder, die dann in der Zeitung abgedruckt werden würden? Falls dem so wäre, sollte man dann eher ernst schauen oder lächeln?

Der Beamte wies uns an, wir sollten bis zum nächsten Checkpoint fahren, da würde eine Eskorte auf uns warten. Das war uns überhaupt nicht recht, aber wir hatten keine Wahl.

Nach weiteren 30 bedrückenden Kilometern tauchte der nächste Checkpoint auf. Wieder hielt uns ein Soldat an.

»Wait for Escort.«

Na endlich!

Nach einer Weile raste ein Jeep auf uns zu. Auf dessen Ladefläche war eine Bank montiert auf der zwei Soldaten mit Sturmgewehren und verschleiertem Gesicht saßen. Die Fahrertür ging auf und der Fahrer fragte uns: »Pakistan?«

Wir waren nicht mehr sicher, was wir antworten sollten. War es das wirklich wert?

7

Wir traten aus dem Grenzgebäude in gleißendes Sonnenlicht. Sofort stürzten sich drei Typen auf uns, die unser Geld tauschen wollten. Viele Reisende kamen hier wohl nicht vorbei, der Beweis war ihre ungeteilte Aufmerksamkeit. Kaum hatten wir sie überwunden, sahen wir, wo wir gelandet waren: Heruntergekommene Lehmhütten, dürre Gestalten, ein paar Straßenhunde, die schon bessere Tage erlebt hatten. Der Kontrast zum Iran war gewaltig.

Es war bereits spät und deshalb zu gefährlich um noch weiter zu reisen. Deswegen mussten wir die Nacht auf der Polizeistation direkt hinter der Grenze verbringen. Wir couchsurften die pakistanische Polizei.

Ein alter, verrosteter Jeep führte uns zu einem alten verrosteten Tor, hinter dem sich die Wache verbarg. Es sah nicht besonders gesichert aus und mir war gar nicht wohl bei dem Gedanken hier zu übernachten. Jemand entriegelte von innen das Tor zu unserem Heim für eine Nacht.

Als erstes fiel mir der kleine quadratische Flecken Wiese auf, links, kurz hinter dem Tor. Er maß vielleicht zwei Quadratmeter. In dieser kleinen Oase war die Welt in Ordnung. Zwei Männer saßen da und tranken entspannt Tee, als wären sie in einem Wellness Resort. Der eine trug Uniform, der andere die traditionellen pakistanischen Gewänder, die meiner Motorradkluft bei dieser Hitze um Welten überlegen sein mussten. Beide grüßten freundlich.

Außerhalb dieser kleinen Oase war die Realität. Der Boden war staubig. Gegenüber vom Tor standen ausrangierte Karren, die den Hof wie einen Schrottplatz wirken ließen. Auf der Wand hinter den Autos prangte ein Schriftzug, der den Namen der Einheit verriet: »Pakistan Levies Taftan«.

Links und rechts schienen Büros zu sein. Uns wurde eines der Büros auf der linken Seite zugewiesen. Wir folgten einem Polizisten in den Raum. An der hinteren Wand stand ein breiter Schreibtisch. Im ganzen Raum war grüner, versiffter Kunststoffteppich verlegt. Ich überlegte mir, ob es wohl besser wäre näher am Fenster und der Tür zu liegen oder an der Wand. Am Fenster könnte ich schneller flüchten, wäre aber bei Beschuss anfälliger. Der Raum war heruntergekommen, Risse an Wänden und Decken, aber eine Nacht sollten wir herumbringen können. Der Polizist kam ein paar Minuten später mit zwei heißen Tassen Tee.

Ich entschied mich für den Fensterplatz und gerade als ich meine Isomatte ausrollte und aus dem Fenster schaute, fiel mir auf, dass aus dem vergitterten Fenster des Büros auf der anderen Seite ein Arm hing. Ich schaute genauer hin und sah eine Gestalt. Eine weitere Person ging im Raum auf und ab.

»Fou, ich glaube wir haben Gesellschaft.«

Gegenüber befand sich kein weiteres Büro – sondern eine Gefängniszelle! Wir waren in einem der gefährlichsten Teile Pakistans auf einer baufälligen Polizeistation und verbrachten die Nacht nur einen Steinwurf entfernt von Gefangenen. Es erschien mir als absolut realistisches Szenario, dass in jedem Moment bewaffnete Angreifer kommen könnten um ihre Kumpanen zu befreien.

Um mich von meinen Gedanken abzulenken, versuchte ich zu lesen. Fou ist keiner, der gerne still sitzt und entschloss sich nach einer halben Stunde seine Wäsche im Hof zu waschen. Ich fand die Idee absolut bescheuert, aber er ließ sich nicht davon abbringen. Er nahm sich ein wenig Waschpulver und seine Klamotten und ging gerade zur Tür, als er flüsterte: »Fayus, komm mal schnell her!«

Die Gefangenen waren nun nicht mehr in ihrer Zelle, sondern im Hof. Es waren auch nicht zwei, sondern bestimmt zwanzig! Unsere Tür hatte nicht einmal ein Schloss und unsere Motorräder standen im Hof und waren unter den Gefangenen das Hauptgesprächsthema. Die zwei Polizisten saßen immer noch im Gras, aber hatten nun ein Gewehr neben ihrem Tee. Zwei weitere Polizisten waren mit Gewehr in der Hand ebenfalls im Hof, unterhielten sich aber ganz entspannt. Einer der Polizisten kam zu uns und sagte abfällig: »Flüchtlinge aus Afghanistan«.

Es dauerte ein wenig, aber nach einer Weile nahm ich die Gefangenen anders wahr. Ich sah sie mir genauer an und erkannte, dass sie mager, erschöpft und viel ängstlicher waren als wir. In einer Ecke stand einer mit wüsten Gesichtsverletzungen. Sie hatten Pech gehabt und waren im Grenzgebiet aufgegriffen worden. In den nächsten Tagen würden sie zurück nach Afghanistan gebracht werden. Die Gruppe, die Fou und ich auf dem Weg zur Grenze gesehen hatten waren wohl ebenfalls Flüchtlinge, nur waren sie vermutlich erfolgreicher gewesen.

Als die Sonne unterging war Essensausgabe. Die Gefangenen mussten sich in drei Reihen hintereinander setzen und nacheinander vortreten. Wie sie wohl behandelt werden würden, wenn keine Gäste auf der Wache waren?

Was tat ich hier? Was brachte mich auf eine pakistanische Polizeistation? Die Frage, wie man ein gutes Leben lebt? Es erschien lächerlich! Warum war ich nie auf die Idee gekommen einfach einmal dankbar zu sein für das, was ich bereits hatte? Nicht nur vorgeben dankbar zu sein und insgeheim nach »mehr« zu streben, sondern Dankbarkeit tatsächlich zu fühlen. Für Freunde und Familie, dafür dass ich keine Angst haben muss, dass jemand, den ich liebe, morgen bei einem Drohnenangriff stirbt. Dass niemand aus meinem Umfeld flüchten muss oder eingesperrt ist. Stattdessen hatten mich mein Alltag und meine Verpflichtungen daheim genervt. Wie irrelevant! Wie kleingeistig! All die Dinge, sie schrumpften auf Erbsengröße.

8

Seitdem wir Kirgistan verlassen hatten, zeigte das Thermometer jeden Tag um die vierzig Grad an. Fou und mich machte das zu Frühaufstehern. Wenn wir früh starteten, dann erreichten wir unser Etappenziel meist schon vor der größten Nachmittagshitze.

Nun mussten wir uns nach unserer Eskorte richten, die erst am späten Vormittag auftauchte. Ein uralter Toyota Landcruiser sollte unsere Sicherheit garantieren. Der Fahrer streckte seinen Arm aus dem Fenster und seinen Daumen in die Höhe, startete den Motor und wir machten uns auf den Weg tiefer nach Pakistan vorzudringen. Auf der Ladefläche waren zwei weitere Polizisten, die vermummt mit dem Rücken ans Führerhaus gelehnt saßen. Eine AK-47 lehnte jeweils neben ihnen. Als sie uns sahen, winkten sie freundlich.

Die Gegend änderte sich nicht: trocken, einfache Häuser aus Lehm, einige mit Einschusslöchern. Nicht einmal 100 Kilometer trennten uns von der afghanischen Grenze. Nach einer knappen halben Stunde erreichten wir den ersten Checkpoint. Er bestand ebenfalls aus einem einfachen Lehmhaus. Zwei Polizisten saßen auf dem Boden und tranken Tee, von dem sie uns gleich etwas anboten. Neben ihnen stand ein Maschinengewehr, das in die Richtung ausgerichtet war, in die wir weiterfahren würden. Wir mussten uns in einem dicken Buch registrieren und konnten dort nachvollziehen, wer schon vor uns hier entlang gekommen war. Nicht viele, vielleicht eine Handvoll Lebensmüder jeden Monat. Unsere Eskorte verabschiedete sich und wir warteten im Checkpoint auf die nächste. Das war unsere Routine für die nächsten zwei Tage: Mit einer Eskorte zu einem Checkpoint fahren, Eskorte verabschieden, registrieren, auf die nächste Eskorte warten und Tee trinken. Ich mochte das Teetrinken. Ich mochte auch die Polizisten. Wir konnten uns wenig unterhalten, aber wenn einer ein wenig Englisch sprach, dann fragte er meist nach unserer Familie und ob wir verheiratet waren.

Was für interessante Fragen. Zuhause drehte sich die erste Frage meist um den Beruf. Sie zielte auf den Geldbeutel, hier in Pakistan zielte die erste Frage auf das Herz. Saeed hatte recht: Es gab keine schlechten Orte, wenn man wegen der Menschen reiste.

Es war erstaunlich, wie schnell wir uns an die latente Gefahr gewöhnt hatten. Innerhalb weniger Stunden war es »normal« eskortiert zu werden. Die Form unsere Eskorte trug ihren Teil dazu bei. Der Jeep mit bewaffneter Besatzung verwandelte sich bald in ein Moped mit Sozius. Wir krochen dann mit 40 Kilometern pro Stunde durch das brütend heiße Belutschistan. Fou fuhr immer wieder neben das Moped und signalisierte, dass wir schneller fahren mussten um die Motoren zu kühlen. Wahrscheinlich wären wir im Falle eines Angriffs besser beraten gewesen das Weite zu suchen, als auf unsere Beschützer zu vertrauen. Spätestens als unsere Eskorte gar kein Fahrzeug zur Verfügung hatte und ein Polizist sich auf Fous Motorrad setzte, konnten wir den Polizeischutz nicht mehr ernst nehmen.

Wir versuchten hin und wieder Checkpoints vorsätzlich zu übersehen, um ein paar Kilometer frei fahren zu können. Spätestens am nächsten Kontrollpunkt wurden wir aber wieder von aufgeregten Polizisten eingefangen.

Hätten wir von Javier Colorado gehört, wir wären wahrscheinlich vorsichtiger gewesen. Nur wenige Monate bevor wir Pakistan durchquerten, wurde er auf der gleichen Strecke Zeuge eines Attentates. Ein Bus wurde nur wenige Meter vor Javier in die Luft gesprengt. 24 Menschen verloren ihr Leben. Als Javier mit seiner Eskorte den Ort des Attentates passierte, wurde er beschossen. Ein Granatsplitter verletzte Javier leicht am Kopf.

Wir sollten Quetta, die Provinzhauptstadt Belutschistans, bald erreichen und ich freute mich schon auf den nächsten Tee. Die letzte Eskorte hatte uns erstaunlich lang begleitet. Statt einem Glas Tee wartete ein gepanzertes Ungetüm auf uns. Keine Zeit für Registrierung, keine Zeit für Tee, wir mussten uns direkt an die Fersen heften. Es spie schwarzen Rauch aus und setzte sich laut in Bewegung. Auf dem Dach öffneten sich nacheinander zwei Luken und zwei junge Soldaten grinsten uns an. Danach holten sie ihre Gewehre heraus, legten sie schussbereit an die Schulter und ihre Finger auf den Abzug. Konzentriert beobachteten sie jeweils eine Seite der Straße.

Es wurde ernst. Die letzten zehn Kilometer bis zu unserem Hotel wechselten sich die Eskorten ständig ab. Es war wie ein Staffellauf und wir waren der Stab. Die Jungs, die uns beschützten, waren teilweise mit Sturmmasken vermummt, trugen »Anti-Terrorist-Unit« T-Shirts und waren unverkennbar austrainiert. Der Verkehr wurde dichter, aber die Eskorte bahnte uns hupend und mit Blaulicht den Weg durch Moppeds, Rikschas, Tuk-Tuks und Eselkarren. Ich war heilfroh, als wir das Bloomstar Hotel erreichten. Nachdem wir eingecheckt hatten, durften wir es nur noch in Begleitung verlassen.

Erst als wir Quetta und Belutschistan hinter uns ließen, lernten wir ein anderes Pakistan kennen. Endlich kamen wir mit Menschen in Kontakt. Bisher hatten sie Abstand gehalten, aber nun war es anders. Beim Mittagessen lernten wir einen Lehrer kennen, sein Name war Syed und er hatte einen wohl gestutzten Schnurrbart. Er schwor auf Bildung, um seinem Land zu helfen. Er meinte, dass die Veränderungen vielleicht nicht zu seiner Lebenszeit geschehen würden, aber vielleicht in 50 Jahren, dann würde es Pakistan sicherlich besser gehen und er war stolz seinen Teil beizutragen.

Nachdem wir durch die Stadt Sukkur gefahren waren, passierte das, was ich für unmöglich gehalten hatte. Das Klima änderte sich zum ersten Mal, seitdem wir aus den Tian Shan Gebirge nach Usbekistan gefahren waren. Es blieb zwar heiß, wurde aber dazu schwül und die Landschaft grün. Keine Wüste mehr, sondern satte Vegetation. Den Menschen schien es hier auch besser zu gehen, denn sie bauten Mauern um ihre Häuser und selbst die Kühe am Straßenrand waren fetter.

In Multan trafen wir Iqbal Ganghla. Iqbal nahm jeden Gast auf, der es nach Multan schaffte. Für Motorradfahrer hatte er ein besonders großes Herz, denn er fuhr selbst Motorrad und zwar ebenfalls eine Smetana. Damit hatte er schon viele Touren durchs ganze Land unternommen und schaffte es mit seiner »Peaceful Pakistan« Tour sogar in nationale Medien.

Seit unserem Besuch in Multan sind Mangos das Erste, was mir zu Pakistan einfällt: Iqbals Freund Hassan mit dickem Bauch und großem Herzen führte uns auf seine Mangoplantage, eine der größten des Landes. Es war mir unbegreiflich, dass es hier überhaupt Mangos gab. Noch ein paar Hundert Kilometer zuvor war es so trocken gewesen, dass nicht mal Unkraut wuchs.

Hassan zeigte uns wie Mangos geerntet wurden und wie man sie richtig aß. Bevor ich die erste frisch gepflückte Mango aß, sagte Hassan: »Das, mein Freund, sind die besten Mangos der Welt!« Er behielt recht, sie waren köstlich. Hätte ich mich auf der Plantage verlaufen, es wäre ein Leichtes gewesen zurückzufinden. Ich hätte nur meiner Spur aus Mangoschalen folgen müssen.

In jede Ecke der Plantage führten kleine Bewässerungskanäle, die man öffnen und schließen konnte. Gespeist wurden sie aus einem großen Becken, in dem wir ein ausgelassenes Bad nahmen. Iqbal setzte zu einem Vorwärtssalto und sorgte für hohe Wellen im Bewässerungsbecken. Auch das war Pakistan, wie schade, dass darüber nichts berichtet wird.

Hassan kam aus einer sehr wohlhabenden Familie. Das wurde spätestens klar, als wir zu ihm nach Hause gingen. Er wohnte in einem abgetrennten Teil Multans. Bewaffnete Wachen standen vor einer Schranke. In Pakistan gab es Sicherheit, man musste sie sich nur leisten können.

Am Tag unserer Abreise bereitete Iqbals Frau Mangosaft zu. Das Fruchtfleisch der Mangos wurde mit Eiswürfeln in einen Mixer gegeben. Manche Menschen sagen, man sollte Eiswürfel in

Spanien meiden. Jeder weiß, dass man Eiswürfel in Ländern wie Pakistan ganz bestimmt meiden sollte. Aber es hätte bedeutet auf diesen Mangosaft zu verzichten. Aus Hassans Mangos. Ich schob meine Bedenken bei Seite und genoss den Saft. Er würde mir noch lange in Erinnerung bleiben.

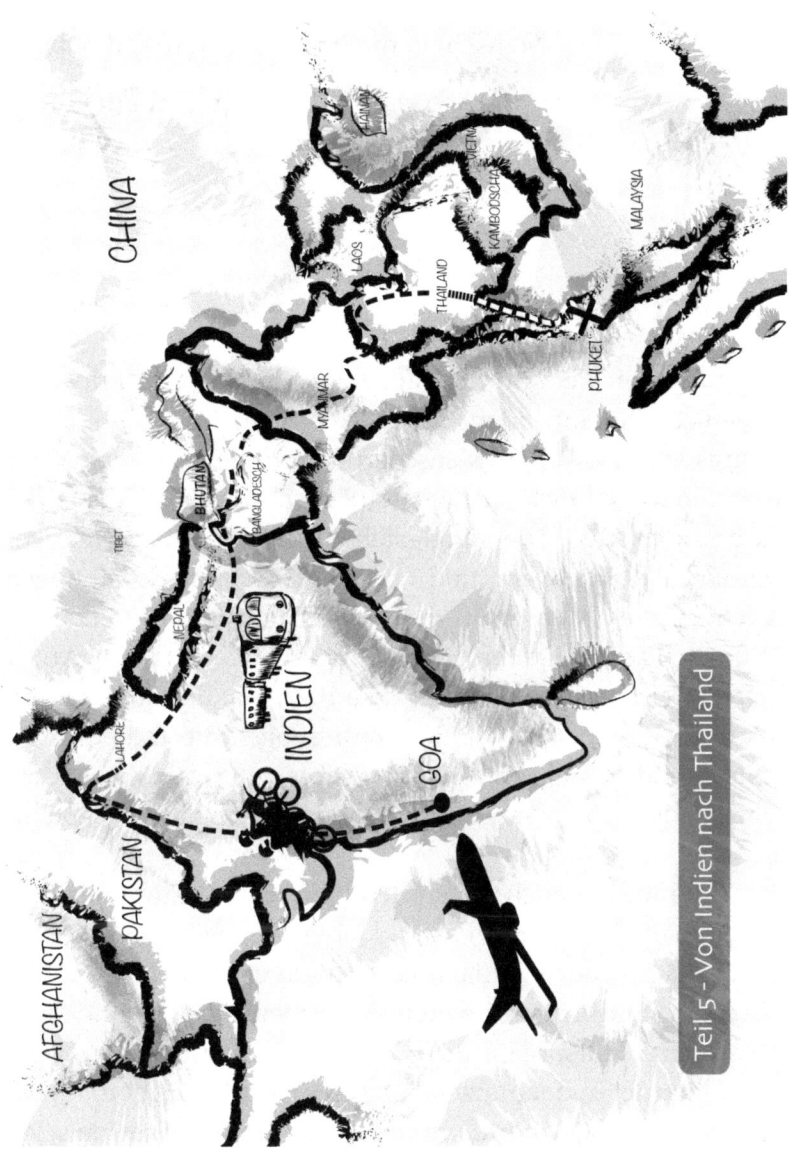

Teil 5 - Von Indien nach Thailand

>>Ich habe keine Angst vor der Welt, aber ich habe Angst vor

Menschen, die Angst vor der Welt haben.<<

- Elizabeth Gilbert

1

Es gab nur zwei Meinungen unter Indien Besuchern. Entweder: >>Ich liebe Indien!<< oder: >>Ich hasse Indien!<<
Allerdings schienen mehr Menschen Indien nicht zu mögen. Sie konnten die Armut nicht ertragen und beschwerten sich über den Dreck und den Müll. Die gängigsten Geschichten handelten von tellergroßen Kakerlaken und fiesen Durchfallerkrankungen. Trotzdem gab es Menschen, die Indien mochten. Sie erzählten von bunten Farben, lauten Festen und leckerem Essen. Armut und Dreck wischten sie weg mit dem Satz: >>Ja, das stimmt, aber das ist eben Indien.<< Es waren Paradiesvögel, die Indien mochten. Nissa und Roman aus Almaty liebten Indien. Michael aus Dänemark, den wir in Kirgisistan kennengelernt hatten, liebte Indien.

Ich wollte Indien auch lieben! Ich hatte es mir zumindest fest vorgenommen. In unseren Pässen klebte ein schöner Sticker mit indischer Flagge, der uns dazu berechtigte ein Jahr lang zu bleiben. Ein Jahr! Endlich würden wir Zeit haben. Über Freunde fand ich eine kleine Hilfsorganisation, die Künstlern half ihre Werke über das Internet in der ganzen Welt zu verkaufen. Schon das erste Mal als ich davon hörte, verliebte ich mich in die Idee. Wir würden mithelfen dürfen. Mit den Motorrädern von Dorf zu Dorf fahren und nach Künstlern suchen.

An der indischen Grenze wich die Vorfreude Magenkrämpfen. Durch Iqbals Eiswürfel hatte ich mir eine ausgewachsene Infektion eingefangen. Fou erledigte den gesamten Papierkram, während ich versuchte, nicht in den Quarantäneraum abgeführt zu werden.

Ich war mir sicher, es würde alles in Ordnung kommen. Nur dreißig Kilometer hinter der Grenze lag Amritsar. Dort hatten wir uns schon vom Iran aus ein feines Hotel gebucht. Wir erwarteten eine Lieferung Ersatzteile und Reifen aus Deutschland und hatten eine Adresse gebraucht, die selbst der blindeste Postbote finden würde. Nach zwei Stunden durften wir die Grenzstation verlassen. Ich konnte es kaum erwarten, endlich nach Indien zu kommen. Alles würde gut werden. Doch dann fuhren wir die ersten Kilometer auf indischem Boden.

2

Wer durch Russland, den Iran und Pakistan gefahren ist, hat alles gesehen, was sich auf Straßen dieser Welt abspielen kann, oder? Von wegen! Nichts kommt an Indien heran:

Die Fahrtrichtung? Nur zur groben Orientierung! Es war absolut akzeptabel in die entgegengesetzte Richtung zu fahren, egal ob mit dem Fahrrad oder Lastwagen. Das Konzept der »Vorfahrt« hat sich hier nie durchgesetzt. Niemand schaute, wenn er in eine Straße einbog. Man fuhr einfach darauf los und ging davon aus, dass die anderen schon ausweichen würde. Wir teilten uns die Straße mit Geländewagen, unzähligen Fahrradrikschas, tausenden Mopeds, Kühen, die am Mittelstreifen genüsslich grasten oder gemütlich die Straße querten, Rudeln aus Straßenhunden und Kindern, die in Lumpen auf der Straße spielten.

Dennoch sahen wir keine schwereren Unfälle. Alles schien von einer höheren Macht dirigiert zu werden.

Als wir das Hotel erreichten, war ich fertig mit den Nerven. Fou nahm seine Sturmhaube vom Kopf und er musste kein Wort sagen, ihm ging es nicht anders. Dabei waren wir gerade einmal 28,2 Kilometer gefahren. Indien erstreckt sich von West nach Ost über 2800 Kilometer.

Das Hotel war ein weißer Betonklotz mit blau gefärbten Fenstern. Über dem Eingang stand »Golden Tulip« in großen Buchstaben. Die Glastüren waren eine Schleuse zu einer anderen Welt: Als sie sich hinter uns lautlos schlossen, fiel die Temperatur schlagartig von 39 auf 15 Grad. Chaos und Dreck blieben draußen. Wir gingen zur Rezeption, freundliche Köpfe nickten, ein Angestellter brachte feuchte Handtücher. Ich wischte damit mein Gesicht ab und hinterließ schwarze Rußspuren auf dem weißen Handtuch. Das war die Luft, die wir atmeten. Ein weiterer Angestellter kam mit einem Willkommensgetränk und ein dritter verlud unsere Taschen auf einen Wagen und brachte sie auf unser Zimmer.

Das Zimmer war groß, die Betten sauber und frisch bezogen, das Bad riesig. Die Toilette umhüllte ein »Keimfrei für Ihre Hygiene«-Papier wie ein Geschenk. Daneben hing ein Telefon und eine Tropendusche sorgte für Erfrischung. Fous Augen leuchteten. Das schönste an dem Zimmer waren aber zwei Kartons voller Motorradersatzteile. Im Restaurant des Hotels konnten wir um die Welt reisen, denn an jedem Tag gab es Speisen aus einer anderen Region der Erde.

Aber, dieses Hotel war eine Lüge aus Beton und Glas. Es hatte nichts mit der Außenwelt zu tun. Unter normalen Umständen mied ich solche Unterkünfte, aber in diesem Moment war es genau richtig. Ich musste mich von Iqbals Eiswürfeln erholen. Außerdem lief ich in Gefahr Indien zu hassen.

Wir inspizierten unsere Kartons aus Deutschland: Bremsbeläge, Ölfilter, Luftfilteröl – nur unsere Reifen, die fehlten. Fou klemmte sich ans Telefon und fand heraus, dass der Zoll in Neu-Delhi sie nicht herausrücken wollte. Dennoch waren wir zuversichtlich, nicht allzu lange warten zu müssen, und im Moment war ich sowieso nicht in der Lage Motorrad zu fahren.

Dabei wollte ich eigentlich schnell weiter: Amritsar lag nur zwei Tagesetappen vom Himalaya entfernt – meinem großen Ziel dieser Reise. Jeden Tag, den wir in Amritsar verbrachten, verloren wir in den Bergen, denn es war schon Ende August und die Saison neigte sich dem Ende.

Sobald ich mich weiter als hundert Meter von der Toilette entfernen konnte, erkundeten wir die Stadt. Amritsar hielt, was Indien versprach: Dreck und Müll, keine Gehwege. Dürre Gestalten mit Waden so dünn wie Zahnstocher versuchten Fahrradrikschas zu bewegen, jeder rotzte und spuckte auf die Straße.

Aber weder Dreck noch Armut waren so schwer zu ertragen wie der Lärm. Es wurde ständig gehupt. In Deutschland ist die Hupe ein forsches Mittel. Wer angehupt wird, hat sich ein grobes Fehlverhalten geleistet. In den meisten anderen Ländern wird schneller und öfter gehupt, aber in Indien ist die Hupe eine Lebensversicherung. Denn es wird nicht nach Regeln gefahren, sondern nach Gehör. Die Hupe signalisiert den anderen Verkehrsteilnehmern, wo man sich befindet. Da niemand schaut, geschweige denn den Spiegel nutzt, muss man hupen, um nicht übersehen zu werden. Die Standardhupen wurden meist ausgetauscht und gegen dezibelstärkere Versionen ersetzt. Das Resultat: ohrenbetäubender Lärm zu jeder Stunde des Tages.

Kaum hatte ich mich von Iqbals Eiswürfeln erholt, nistete sich eine neue Krankheit ein: Wir nannten sie »Amritsar-Fieber«. Fou spürte die gleichen Symptome. Es war ein leicht fiebriger Infekt, ausgelöst durch die Eskimo-Klimaanlage. Dazu kam akute Antriebslosigkeit. Wir hingen nur rum. Fou schaffte es immerhin zum goldenen Palast, ich sah nichts von Amritsar.

In Wirklichkeit war das Amritsar-Fieber ein ausgewachsener Reise-Burnout. Ich konnte nicht mehr. Mein Körper bettelte schon seit Wochen um eine Drosselung des Tempos. Jetzt hatte er genug und verordnete eine Pause.

Die letzten Monate waren genauso, wie ich sie mir vorgestellt hatte: intensiv, das Leben hatte ein unglaubliches Tempo. Es fühlte sich so an, als wären wir schon Jahre unterwegs gewesen. Dabei waren es gerade einmal vier Monate. Aber ich konsumierte diese Reise wie eine Packung Chips. Schaufelte ein Erlebnis nach dem anderen in mich hinein ohne viel nachzudenken oder mir die Zeit zu nehmen, alles zu reflektieren.

Das Streben nach Karriere und Vermögen hatte ich hinter mir gelassen und war froh darüber. Ich würde in diesem Leben auch nicht mehr zu Herrn Lehmann werden. Aber war das Streben nach abenteuerlichen Erlebnissen die Lösung? Ich war so rastlos wie ein Manager, nur trug ich statt Anzug Motorradkluft. Glücklicher schien es mich auf Dauer nicht zu machen. Lao Tse Tung schrieb schon vor tausenden Jahren: »Eine Flamme die doppelt so hell brennt, brennt nur halb so lang.«

Es musste einen anderen Weg geben, ein gutes Leben zu führen und zwar nachhaltig, nur sah ich ihn in Amritsar noch nicht. Ich war mir sicher, dass ich etwas ändern musste. Zuerst schwor ich mir alles dafür zu tun, langsamer zu reisen und mehr zu genießen. Das wäre sicherlich ein Schritt in die richtige Richtung.

Zwei Wochen nachdem wir in Amritsar angekommen waren, gab es immer noch keine Neuigkeiten von der Reifenfront. Wir hingen fest. Das Golden Tulip wurde zu unserer Festung, die Glasfassade unser schallisolierter Schutzwall. Erst wenn wir zurückkamen, sich die Türen der Lobby schlossen und der Krach draußen blieb, entspannte sich mein Nacken. Doch ihr Schutz war teuer. Wir gaben in zwei Wochen mehr aus als sonst in zwei Monaten. Wir hätten uns sicherlich ein anderes Hotel nehmen können, aber dazu waren wir zu antriebslos.

In der dritten Woche erhielten wir immerhin Mitgliedsrabatt, aber es begann auch heftig zu regnen. Der Regen verwandelte die Hauptstraße in einen braunen Fluss, der zwar den Müll von den Straßen spülte, uns aber auch mit neuem Müll aus den Vorstädten versorgte. Es regnete so stark, man konnte keine 50 Meter weit sehen. Es dauerte eine weitere Woche bis das Wetter sich besserte und dann kam tatsächlich, ich hatte schon nicht mehr daran geglaubt, ein junger Mann in orangem Regenmantel mit vier Motorradreifen in die Lobby.

Jetzt konnte mich nichts mehr aufhalten. Himalaya, halt dich fest!

3

»Srinagar steht unter Wasser«

»Unter Wasser?«

»Srinagar liegt in einem Tal, geformt wie eine Schüssel. Das Wasser kann nicht abfließen. Jedes Jahr gibt es Überschwemmungen, aber dieses Jahr sind sie so schlimm, wie seit 60 Jahren nicht mehr. Viele Menschen sind gestorben.«

Diese Worte kamen von Naveen, unserem Couchsurfing Gastgeber in Jammu. Naveen ist hauptberuflich Arzt, leidenschaftlicher Musiker und Motorradfahrer. Mit seiner Freundin Gori hat er eine kleine Tochter mit dem Namen Pia. Naveens medizinisches Wissen und Goris Kochkünste sorgten dafür, dass ich das verlorene Gewicht schnell überkompensierte und der Motorradanzug verdächtig spannte.

Jammu liegt zwischen Amritsar und Srinagar. Srinagar ist der Zugang zum Himalaya, aber auch das Tor zum Kashmir. Fou hatte schon klar gemacht, dass er nicht mit in den Himalaya fahren würde – zu hohes Risiko. Stattdessen wollte er in der Zwischenzeit lieber Kaschmir erkunden. Nun mussten wir beide unsere Pläne umwerfen.

Wir lösten diese Situation viel besser, als es noch in Kasachstan der Fall gewesen war. Damals wollten wir auch unterschiedliche Dinge und haben als Resultat einige Tage nicht mehr miteinander gesprochen. Dieses Mal nahmen wir Rücksicht auf die Wünsche des anderen. Wir waren nun schon ein halbes Jahr miteinander unterwegs. Jeden Tag gemeinsam zu verbringen, ist eine richtige Herausforderung und ich denke, auch wenn nicht alles perfekt lief, hatten wir uns mittlerweile richtig gut miteinander arrangiert.

Um doch noch in den Himalaya zu kommen, musste ich von Jammu aus nach Manali fahren. Ein weiter Umweg und ich konnte nur einen kleineren Teil erkunden, aber immerhin war es noch möglich. Fou wollte trotz der gescheiterten Kaschmirpläne nicht mitfahren und beschloss nach Leh, die Provinzhauptstadt der Himalaya Region Ladakh, zu fliegen.

Mir wurde mulmig bei dem Gedanken, die Himalaya Etappe alleine anzutreten. Wir hatten seit unserer Abreise zwar schon gute 20.000 Kilometer hinter uns gebracht und einige Probleme gelöst, aber stets im Team. Als ich losfuhr, hätte ich mir am liebsten Stützräder an das Motorrad geschraubt. Alleine fahren war wie neu laufen zu lernen.

4

Angekommen in Manali. Jammu und Manali trennen zwar nur 416 Kilometer, aber in Indien bedeutete das zwei volle Reisetage und zahlreiche Nahtoderfahrungen. Zumindest hatte ich die Anreise überstanden.

Ich würde gerne schreiben, wie furchtlos ich nun war. Voll unerschütterlichem Selbstvertrauen, als ich dem Himalaya gegenüberstand. Die Wahrheit: Ich hatte Angst.

Nur 50 Kilometer hinter Manali wartete schon der Rohtang Pass. Das Hochland hinter dem Pass ist so trocken wie die Sahara. Alle Niederschläge regnen sich am Rohtang ab. Er ist berüchtigt für schlimme Erdrutsche, kaputte Kupplungen, Wetterumschwünge und hat schon viele Himalayareisen beendet bevor sie überhaupt richtig begonnen hatten. Sollte man es schaffen den Pass zu bezwingen, wartet danach eine letzte Siedlung mit einer letzten Tankstelle. Danach über 350 Kilometer nichts. Kein Geldautomat, kein Handyempfang, kein Internet, keine Hotels, kein Strom, kein fließendes Wasser. Hatte ich mich übernommen? War es naiv diese Etappe alleine anzutreten?

Ich wollte mich erst einmal in Manali ausruhen und akklimatisieren. Ich fand eine deutsche Bäckerei mit Internet und war gerade dabei meinen Cappuccino zu trinken, als mich eine Holländerin mit dem typisch liebenswerten holländischen Akzent ansprach (ein Motorrad mit deutschem Kennzeichen im außereuropäischen Ausland ist ein besserer Eisbrecher als ein Welpe in einem Park).

»Ist das dein Motorrad da draußen?«

»Ja?«

»Dann solltest du besser ein Bild machen!«

In Indien ist das Gefühl von Eigentum nicht besonders ausgeprägt. Ich hatte mich schon daran gewöhnt, dass Menschen auf Smetana turnten, sobald ich abgestiegen war. Aber einen Mönch in roter Kutte und »Easy Rider«-Pose hatte ich noch nicht gesehen.

Die Holländerin, Els war ihr Name, wollte mit ihrem Partner Martje und ihren Freunden Rainier und Anne den Manali Leh Highway auf geliehenen Royal Enfields unter die Räder nehmen. Die vier waren erfahrene Motorradfahrer, weit gereist und sehr umgänglich. Nachdem wir gemeinsam zu Abend gegessen hatten, adoptierten sie mich in ihre Gruppe und wir beschlossen gemeinsam zu fahren. Und zwar schon am nächsten Morgen. Eigentlich wollte ich länger in Manali bleiben. Einerseits um mich an die Höhenluft zu gewöhnen und vielleicht auch um die Abfahrt noch ein wenig aufzuschieben, aber ich hätte mir keine besseren Reisepartner wünschen können. Hoffentlich würde das Wetter halten. Nervös legte ich mich schlafen.

Um 6.34 Uhr hatte ich noch keine Sekunde geschlafen. Vorsichtig schob ich den Vorhang zur Seite, schaute in den Himmel und sah: keine Wolke! Meine Gebete waren erhört worden. Als wir losfuhren, hätten die Bedingungen nicht besser sein können. Auf dem Weg zum Pass waren an vielen Stellen Arbeiter damit beschäftigt, die Folgen vergangener Erdrutsche zu beseitigen. Wir schraubten uns höher und höher und ließen die Baumgrenze hinter uns. Oben auf dem Rohtang Pass grüßten die ersten schneebedeckten Gipfel des Himalayas. Wir würden es schaffen. Ich würde es schaffen. Es würde gut werden. Die Angst blieb auf dem Pass und ich drehte die Musik lauter und ritt auf einer Euphoriewelle hinunter ins Tal.

Wir folgten einem tobenden Fluss. Schmelzwasser versetzte ihn in Hochmut, mir ging es nicht anders – bis wir an das Ende eines Staus gelangten. Vor uns blockierte ein Lastwagen die einspurige

Straße. Meine neuen Freunde wollten sich schon einreihen, aber sie waren auch noch nicht lange in Indien. Man drückte sich natürlich vorbei.

Der Stau bestand aus Armeefahrzeugen, Jeeps mit Tourguides und ihren Touristen und vielen, vielen Lastwagen. Als wir uns an allen vorbeigedrückt hatten, sahen wir den Grund allen Übels: Eine kaputte Brücke.

Die Brücke war kurz, vielleicht gerade einmal 30 Meter lang und einspurig. Das reichte, um uns auszubremsen und kilometerlangen Stau auf beiden Seiten zu verursachen. Die Brücke bestand aus zwei Stahlträgern, die über den Fluss gelegt waren. Darauf waren Blechelemente befestigt, auf denen man fuhr. Seitlich Stahlgeländer mit flatternden Gebetsfähnchen. Es sah alles sehr betagt aus. Auf unserer Seite klaffte ein zwei Meter breites Loch. Die Bauarbeiter versuchten neue Blechelemente einzulegen. Die Elemente waren schwer und unhandlich, dennoch war niemand gesichert. Unten tobte der Fluss und schrie nach menschlichen Opfern. Neben der Brücke hatte man damit begonnen eine neue Brücke zu bauen. Sie reichte aber nur halb über den Fluss.

Typisch Indien! Wieso hatte man die neue Brücke nicht fertig gebaut, bevor die alte den Geist aufgab? Warum hatte man die Brückenelemente nicht früher gewechselt? Wieso fehlte es offensichtlich am richtigen Gerät, um die Arbeit zügig zu verrichten? Warum war niemand gesichert?

Aber das interessierte niemanden. Diese Fragen spielten sich nur in meinem Kopf ab und vielleicht noch in denen anderer Europäer, die ebenfalls auf Prozessoptimierung getrimmt waren und irgendwann irgendwo sein mussten. Alle anderen tranken Milchtee oder saßen in der Sonne und genossen das herrliche Wetter. So tat es auch die holländische Gang. Sie waren schon zu weit gereist, um sich aufzuregen.

Man kann über Indien sagen, was mal will. Man kann über den Dreck und den Lärm herziehen und sich stundenlang über den Verkehr ärgern, aber Indien erteilt fantastische Lektionen in Sachen Gelassenheit. Das war nicht angenehm, aber es wirkte. Niemand regte sich im Straßenverkehr auf. Die einzigen, die fluchten und gestikulierten waren Fou und ich. Wenn eine Ziegenherde die Hauptstraße blockierte, dann blockierte eben eine Ziegenherde die Hauptstraße.

Hier in den Bergen fiel es mir leichter meinen Ärger hinter mir zu lassen, denn ein gängiger Hinweis für das Reisen im Himalaya lautete: Bring Zeit mit. Man konnte unmöglich vorhersagen, wie die Bedingungen sein würden und ob irgendwo ein Erdrutsch oder ein Unfall oder eben eine kaputte Brücke die Reise aufhalten würde. Es dauerte schließlich gute zwei Stunden, bis die Brücke wieder geöffnet wurde. Wir standen in der ersten Reihe (Indien erteilt auch gute Lektionen im Drängeln) und gehörten zu den ersten, die sie überquerten. Auf der einspurigen Brücke brach anschließend das Chaos aus, denn auf beiden Seiten wurde gleichzeitig losgefahren. Den Rest des Tages hatten wir die Straße für uns.

Nachdem wir am darauffolgenden Tag den nächsten Pass hinter uns gelassen hatten, blieben wir zwei Tage lang auf über 4.000 Meter Höhe. Die Luft war so dünn, dass mir schwindelig wurde sobald ich vom Motorrad stieg. Aber die Szenerie war unglaublich. Ich wollte anhalten, absteigen, auf die Knie fallen und der Natur applaudieren. Und den Straßenarbeitern, denn sie hatten nicht nur einfache Straßen gebaut, sondern Kunstwerke geschaffen. Die Straßen waren teilweise in die Felsen gesprengt. Oft fielen sie rechts oder links viele hundert Meter steil ab, hinter jeder Kurve warteten neue Welten. Stein und Fels sind keinem Niederschlag ausgesetzt. Hier herrschen Frost und Wind und die haben über tausende Jahre ganz eigene Formen erschaffen.

Die nächste Nacht verbrachten wir in einer Art Jurte. Es gab kein Internet und kein Telefon, aber es fehlte an nichts. Wir hatten heiße Suppe, literweise Tee und ich hörte den Afrikaabenteuern der holländischen Gang zu.

Sobald die Sonne hinter den Bergen verschwand, wurde es eisig kalt. Um der Höhenkrankheit vorzubeugen, hatte ich sechs Liter Wasser und sicherlich drei Liter Milchtee getrunken. Nun ging es mir zwar relativ gut, dafür musste ich jede halbe Stunde aufs Klo. Das war natürlich draußen. Sich aus dem warmen Schlafsack heraus zu schälen, dann raus in die eisige Nachtluft des Himalaya zu treten, kostete viel Überwindung, aber der Sternenhimmel entschädigte tausendfach.

Nach drei wunderschönen Tagen erreichten wir schließlich Leh. Ich war beinahe ein bisschen traurig. Fou hatte mir eine Email geschrieben, laut der er erst in ein paar Tagen in Leh ankommen würde. So fuhr ich mit der holländischen Gang noch weiter ins Nubra Valley, das Tal der Blumen. Zwischen Leh und dem Nubra Valley liegt der höchste befahrbare Pass der Welt, der Khardung-La. Smetana brachte mich dort hoch, als wäre es die schwäbische Alb. Als ich vor dem Schild: »Khardung La- 5602m« stand, dachte ich mir: «Alles was jetzt kommt, ist nur noch Zuckerguss.«

5

Goa, 2500 Kilometer vom Khardung La entfernt. Vor mir lag in Blau und Grün der indische Ozean, weicher Sand zwischen den Zehen, eine kalte Bierdose in der Hand. Die täglichen Gewitter waren im Anmarsch und färbten den Himmel über dem Ozean schwarz. Sie wüteten auf dem Meer und schickten Sturmböen an Land, die Palmen hinter mir verneigten sich ehrfurchtsvoll.

Goa ist bekannt für Partys und Drogen, doch davon merkten wir in unserem beschaulichen Agonda nichts. Es war so ruhig, dass einer der Tageshöhepunkte der Besuch einer Kuhherde war, die im Sonnenuntergang gemächlich über den Strand trottete. Agonda war die perfekte Medizin gegen Reise-Burnout. Fou und ich waren hierher geflogen. Unsere Motorräder hatten wir bei Naveen gelassen.

Technisch gesehen ist Goa zwar Indien, aber es wirkte wie ein anderes Land. Die Menschen sahen gleich aus, aber hießen nicht Rajesh, Kala, oder Najan, sondern Fernando, Maria, oder Salvio. Keine Shivas, keine Tempel, dafür Kirchen und Kreuze. Goa war eine portugiesische Kolonie, sogar noch 15 Jahre nachdem Indien zu Indien wurde und nicht mehr Britisch-Indien war. Die Portugiesen konnten Goa nicht loslassen und als ich an diesem Strand stand, konnte ich verstehen warum. Es ist ein wirklich schönes Fleckchen Erde.

Das Motorradreisen war in meine DNA übergegangen. Irgendwann muss sich die Doppelhelix aufgespaltet und Platz gemacht haben für das Motorradreise-Molekül. Es fühlte sich an, als hätte ich nie etwas anderes gemacht, als auf dem Motorrad ferne Länder zu erkunden. Das bemerkte ich erst, als wir zum ersten Mal von unseren Motorrädern getrennt waren. Ich vermisste Smetana. Mein Sitzfleisch hatte sich an ihren Sattel angepasst, mein linker Fußknöchel wollte schalten, selbst wenn ich auf einem Barhocker saß.

Aber diese Anpassungsfähigkeit hatte ihren Preis. Denn mit Anpassung und Gewöhnung kommt immer auch Routine. Es wurde normal. Dass der Alltag sich selbst das Motorradreisen einverleiben kann, überraschte mich nachhaltig. Aber es geschah: Zu Beginn war ich jeden Morgen euphorisiert auf das Motorrad gestiegen, hatte jeden Kilometer zelebriert, war vollkommen da und genoss jede Sekunde. Jetzt merkte ich, wie ich langsam anfing mich daran zu gewöhnen. Motorradreisen war immer noch der beste Zeitvertrieb, den ich mir vorstellen konnte und mein Alltag war definitiv bunter als jemals zuvor, aber langsam ging der Lack ab.

Mein Gehirn hasste das. Es wollte mein Leben bunt und wild – und nicht altbekannt. Ich war ein Sklave der Jagd nach dem guten Leben geworden. Welch offensichtlicher Fehler in meiner Programmierung! Die Dinge und Umstände, an die ich mich gewöhnt hatte, waren ja nicht weniger schön, nur weil ich sie schon kannte. Ich nahm das Besondere nur nicht mehr wahr, konzentrierte mich stattdessen immer auf das, was noch fehlte. Aber wie sollte das jemals glücklich machen?

Genauso war es bei Freundschaften. Ich merkte erst, wie ungemein wichtig Freundschaften für mich sind, als ich meine Freunde nicht mehr um mich hatte und sie dann auf einmal wieder sah.

Besuch aus Deutschland war gekommen. Deswegen waren Fou und ich nach Goa geflogen. Jasamin, ohne deren Hilfe ich im Iran niemals an einen Kettensatz gekommen wäre, kam mit ihrem Freund Tobi zu Besuch. Und auch Anka und Steffen, zwei ehemalige Arbeitskollegen von mir, hatten sich angekündigt. Zu Hause war es für mich völlig normal gewesen, mich in ihrer Gegenwart zu bewegen. Ich mochte sie, sie waren mir wichtig, aber jetzt hing ich an ihren Lippen. Jasamin hätte ich am liebsten den ganzen Tag auf Händen getragen, ohne sie hätte ich Smetana abschreiben können. Mit ihrem Freund Tobi verstanden wir uns prächtig. Die Gegenwart meiner Kollegin Anka war eine Wohltat. Kein Wort passt besser zu Anka als: kümmern. Anka kümmerte sich. Sie kümmerte sich immer. Sie versorgte mich mit einem kleinen Wundermittel namens Perentherol, das meinen Magen endlich wieder vollständig heilte. Und ich genoss Steffens Anwesenheit. Jeder mochte Steffen. Ich glaube, es liegt daran, dass er wirklich zuhört und interessiert ist und das in einer Zeit, über die die Autorin Simone Weil die wahren Worte schrieb: »Aufmerksamkeit ist die seltenste und reinste Form der Großzügigkeit.«

Wir mieteten uns in Bungalows ein, die so nah am Strand lagen, dass wir das Meer nicht nur rauschen hören konnten, sondern fest damit rechneten, dass die nächste Welle das Bett wegschwemmen würde. Wir machten eine Tour mit einem kleinen Fischerboot, sahen Delfine, und überall flogen riesige, bunte Schmetterlinge. Es war genau die Entschleunigung, die wir brauchten. Auch meine Freunde schienen es zu genießen, dieses Agonda, in dem die Zeit offensichtlich stehen geblieben war. Abends spielten wir Karten oder »4 gewinnt« und sprachen über die guten, alten Zeiten, während wir fleißig neue Erinnerungen schufen.

Aber was wäre, wenn wir für immer in dieser kleinen Goa-Blase gefangen wären? Nie wieder weg könnten? Dann hätten wir uns wohl schnell aneinander gewöhnt. Der Zauber wäre verflogen und wir hätten vielleicht wieder nebeneinander her gelebt und auf Handybildschirme gestarrt, während der andere etwas erzählte. Selbst hier in diesem Paradies wäre ich nach einigen Wochen wahrscheinlich der Erste gewesen, der zum Horizont geblickt hätte und gefragt hätte: »Hat dieses Leben nicht mehr zu bieten?« Tropisches Goa oder schwäbisches Stuttgart – es machte keinen Unterschied.

Bisher hatte ich diese Charaktereigenschaft an mir gemocht. Aber zum ersten Mal begriff ich meine Rastlosigkeit als Bürde. Wo würde es hinführen? Wie sollte ich jemals irgendwo ankommen und vor allem zufrieden sein? Ich sehnte mich danach, am Strand zu stehen und einfach den Sonnenuntergang zu genießen, Tag für Tag, anstatt ständig nach neuen Abenteuern Ausschau zu halten. Die Kühe kamen. Nach wenigen Minuten stand ich mitten in der Herde. Der Hirte trottete gleichmütig hinterher, die Arme hinter seinem Rücken verschränkt. Er war bestimmt noch nie in Brasilien oder Peru, in Russland oder Kirgisistan gewesen, wahrscheinlich hatte er nie daran gedacht, sein Moped zu schnappen und damit nach Deutschland zu knattern, aber er strahlte eine Zufriedenheit aus, um die ich ihn beneidete.

Gab es ein Gegenmittel? Konnte ich neue Erfahrungen nicht vakuumverpacken oder ultrahocherhitzen, sodass sie nichts von ihrer Frische verlieren würden? Wäre es nicht schön, mir meines eigenen Glücks bewusst und dankbar zu sein, auch wenn ich gerade nicht in einer pakistanischen Polizeistation säße voller verprügelter Flüchtlinge? Oder würde ich für den Rest meines Lebens dazu verdammt sein Regenbögen zu jagen?

Nach zwei Wochen war der Urlaub von unserer Reise vorbei. Anka, Steffen, Jasamin und Tobi flogen zurück nach Stuttgart, Fou und ich zurück zu unseren Motorrädern, wo wir eine schwierige Entscheidung treffen mussten.

6

Zurück in Jammu. Zurück bei Naveen und seiner Familie. Wahrscheinlich wäre die Erfahrung in Indien ohne Motorrad eine andere gewesen, aber die schönen Dinge wurden überlagert von der konstanten Lebensgefahr, der wir ausgesetzt waren, wenn wir auf den Motorrädern saßen. Nach zwei Monaten mussten wir erkennen, dass die Beziehung zwischen Indien und uns gescheitert war, auch wenn das bedeutete, unser Visum verfallen zu lassen und nicht für die Freiwilligenorganisation zu arbeiten. Wir wollten raus aus Indien. Aber wie?

Irgendwie mussten wir es nach Myanmar schaffen. Doch das Land war nicht nur über 2000 Kilometer entfernt, sondern es war auch schwierig, überhaupt dort einzureisen. Bis 2012 war es sogar verboten auf eigenen Rädern die Grenze zu überqueren. Nun war es zwar möglich, aber man brauchte eine offizielle Begleitung und das war teuer. Das Internet half uns schließlich aus dem indischen Würgegriff: Ein spanisches Pärchen versuchte eine Gruppe zusammen zu trommeln, um die Kosten der Eskorte zu teilen. Wir nahmen Kontakt auf und verabredeten uns dazu, uns in drei Wochen in Imphal nahe der Grenze zu Myanmar zu treffen.

Naveen schlug vor die Motorräder mit dem Zug nach Osten zu schicken. Es klang verlockend, aber da wussten wir nicht, was auf uns zukommen würde.

Zuerst war da der Bahnhof von Jammu. Ratten hatten ihn fest in ihrer Hand. Egal wohin wir schauten, überall huschten sie umher. Auf den Bahnsteigen standen, saßen, lagen und schliefen hunderte Menschen. Die Fahrpläne dienten nur der groben Orientierung, die Züge kamen, wann sie eben kamen. Aber typisch Indien: Niemand regte sich auf. Niemand beschwerte sich.

Um ein Ticket zu kaufen, mussten wir uns an einer 50 Meter langen Schlange anstellen. Umso näher wir dem Schalter kamen, desto höher wurde der Druck. Hier herrschte das Recht des Stärkeren. Wir kämpften mit verschwitzten Achselhöhlen und herumfliegender Spucke. Unsere zwei Tickets dritter Klasse mit Zielort Guwahati waren hart erkämpft, aber nur die halbe Miete.

Nächste Aufgabe: Motorräder aufgeben.

Im verrauchten Büro der Frachtabteilung saßen drei Männer. Der Mann am hinteren Fenster war der Leiter und hatte einen erstaunlichen Bauchumfang. Die Kosten wurden anhand einer Formel mit Hilfe eines Taschenrechners kalkuliert. Anschließend wurden die Daten in ein riesiges Buch eingetragen. Einen Computer gab es nicht.

»Wann wollt ihr die Motorräder versenden?«, fragte der Frachtleiter.

»Schickt sie voraus«, warf Naveen ein, «Vielleicht gibt es keinen Platz im Zug, dann habt ihr noch eine weitere Chance.«

»Aber, wenn wir bezahlen, dann sollte uns doch der Platz garantiert sein, oder?«, fragte ich Naveen.

»Das ist Indien, mein Freund«, antwortete er zwinkernd.

Mittlerweile hätte ich es besser wissen sollen.

Um unsere Chancen zu verbessern, mussten wir den dickbauchigen Mann schmieren. Aber nicht offensichtlich, das wäre eine Beleidigung gewesen. Eher als Geschenk unter Freunden.

Geduldig mit Menschen umzugehen, fiel klar in Fous Aufgabenbereich. Ich sah mich in der Zwischenzeit vor der Frachtabteilung um. Mir wurde klar, warum Bestechung notwendig war: Haufenweise Fracht lag im Hof. Pakete unterschiedlicher Größe und sogar drei Motorräder. Auf jedem Frachtstück standen Datum und Zielort. Einige lagen hier schon seit Monaten.

So tanzten wir einen Korruptionstanz mit dem Dicken, kamen in den nächsten Tagen immer wieder auf den versifften Bahnhof, um unseren neuen »Freund« zu besuchen, brachten ihm Goris Essen mit und kauften ihm Kaffee und Chips, und irgendwann wanderten ein paar unserer Geldscheine von Naveens Hand unauffällig in die des Dicken.

Es war eine gute Woche Arbeit bis wir den Transport organisiert und unsere Tickets ergattert hatten. Nun mussten wir nur noch auf Naveens Anweisung hin die Motorräder vorbereiten. Dafür mussten alle Anbauteile abgeschraubt, das komplette Motorrad mit Styropor gepolstert und in ausrangierte Reissäcke eingepackt werden.

Der Zug für unsere Motorräder sollte um Mitternacht abfahren. Wir waren um 23 Uhr da und der Zug kam, wie nicht anders zu erwarten war, um 2 Uhr nachts. Aber das war eben Indien. Das Gelassenheitstraining wirkte.

Die Hupe des Zuges war lauter als alles, was ich bis dahin gehört hatte. Aber sie war nötig, um auch den letzten Inder von den Gleisen zu vertreiben, der dort sein Geschäft verrichtete.

Der Zug war zum Bersten gefüllt. Das indische Militär hatte ihn in Beschlag genommen. An jeder Tür stand ein Soldat, der den tapfer Wartenden den Zutritt verwehrte. Auch für unsere Motorräder gab es keinen Platz. Naveen lieferte sich ein Wortgefecht mit einem Offizier, das er nicht für sich entscheiden konnte. Danach rief er den Frachtleiter an. Erst jetzt wurde klar, wie gut unser Schmiergeld angelegt war. Er kam zum Gleis, ging zielsicher zum ersten Waggon und öffnete die Tür. Der Raum war gefüllt mit Eisenbahnschienen. Er befahl ein paar Männern anzupacken und die Schienen auf den Bahnsteig zu befördern. Anschließend wuchteten wir die Motorräder hinein und verzurrten sie notdürftig. Der Zug verabschiedete sich mit lautem Hupen in die Nacht und ich war mir sicher, Smetana nie wieder zu sehen.

Drei Tage später nahmen wir die Verfolgung auf.

Es tat weh, Naveen und Gori zu verlassen. Wir waren lange bei ihnen gewesen und langsam hatte sich ein Heimatgefühl eingestellt.

Unser Zug war eine »Festival Train«. Das klang nett, bedeutete aber, dass der Zug in jedem Kaff hielt. Wir waren geschlagene 60 Stunden eingesperrt in einem rollenden Gefängnis.

Unsere Tickets dritter Klasse bedeuteten, dass wir ein Abteil hatten, in dem es sechs Betten gab, jeweils drei übereinander. Man konnte die oberen beiden einklappen, um das untere als Bank zu nutzen.

Unser Abteil war ein eigenes Ökosystem mit einer erstaunlichen Vielzahl von Kakerlaken. Jetzt verstand ich, welchen Wert ein Schlafsack hat: Er musste uns nicht warm halten, denn weder

Lüftung noch Klimaanlage funktionierten, aber er schützte uns vor der Außenwelt. Wir versuchten so gut vermummt wie möglich zu schlafen und Mund und Nase zu verstecken.

Die anderen vier Gäste im Abteil waren Soldaten. Sie machten sich keine Gedanken über Kakerlaken oder Rücksichtnahme. Wenn sie nicht gerade Bollywood-Filme in voller Lautstärke schauten, schnarchten sie und gaben uns die Chance zu beobachten, wie flink Kakerlaken Speisereste aus Mundwinkeln klauen können.

In der ersten Nacht konnte ich nicht schlafen und wanderte durch den Zug. Zwischen den Abteilen saßen zwei Zugbegleiter. Einer rief: »Mister! Want to drink whiskey?«

Das würde sicherlich beim Einschlafen helfen.

Er sprach gut Englisch, sein Name war Asanoosh und er kam aus Manipur in Ostindien. Westinder lästern über Ostinder. Es war überall das gleiche Spiel.

»Wieso sprichst du so gut Englisch?«

»Filme, mein Freund, ich liebe amerikanische Filme. Und von den Fahrgästen.«

Er goss mir »Royal Stag« in einen Plastikbecher, gut eine Hand breit.

»Warum bist du Zugbegleiter geworden?«, wollte ich wissen.

»Meine Familie ist arm. Aber ich wollte unbedingt ganz Indien sehen. Das habe ich getan. Ich war überall.«

Darauf stießen wir an. Ich fühlte mich mit diesem Kerl verbunden. Wäre ich nicht in Esslingen geboren, sondern in Manipur, vielleicht wäre ich auch Zugbegleiter geworden. Saeed aus Shiraz hatte Recht: Es gibt keine schlechten Orte, wenn man wegen der Menschen reist. Nicht einmal eine furchtbar langsame »Festival Train« voller Kakerlaken.

»Darfst du trinken während der Arbeit?«

»Nein, natürlich nicht. Aber wir fahren sechzig Stunden! Solange war ich noch nie in einem Zug.«

Darauf nahm ich einen großen Schluck. Der Zug tuckerte langsam, in meinem Kopf drehte es sich nun schneller. Bevor ich schlafen ging, fragte ich ihn noch, ob es stimme, dass man in Manipur Hunde aß.

»Ja, die sind eine Delikatesse, aber keine schwarzen und auf keinen Fall die vom Bahnhof.«

7

Worüber niemand spricht: Reisen isoliert.

Wer eine Situation beurteilen will, greift auf seine Erfahrungen zurück und leitet daraus die Zukunft ab. Keine wirklich präzise Methode, aber so funktioniert unser Gehirn nun mal, auch wenn wir davon meistens nichts mitbekommen.

Greift man auf ähnliche Erfahrungen zurück, dann ist die Wahrscheinlichkeit hoch, dass man ähnlich urteilt. Das schafft Verbundenheit und letztendlich Freundschaften.

Mit neuen Erfahrungen ändern sich Ansichten. Und auf Reisen sammelt man die im Rekordtempo. Wen das nicht verändert, der geht ignorant durch die Welt. Bevor ich anfing zu reisen, wollte ich Karriere machen, aß tonnenweise Fleisch und hasste Motorräder. Im Laufe der Zeit verwandelte ich mich zum Ausbrecher, Vegetarier und Motorradreisenden.

Ich habe wirklich Glück, denn die meisten meiner Freunde haben sich nicht von mir abgekehrt, auch wenn sie sicherlich nicht jeden meiner Sprünge nachvollziehen konnten.

Dennoch, wenn ich zuhause war, fühlte ich mich oft einsam, selbst wenn ich in einem Raum voller vertrauter Gesichter stand.

Das Reisen machte mich zum Alien. Die Folge: Auf Reisen fühlte ich mich oft heimischer als zu Hause. Die schrägen Vögel und Weltverbesserer waren mir näher als die meisten meiner Stuttgarter Nachbarn. Um solche Leute zu treffen, brauchte ich mich nicht in Konzernkantinen zum Mittagstisch setzen. Solche Leute findet man unterwegs. Zum Beispiel, wenn man Myanmar durchquert.

Es war ein gewagtes Experiment: 13 Personen, acht Fahrzeuge, die meisten für Monate, manche gar Jahre unterwegs – größtenteils allein. Nun unterwarfen wir uns allen dem Joch von Huang, unserem Reiseleiter. Er trug meist den traditionellen Wickelrock und dazu ein weißes Hemd und eine gefälschte Ray Ban Sonnenbrille. Vielleicht stand Huang für dieses Myanmar zwischen Tradition, die durch die jahrzehntelange Isolation bewahrt worden ist, und der Öffnung gegenüber dem Tourismus und den damit verbundenen Möglichkeiten.

Huang war liebenswert und bemüht, aber auch sehr chaotisch, seine Pläne konfus. Das sorgte für Verstimmungen, manche Teilnehmer waren verärgert, zusätzlich hatten einige Fahrzeuge Pannen. Mir war das alles egal. Ich fühlte mich in der Karawane sauwohl. Das Beste dabei war: In dieser Gruppe waren Fou und ich nicht allein, wenn wir sagten, dass wir aufgebrochen waren, um zu sehen, wie weit wir mit den Motorrädern kommen konnten. Es war eine legitime Motivation. Niemand fragte, wie wir uns versichern wollten oder wie das mit den fehlenden Einzahlungen in die Rentenkasse laufen sollte.

Da waren zum Beispiel Bruno und Lina, die mit einem alten Mercedes Sprinter aufgebrochen waren, der den Namen James trug. Ihr Auto hatte eine Bambusleiter auf der Seite und überall hingen Gebetsfähnchen. Immer wenn sie einen Markt sahen, dann hielten sie an, um frisches Gemüse zu kaufen, dass sie abends zubereiteten.

Oder Jen und Peter, die sich erst kurz vor ihrer Reise kennen gelernt, geheiratet, einen Unimog gekauft hatten – das Glaarskhouse -, ihre Jobs hinter sich ließen und nun seit über einem Jahr auf Honeymoon waren. Ich konnte mir richtig vorstellen wie ihr Umfeld reagiert haben muss, als sie ihre Pläne verkündeten.

Oder Javi und Laureanne aus Malaga. Javi wollte Englisch lernen und googelte nach Ländern, wo das günstig ging. Gleichzeitig wollte er aber weiterhin in der Nähe vom Strand wohnen, und irgendwie stieß er dabei auf Thailand. Das sagte er Laureanne, die eigentlich aus Frankreich kommt und auch nichts gegen Abenteuer hatte. Aber es gab ein Problem: Die beiden hatten einen Hund. Meko, ein schöner Golden Retriever, der es liebte auf Steinen zu kauen. Es war keine Option, ihn zurückzulassen, also beschlossen sie mit Javis 19 Jahre altem Seat Toledo und Meko auf dem Rücksitz nach Thailand zu fahren. Die beiden machten einfach, ohne viel zu planen. Mein Gehirn braucht den Kontakt zu solchen Menschen.

Unsere Gruppe konnte sich glücklich schätzen: Erst seit zwanzig Jahren dürfen Ausländer nach Myanmar und erst seit zwei mit eigenem Fahrzeug. Das hat seine Gründe, denn vieles, was im Land passiert, will die Regierung gerne für sich behalten. Als der Journalist Tiziano Terzani in den frühen 1990ern als einer der ersten in Myanmar einreiste, brachte er Fotos zurück, die Zwangsarbeiter in Ketten zeigten, die Baumstämme schleppten.

Solche Bilder blieben uns erspart, dennoch war auffällig, wie sehr wir unter Beobachtung standen. Unsere Reiseroute war klar abgesteckt, Abweichungen nicht erlaubt. Wo immer wir aufschlugen, kamen innerhalb weniger Minuten Beamten der »Tourismus-Polizei« vorbei und wenn wir auf unseren Etappen waren, dann wiesen uns Polizisten oftmals den Weg – selbst wenn wir die ersten Fahrzeuge in unserer Kolonne waren. Man hatte uns schon erwartet.

Durch Myanmar zu fahren, war ein tolles Erlebnis. Es gab atemberaubende Sehenswürdigkeiten: Bagan mit seinen hunderten Pagoden, über denen die Sonne magisch unterging oder der Inle Lake, auf dem ganze Dörfer auf Stelzen standen. Häuser auf Stelzen, Pagoden auf Stelzen, sogar ein Postbüro auf Stelzen. Selbst Gemüse wurde, dank ausgeklügelter Technik, direkt auf dem See angebaut. Und Buddhas. Myanmar, das Land der Buddhastatuen. In allen Farben und Größen, meist golden, die größte 114 Meter hoch und von innen begehbar.

Der wahre Zauber ging aber von den kleinen Dörfern am Straßenrand aus, abseits von jeglichen Touristenmagneten. Dort, wo die Männer Wickelröcke trugen und Frauen sich Bambuscreme ins Gesicht schmierten, wo kleine Opis und Omis mit lederner Haut Cheeroot Zigarren rauchten oder auf Betelnüssen kauten. Wo das Leben so simpel schien und es, so erzählten es zumindest die Lachfalten um die Augen, vieles gab, dass einen Menschen glücklich machte. Wenn wir in der Karawane in so einem Dorf einrollten, dann erregten wir größte Aufmerksamkeit. Reisemotorräder und Unimogs gab es nicht in Myanmar, aber am begeisterten waren sie im Land der golden Buddhas von Meko, dem goldenen Retriever.

In diesen Orten war es uns unmöglich eine reichliche Mahlzeit zu bestellen. Mittlerweile waren wir es gewohnt in kleinen Straßenrestaurants zu essen, in denen es keine Karte gab – und wir uns nicht verständigen konnten. Wir hatten eine andere Taktik entwickelt. Wir gingen meist direkt in die Küche und guckten dem Koch in die Töpfe. Fou tat das vollkommen schamlos und ich bewunderte ihn immer dafür, wie gekonnt er mit Menschen umging, selbst wenn er nur mit Händen und Füßen sprach. Aber in Myanmar bekamen wir trotzdem meist nur Reis und mickrige Portionen Gemüse. Wenn wir aber Huang, unseren Tourguide, dabei hatten, war alles anders. Er sprach ein paar magische Worte, und aus der gleichen Küche und den gleichen Töpfen kamen dutzende Schälchen mit allerlei Leckereien auf den Tisch.

Ich bin mir sicher, dass jeder Teilnehmer gerne mehrere Wochen in Myanmar drangehängt hätte, sofern es möglich gewesen wäre. Myanmar hatte einfach tolles Flair. Aber so endete der Zauber nach zwei Wochen an der thailändischen Grenze.

8

Von Myanmar nach Thailand zu kommen, war wie eine Reise zurück in die Zukunft. Shopping Malls, Baumärkte, klimatisierte Cafés mit Cappuccinos und Wlan. Wenn Überlandreisende losfahren, möchten sie meistens genau davon entkommen. Aber alle Teilnehmer unserer Reisegruppe hatten sich auf Thailand gefreut. Tausende Kilometer auf Schlaglochpisten in Indien und Myanmar hatten ihre Spuren hinterlassen. Jeder musste etwas reparieren oder austauschen.

Nachdem die Pässe gestempelt waren und wir Huang verabschiedet hatten, fuhren wir über die »Freundschafsbrücke« nach Thailand. Kurz hinter der Grenze blieben wir noch eine Nacht gemeinsam in der Grenzstadt Mae Sot. Wir durften auf dem Gelände eines Fußballvereins campen, bauten ein Lager aus Zelten und Fahrzeugen und kochten ein großes gemeinsames Abendessen. Es war die perfekte Abschiedszeremonie für eine tolle Zeit. Wir tauschten Telefonnummern und schlossen auch auf Facebook Freundschaft. Einige der Teilnehmer würden wir später wiedersehen.

Mittlerweile war es kurz vor Weihnachten und einige Freunde hatten sich angekündigt. Wir sollten sie auf Koh Samui treffen, einer Insel im Süden Thailands. Ursprünglich wollten Fou und ich nach Laos und Kambodscha reisen, entschieden uns dann aber dagegen und fuhren stattdessen eine gemütliche, ausgedehnte Runde durch den Norden Thailands. Anstatt wieder so viele Erlebnisse wie möglich in einen kleinen Zeitrahmen zu pressen, gingen wir es nun entspannter an – wir hatten gelernt.

Thailands Norden war wirklich herrlich. Wir fuhren entlang der Grenze zu Myanmar. Das Gebiet war früher für den Opium Handel bekannt und folgten dem Mekong Fluss, an dessen anderen Ufer Laos ruhig in der Sonne lag.

Danach ein kurzer Abstecher in den Großstadtirrsinn Bangkoks im Süden des Landes. Noch bevor wir Surat Thani im Süden erreichten, von wo wir eine Fähre nach Koh Samui nehmen wollten, landeten wir in dem kleinen Ort Khao Phanom Baek, der mit einer besonderen Überraschung aufwartete: Zum ersten Mal seit Helsinki erreichten wir auf Motorrädern wieder das Meer. Man konnte das Salz in der Luft schon riechen, als wir in den Ort einfuhren. Wir bezogen unser Zimmer für die Nacht. Es dämmerte zwar schon, aber ich preschte gleich los, um das Meer zu sehen. Fou war nicht so euphorisch und blieb zurück.

Nach wenigen Minuten fand ich einen kleinen Steg, auf dem ich Smetana abstellte. Ich setze mich neben sie, zog meine Stiefel aus und hängte meine Füße in den Golf von Thailand. Er war so warm wie Badewasser.

Auf der Karte betrachtet, war es jetzt schon ein mächtige Reise. In diesem Moment war ich einfach nur unendlich dankbar und auch ein bisschen stolz, dass wir es bis hierher geschafft hatten. All das Sparen, Planen und Zweifeln, das Abschied nehmen und die Probleme unterwegs – all das war es wert gewesen.

Die Fähre lief nach Sonnenuntergang im Hafen von Koh Samui ein. Auf der Suche nach dem Haus, das meine Freunde gebucht hatten, irrten wir eine Weile durch das Straßenlabyrinth, bis auf einmal in meinem Scheinwerferlicht mein alter Reisebuddy

Georg auftauchte. Zuhause sahen wir uns jede Woche, jetzt hatten wir uns schon acht Monate nicht gesehen. Er zeigte Fou und mir die richtige Auffahrt zu unserer Villa. Im Innenraum warteten Steffen und Anka, die schon in Goa gewesen waren und Jan, mit dem ich in der Online Marketing Agentur in Stuttgart ein Büro geteilt hatte. Ich sprang vor Freude gleich mit Motorradklamotten in den Pool.

Unser Haus war eine Villa und sprengte alle Erwartungen. Sie war modern, kantig, hatte große Fenster, eine ausladende Terrasse, geräumige, klimatisierte Zimmer, Elefantenskulpturen am Eingang und lag weit über dem, was Fou und ich uns leisten konnten. Ein paar Tage später kamen Laureanne und Javi mit Meko auch noch in die Villa, die langsam aus allen Nähten zu platzen drohte.

Seitdem mein Vater gestorben war, ist Weihnachten eine melancholische Angelegenheit für mich. Daher war das größte Geschenk, Weihnachten mit so vielen bekannten Gesichtern feiern zu können und nicht in Trauer zu ertrinken. Javi ging mit seinem Seat einkaufen und kam überladen zurück. Wir hatten ein riesiges Grillfest und jeder trug Nikolausmützen und Badehosen.

Die Kosten einer solchen Reise kann man nicht in Euro messen. Der wahre Preis ist die Zeit, die man von seinen Freunden und seiner Familie getrennt ist. Auch wenn sich das Rad zuhause viel langsamer dreht als unterwegs – es drehte sich. Jan hatte mir Plätzchen und einen Brief von meiner Mutter mitgebracht. Das freute mich und brach mir das Herz. Ich versuchte, mir nicht vorzustellen, wie viele schlaflose Nächte ich ihr bereitet hatte. Freunde heirateten, andere trennten sich, meine beste Freundin bekam eine Tochter und ich war auf einem anderen Kontinent und bekam außer Whatsapp-Nachrichten und gelegentlichen Skype-Anrufen nichts davon mit. Langsam verwandelte ich mich von einem Bestandteil im Leben meiner Freunde zu einem Satelliten.

An Silvester zogen wir eine Insel weiter nach Koh Phangan. Die Insel war kleiner und viel schöner als Koh Samui, aber auch berüchtigt für die »Full Moon«-Party. Eben dort verbrachten wir Silvester mit einer Horde volltrunkener, gerade volljähriger, mit Neonfarben beschmierter Gestalten. Wir machten uns eher Gedanken um die ökologischen Folgen dieser irren Party, anstatt Limbo unter einer brennenden Stange zu tanzen und waren wohl einfach zu alt dafür.

Es war eine gute Zeit. Jeden Tag wachte ich mit einem warmen Gefühl in der Brust auf. Aber gab es ein gewaltiges Problem: Es war verdammt teuer.

Wir hatten dieses Treffen schon vor Monaten geplant und uns auf die Prämisse verlassen: Thailand sei günstig. Aber so günstig ist Thailand nicht. Wenn man seinen Jahresurlaub dort verbringt, dann ist es sicherlich zu verschmerzen. Aber für Fou und mich? Es war ein finanzielles Desaster. Wir hatten zwar von Anfang an gesagt, dass wir nicht viel Geld zur Verfügung hatten, aber passten uns dann eben doch an. Die Villa in Koh Samui, der Bungalow in Koh Phangan, jeden Tag essen gehen und die obligatorischen 13-Uhr-Cocktails schlugen zu Buche.

Das war umso schlimmer, da der Traum, ein wenig Geld mit unserem Blog zu verdienen, gescheitert war. An jeder Ecke hakte es: Nicht genügend Menschen folgten unserer Reise, es war schwer unterwegs neue Artikel zu veröffentlichen und die Idee, einen Film zu schneiden hatten wir schon in Usbekistan beerdigt. Es war einfach zu aufwändig. Unsere Ersparnisse waren bedrohlich nahe am Reservelimit angekommen.

Trotzdem kam es wie ein Hammer, als Fou sagte: »Ich gehe heim!«

9

Nach knapp zwei Wochen flogen meine Freunde wieder zurück in ihr normales Leben. Fou und ich machten uns hingegen auf nach Phuket, um Javi, Laureanne und Meko in ihrem neuen Leben zu besuchen.

Wir parkten die Motorräder vor ihrem kleinen Häuschen. Es war nicht weit vom Strand entfernt. Laureanne hatte schon einen Job als Lehrerin gefunden. Javi versuchte als Webdesigner Fuß zu fassen.

Später erzählten sie, dass es nicht einfach gewesen war, aber sie gingen ihren Weg, indem sie der Devise folgten: ein Schritt nach dem anderen. Anstatt vor dem riesigen Berg an Aufgaben zu kapitulieren, meisterten sie ihn. Das fand ich sehr beeindruckend.

Wir verbrachten ein paar ruhige Tage bei ihnen und das war auch bitter nötig, denn ich musste mich entscheiden: Sollte ich alleine weiterfahren oder fuhr ich mit Fou nach Hause? Ihn umzustimmen war zwecklos.

Tonnenschwere Gedanken drehten sich in meinem Kopf. Dabei hing die Entscheidung an einem einzigen Klick: »Visum beantragen«. Dann würde ich knapp 300 Euro an die australische Immigrationsbehörde zahlen und ein Work-and-Travel-Visum dafür erhalten.

Was waren die Gründe für Fous Rückzug? Hauptsächlich seine Finanzen. Natürlich konnte ich mir hämische Kommentare auf seine Gourmetburger nicht verkneifen, die er in unserem Planungsquartier gegessen hatte, als ich mich mit Tomatensuppe zufrieden gegeben hatte. Andererseits waren wir nicht weit weg von Australien. Dort könnten wir sicherlich unsere leeren Geldbeutel wieder auffüllen, aber Fou graute es vor einem Job als Backpacker auf einer Farm irgendwo im Outback und Übernachtungen im 18-Bett-Zimmer. Da schien die Heimat verlockender. Die Reisemüdigkeit ließ die Gedanken an zu Hause zusätzlich golden strahlen.

Für Fou hatte diese Reise von Beginn an eine andere Bedeutung. Er wollte raus in die Welt und reisen, aber danach wieder zurück, nicht nur nach Stuttgart, sondern auch in eine Personalabteilung eines großen Unternehmens. Für ihn war diese Reise keine Zäsur seines bisherigen Lebens, sondern eine Unterbrechung.

Zum ausgehenden Geld, kam die Hochzeit seines Cousins, der Gedanke an Freunde und Familie, die ihn erwarten würden, er könnte sich wieder eingliedern und niederlassen, wohl wissend, dass er sein Abenteuer gehabt hatte. Das festigte seinen Entschluss.

Aber es war eine Falle! Einmal wieder eingegliedert, würde das Spiel von vorn losgehen. Zumindest würde das bei mir so sein, da war ich mir sicher.

Ich war zwar auch reisemüde wie Fou, aber ich hatte noch nicht gelernt, was ich lernen wollte. Ich wusste genau, dass ich mich zu Hause ärgern würde, denn ich fühlte, dass ich nah dran war. Was macht ein gutes Leben nun aus? Ich hatte Hinweise gesammelt, aber das Puzzle noch nicht zusammengesetzt.

Entgegen meiner ursprünglichen Annahme war es keine Lösung am Gashahn des Lebens zu ziehen und so intensiv zu leben, wie irgendwie möglich. Es war hervorragend für eine Zeit, aber ein gutes Leben braucht Ausgleich und Reflektion. Nur wo sollte ich diese Stille finden, wenn ich immer tausend Ideen, Pläne und Gedanken hatte. Ich wusste es nicht. Noch nicht.

Konnte ich alleine weiterfahren?

Nach acht Monaten hatten wir uns eingegroovt. Wir kannten die Macken des anderen. Und das Wichtigste: Wenn es eng wurde, hielten wir zusammen. Das hatten wir mehrmals bewiesen. Wir konnten uns aufeinander verlassen.

Mein Bankkonto war trotz vergangener Tomatensuppendiät ebenfalls beinahe leer gefegt. Wollte ich weiterfahren, würde ich zum letzten verfügbaren Mittel greifen müssen. Meine Familie anpumpen. Ein furchtbarer Gedanke, Bettelmails aus Übersee. Mir stellten sich alle Haare auf. Ich ekelte mich vor mir selbst. Der einzige Lichtblick: Beim ADAC hatte ich eine Kaution hinterlegen müssen, die ich wiederbekam, sobald Smetana wieder deutschen Boden unter den Reifen hätte. So müsste ich zumindest keine Schulden machen.

Es wäre wohl vernünftiger gewesen, mit Fou nach Hause zu fahren – und verführerisch einfach. Auf der anderen Seite war ich nie der vernünftige Typ gewesen.

Trotz Geldsorgen und Reisemüdigkeit: Es reizte mich, alleine zu fahren. Keine Kompromisse, keine Rücksicht, kein schlechtes Gewissen, keine Diskussionen. Der einzige Kapitän sein, Segel setzen, wie ich es wollte. Das alles nur einen Klick entfernt. Sollte ich es tun?

Ich hatte noch nie ein Pärchen kennengelernt, das sich mehr stritt als Javi und Laureanne. Sie waren wie zwei Asteroiden, die immer wieder aufeinander knallten. Das Einzige, was sie in ihrer Umlaufbahn hielt, so schien es zumindest, war Meko – und Marijuhana. Erst flogen die Fetzen, dann qualmte die Friedenspfeife. In manchen Haushalten geht Nutella nie aus, hier in Phuket war es das Gras, frisch von der Reggae-Bar um die Ecke.

Fou und ich hielten uns meist raus, aber die Friedenspfeife rauchten wir trotzdem gerne mit. Das machte träge und müde, die thailändische Hitze tat ihr Übriges. Mir gab es eine Pause von meinen Gedanken.

Eines Nachmittags, ich kam gerade aus der Küche und zog noch ein paar Rauchschwaden hinter mir her, setzte ich mich auf die kleine Terrasse. Neben mir lag Meko, die Sonne ging gerade unter und ich rief wieder einmal die Seite der australischen Immigrationsbehörde auf. Wichtige Entscheidungen sollte man wohl immer nüchtern treffen. Aber es fühlte sich so verdammt richtig an. Scheiß drauf! Ich klickte.

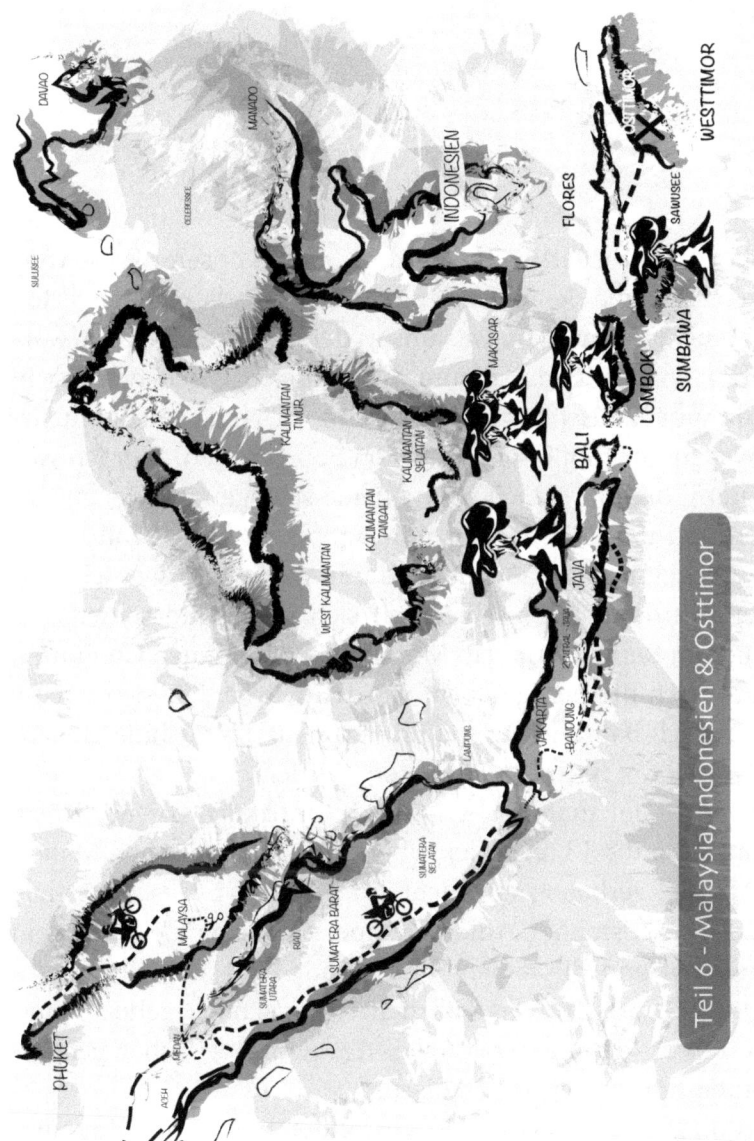

Teil 6 - Malaysia, Indonesien & Osttimor

157

>>Alle wollen die Welt verändern, aber keiner sich selbst.<<

- Leo Tolstoy

1

Malaysia würde die letzte gemeinsame Station unserer Reise werden. Keine Zugabe, keine Verlängerung. Abends recherchierten wir nicht mehr zusammen, was uns in den nächsten Tagen erwarten würde, sondern jeder plante die nächsten Wochen für sich. Die Stimmung zwischen uns war dennoch recht entspannt. Irgendetwas in mir fühlte sich zwar von Fou verraten, aber ich war zu neugierig darauf wie ich mich alleine schlagen würde, auf Indonesien und die Zeit, die vor mir lag, als dass ich Groll hegen konnte. Ich glaube, Fou hatte nicht damit gerechnet, dass ich weiterfahren würde, aber er schien mit sich selbst und seiner Entscheidung im Reinen. Für sein Motorrad fand er einen Container, in dem es nach Bremen gebracht werden würde. Für sich buchte er Tickets nach Bali und auf die Philippinen, um nochmal auszuspannen, bevor er nach Hause fliegen würde.

Kurz hinter der malayischen Grenze und kurz vor der Küste liegt die kleine Insel Langkawi. Überall im muslimischen Malaysia ist Alkohol verboten, nur nicht auf Langkawi. Das zieht viele malayische Touristen an. Adler, Delfine, die vielen kleinen Inseln um Langkawi und die feinen Sandstrände sind Magnete für internationale Touristen. Das Fährticket war schnell gebucht und wir überrascht, denn jeder Malaie, mit dem wir bisher gesprochen hatten, sprach perfekt Englisch.

Angekommen auf Langkawi. Wir fanden eine billige Bungalowanlage. Keine Klimaanlage, aber zumindest ein Ventilator, ein

Moskitonetz und vor allem getrennte Betten – der größte Luxus überhaupt. Wer den ganzen Tag zusammen verbringt, ist froh abends in getrennten Betten zu schlafen. Allerdings sind die meisten Unterkünfte auf traditionelle Pärchen ausgerichtet, nicht auf Reiseduos wie uns, weswegen wir unzählige Nächte auf einer Matratze verbracht haben.

Die Wege zwischen den Bungalows waren gesäumt mit den schönsten tropischen Pflanzen mit riesigen bunten Blüten. Ein Hinweisschild warnte vor zweierlei Affen: »Good Monkeys« (Dusky Leaf Monkeys, sehr süß und sehen aus, als trügen sie eine Brille) und «Evil Monkeys« (Makaken, berüchtigte Diebe, die ihren Willen auch mit Kratzen und Beißen durchsetzen).

Gegenüber unserer Bungalowanlage befand sich ein Luxushotel mit eigenem Luxusstrand. Freilich war die Nutzung des Hotelstrandes und der Poollandschaft nur Gästen des Hotels erlaubt. Aber wir trichsten sie aus. Das war leichter als man denkt:

1. Nach Betreten der Lobby zielgerichtet an der Rezeption vorbei laufen.

2. Freundlich grüßen, aber nicht hinüber gehen.

3. Den Pool aufsuchen und direkt zur Handtuchausgabe.

Die meisten Hotels sind viel zu groß, daher kennt das Personal nicht jeden Gast. Alles was man tun musste, um nicht aufzufallen, war ein Hotelhandtuch über der Schulter zu tragen. Handtücher gibt es meistens am Pool. Man muss nur eine Zimmernummer angeben, die man zuvor ausgekundschaftet hat und unterschreiben

4. Zimmer 203, Müller, Unterschrift.

Fertig.

Ich reise gern mit kleinem Budget. Es sorgte dafür, dass man unter den Einheimischen war, anstatt in der Scheinwelt aus Tourismusresorts und Starbucks zu wandeln. Aber hin und wieder auf einer gemütlichen Liege mit Sonnenschirm und Drink mit Schirmchen in der Hand zu liegen, das hatte auch etwas.

Nachdem wir genug im Luxus geschwelgt und jeden Zipfel Langkawis unter die Räder genommen hatten, machten wir noch einen kleinen Abstecher in die Cameron Highlands, bevor wir Kuala Lumpur erreichten, unsere letzte gemeinsame Station.

Ich war verdammt froh, meine Weiterreise schon organisiert zu haben, denn ich zweifelte heftig. Deswegen hatte ich mein Visum für Australien schon bezahlt und den Weitertransport nach Indonesien arrangiert; ich wäre eingeknickt und umgekehrt. Diese Option gab es – zum Glück – nicht mehr.

»Weißt du noch, als wir kurz vor Pakistan waren und unbedingt eine Eskorte wollten?«, fragte ich meinen Reisepartner.

»Klar«, sagte Fou mit einem Lächeln «Weißt du, an wen ich in dem Moment gedacht habe?«

»An wen?«, fragte ich.

»Meine Nichte! Als die Menschen auf die Straße gerannt sind, dachte ich, dass ich sie nie wiedersehen würde.«

»Aber es ist alles gut gegangen«

»Ja, und ich bereue keine Sekunde!«

Der Morgen des 09.02.2015 beendete nach acht Monaten und elf Tagen unser gemeinsames Abenteuer. Wir umarmten uns, ich stieg mit weichen Knien auf das Motorrad, zog den Helm über, drückte den Startknopf und rauschte allein durch die Häuserschluchten von Kuala Lumpur.

2

Über die Monate hatten wir die Aufgaben recht klar verteilt. Nun, da ich auf mich alleine gestellt war, musste ich Fous organisatori-

sche Aufgaben übernehmen. Fou war beispielsweise recht peni-
bel, was unsere Unterkünfte anging und wir steuerten oft drei
oder vier Hotels an, bis wir eines gefunden hatten, das seinen
Vorstellungen entsprach. Organisatorische Aufgaben waren ein
Klacks verglichen mit der Gewissheit, jede Etappe von nun an allein bewältigen zu müssen. Es machte einen gewaltigen Unterschied, sich der Welt allein zu stellen oder im Team. Fou war für
mich nicht nur Reisepartner, sondern auch Reisetherapeut und
letztendlich wie der doppelte Boden für den Akrobaten. War etwas schiefgegangen, war er dagewesen, gleich ob ich Dokumente
wegwarf, wie in Kasachstan, oder Verschleißteile nicht wechselte,
wie im Iran. Zusammen haben wir so viele Schwierigkeiten bewältigt, dass ich mir sicher war, dass wir noch Jahre hätten weiterfahren können.

Jetzt, da mir kein graues Reisemotorrad folgte, musste ich mir
Selbstvertrauen und Leichtigkeit erst wieder erarbeiten. Denn auf
einmal klang jedes Geräusch des Motors bedrohlich. Ich hatte
nun ständig 200 Euro in meiner Innentasche, die mich zur Not
retten sollten: Wenn ich einen Unfall haben würde, so könnte der
Helfer die blutverschmierten Scheine an sich nehmen und mich
zum Dank vor einem Krankenhaus abladen. Mit solchen Fantasi-
en quälte mich zumindest mein Kopf.

Selbstvertrauen entwickelt sich nur, wenn man sich Herausforderungen stellt und sie bewältigt. Meine erste war, nach Penang
zu fahren und Mister Lim aufzusuchen.

Mister Lim war ein Schlitzohr, denn er war der Einzige, der ein
Motorrad problemlos über die Seestraße von Malakka nach Sumatra befördern konnte. Eigentlich lieferte er mit seinem »Onion
Boat« Plastikspielzeug nach Indonesien und auf dem Rückweg
brachte sein Schiff Zwiebeln nach Malaysia. Hin und wieder
schafften es auch Motorräder als blinde Passagiere an Bord.

Nach einigem Suchen fand ich sein Büro, wo er mich freundlich begrüßte. Mister Lim hatte kleine Augen und eine knollige Nase. Nachdem wir den Papierkram erledigt hatten, brachte er mich in den Hafen und nach einem Stop in der Hafenkantine zum Onion Boat.

Es war ein uralter Holzkahn, die hellblaue Farbe blätterte ab, ein Ölfilm schwamm um den Rumpf, das Deck war randvoll mit Kartons. Als Smetana schließlich an einem Kran hing und in vier Metern Höhe über der Hafenkante schaukelte, stellte sich der gleiche Gedanke ein wie damals, als wir die Motorräder in die »Festival Train« in Indien verladen hatten: Ich sehe sie nie wieder.

Leider durfte ich selbst nicht mit an Bord, also flog ich nach Medan auf Sumatra und las während dem Flug in einem Reiseführer: Indonesien besteht zu der Zeit aus 17.508 Inseln. Technisch gesehen sind die Inseln Vulkane, die aus dem Wasser ragen. Manche sind erstaunlich hoch geworden, der höchste gar 3805 Meter. Die Inseln selbst haben vergleichsweise wenig Fläche. Zählt man hohe Berge und wenig Fläche zusammen, dann konnte das eigentlich nur Motorradvergnügen der höchsten Kategorie bedeuten. Ich konnte es kaum erwarten Smetana zu satteln.

Das Onion Boot brauchte für die Überfahrt einige Tage. Ich vertrieb mir die Zeit solange ohne mein Motorrad im Gunung Leuser Nationalpark. Der Park liegt um einen Vulkan herum und schützt bedrohten Regenwald. Über das kleine Örtchen Bukit Lawang bekam man Zugang. Es lag verträumt am Landak Fluss und bestand hauptsächlich aus kleinen Reisebüros, in denen man Touren in den Nationalpark buchen konnte, aus Gasthäusern und Restaurants, in denen Lieder von Bob Marley liefen. Der Ausflug in den Park sollte zeigen, wie schön Indonesien sein konnte.

Man durfte nur in Gruppen und mit offiziellem Tourguide in den Dschungel. Ich schloss mich einer Gruppe an. Früh am Morgen brachen wir zu einer dreitägigen Tour auf.

Es war ein Fest für die Sinne. Das Gelände steil und rutschig. Es wimmelte nur so von Leben, Farben und Gerüchen. Alles schien zu leben. Es gab Käfer, die so groß waren wie ein Feuerzeug, und farbenfrohe Schmetterlinge, wie in Goa. Ameisen, die aus Blättern kunstvoll Stücke schnitten und abtransportierten. Ein Waran schwamm durch den Bach, an dem wir unsere Mittagspause einlegten, und wir sahen unzählige Makaken und Thomas Leaf Affen, die wegen der Form ihres Haarwuchses liebevoll »Punky Monkeys« genannt wurden. Zu den Bewohnern, die im Gunung Leuser ihren letzten Zufluchtsort gefunden hatten, gehörten auch Sumatra-Nashörner und Tiger. Beide waren jedoch nur sehr schwer zu finden. Die großen Stars waren die Orang-Utans.

Nur auf Sumatra und Borneo kann man Orang-Utans noch in freier Wildbahn bewundern. Die Tiere waren nicht scheu und wir sahen einige in wenigen Metern Abstand. Sie verbringen den Großteil ihres Lebens in Bäumen und bauen sich dort Nester. Sie sind so groß wie zehnjährige Kinder, haben zotteliges Fell und erinnern mit ihrer Statur an Alf. Sie sind friedlich, aber auch sehr schlau, denn sie wissen genau, dass Menschen allerlei Leckereien in ihren Rucksäcken mit sich führen.

Wir liefen gerade einen rutschigen Abhang hinunter, als links von uns Zweige knackten. Auf einmal kam eine Orang-Utan-Mama auf uns zu! Sie schaute mich kurz an, lief dann aber an mir vorbei und packte das Handgelenk eines anderen Teilnehmers. Die Orang-Utan-Dame zog den armen Kerl hinter sich her, bis sie unseren Tourguide erreichte. Erst als dieser eine Ananas aus seinem Rucksack zauberte, ließ sie von ihrer Geisel ab. Sie machte sich mit ihrer Beute nicht aus dem Staub, sondern setzte sich einfach auf den Boden und aß ganz entspannt zwischen uns, als wäre sie keine Waldbewohnerin, sondern Teilnehmerin der Tour.

Es war eine herrliche Erfahrung im Park und ich machte mich voller Vorfreude auf den Weg zurück nach Medan, um Smetana willkommen zu heißen und noch mehr von Indonesien zu erkunden.

Zuerst fuhr ich in den Norden Sumatras, denn dort lag Pulau Weh. Ich musste eigentlich in den Süden und es waren mindestens zweitausend Kilometer Umweg, aber Pulau Weh genoss einen guten Ruf und der vernünftige Fou war nicht hier, um mir zu sagen, dass es nicht wirklich effizient war, dort hinzufahren.

Ich fuhr mit wehenden Fahnen los und kam mit tränenden Augen an. Jetzt war klar, warum Orang-Utans nur im Nationalpark lebten: Der Park war eingekeilt von Palmölplantagen. Ich fuhr auf eine Anhöhe und alles, was ich sah, waren Palmölpflanzen. Im Nationalpark ähnelte kein Blatt dem anderen, außerhalb herrschte Monotonie. Es war leicht, sich vorzustellen welch ein Paradies Sumatra gewesen sein musste, bevor der Hunger auf Palmöl überhand nahm.

Den Indonesiern dafür die Schuld zu geben, wäre zu kurz gedacht, denn Indonesien produziert nahezu alleine den globalen Bedarf an Palmöl. Um deutschen Biodiesel herzustellen, verlieren Orang-Utans ihre Heimat und ihre Lebensgrundlage auf Sumatra. Gleiches gilt für Shampoo, Fertigpizza oder Margarine. Ich fand es furchtbar, in einer Zeit zu leben, in der die Menschen bereit sind, für billige Produkte den Zauber Sumatras zu opfern. Allerdings wissen die wenigsten, welchen Schaden solche Produkte anrichten. Mir ging es nicht anders. Ich wusste zwar, dass Palmöl ökologisch bedenklich war, aber kümmerte mich nicht wirklich darum, wenn ich einkaufen ging. Jetzt schwor ich mir Besserung.

3

Von Banda Aceh aus nahm ich eine Fähre nach Pulau Weh und fuhr in den kleinen Ort Iboih.

Die Küste war steil. Nur unbefestigte Trampelpfade führten zu kleinen Bungalows. Für sieben Euro die Nacht mietete ich mich ein. Mein Bungalow war spartanisch ausgestattet, hatte nur einen lauten Ventilator und ein Bett über dem ein löchriges Moskitonetz gespannt war, dafür gab es eine kleine Terrasse mit einer Hängematte und Blick aufs Meer.

Hier schien die Zeit still zu stehen. Wenn ich nicht gerade in der Hängematte lag, verbrachte ich meine Zeit damit zu schnorcheln, oder in dem kleinen Restaurant »Dee Dee« zu sitzen, frisch gemixte tropische Säfte zu schlürfen und an meinem Blog zu schreiben.

Indonesien hatte sehr strenge Visa-Regeln, die Besuchern nur zwei Monate Aufenthalt erlaubten. Verließ man das Land und reiste wieder ein, so durfte man einen weiteren Monat bleiben. Mein Plan war es nach Bali zu fahren und von dort auszufliegen. Aber Bali war fast 4000 Kilometer weit weg. Ohne Fou gab es keine mahnende Stimme mehr, die an Deadlines erinnerte und so versackte ich zwei Wochen auf Pulau Weh.

Als ich mich aufraffen konnte war das nächste Zwischenziel der knapp 800 Kilometer entfernte Tobasee. Um ihn zu erreichen musste ich durch den Nordosten Sumatras fahren, der in allen Reiseführern ein weißer Fleck war. Normalerweise war das kein gutes Zeichen, aber in diesem Fall hatten die Redakteure ihre Hausaufgaben wohl nicht gemacht: Hunderte Kilometer unverbauter Küste, einsame Strände, breite, perfekt ausgebaute Straßen. Es ging Steilküsten hinauf und dann wieder dramatisch hinunter. Es war das beste Motorradfahren seit Monaten und Smetana schrie vor Freude, als ich am Gashahn zog. Die größte Gefahr war vor lauter Staunen und Filmen die nächste Kurve zu übersehen. Oft gab es an den schönsten Stellen kleine Straßenrestaurants, Warung werden sie genannt, die frisch gepflückte Kokosnüsse, zuckersüßen Instantkaffee und lokale Spezialitäten anboten.

Am Nachmittag fand ich ein besonders schönes Warung, das direkt am Strand lag. Ich hielt an, setzte mich auf einen Bambusstuhl, trank aus einer Kokosnuss, schaute über den Indischen Ozean und musste mich zwicken, denn es war zu schön, um wahr zu sein.

Bisher hatte ich keine Hotels gesehen, aber vielleicht konnte ich hier campen? Irgendwie musste ich den Wirt Hasan davon überzeugen, dass sein Strand auch ein Campingplatz war. Ich fuchtelte mit den Armen und formte mit den Händen ein Zelt, doch er lächelte einfach nett und verstand kein Wort. Normalerweise hätte Fou diese Verhandlung geführt, ich besaß nicht ansatzweise sein Talent. Also fing ich einfach an mein Zelt aufzubauen. Hasan erkannte, was ich wollte und half gleich mit.

Ich aß bei ihm zu Abend. Seine Kinder brachten mir mit Hilfe eines Bilderbuchs ein paar Brocken Indonesisch bei. Ich lernte Krokodil (buaya), Deutschland (jerman), Hund (anjing), Katze (kucing) und noch ein paar Worte. Mit dem Wortschatz eines Zweijährigen zog ich mich zurück in mein Zelt und schlief wie ein Baby. Die nächsten drei Tage campte ich jede Nacht am Strand, bis ich völlig entspannt den Tobasee erreichte.

Wer zum Tobasee reist, wird in Tuktuk unterkommen. Einem kleinen Ort auf der Insel Samosir, der mit Internet und Banana Pancakes lockt. Ich mietete mich im Liberta Gasthaus ein. Von allen bisherigen Unterkünften war das hier meine liebste. An der Straße stand nur ein unscheinbares braunes Schild, ein maroder

Weg führte in den schönen Hof. Blumen wuchsen in allerlei Farben und in der Mitte trug ein Maracujabaum reife Früchte. Rechts vom Hof beherbergte ein Gebäude Rezeption und Küche. Geradeaus führte der Weg zu acht kleinen, dunkelbraunen Häuschen, die jeweils zwei einfache Unterkünfte übereinander boten. Lief man an allen Häuschen vorbei, endete der Weg direkt am Tobasee.

Mein Zimmer hatte eine schöne Terrasse und eine Dusche, die zwar nur kaltes Wasser hatte, aber dafür einen Duschkopf. Die letzten Wochen hatte ich mithilfe von Eimern geduscht, deren Inhalt ich mir direkt über einem Plumpsklo über den Kopf geschüttet hatte.

Nach den recht einsamen Tagen im Nordosten freute ich mich außerdem darauf, andere Reisende zu treffen. In Indonesien mangelte es zwar nicht an Menschen und dazu waren es vielleicht die liebenswertesten, die unser Planet zu bieten hatte. Mit meinem Wortschatz aus »Deutschland«, «Hund« und »Krokodil« konnte ich das Eis brechen, aber besser kennenlernen konnte ich die Einheimischen kaum. Das Liberta war eine Kombination aus Charme, geringen Kosten und leckeren Pancakes; Das wirkte anziehend auf interessante Reisende.

Da waren zum Beispiel Eric und Christine aus Frankreich. Sie Anfang und er Ende Fünfzig. Sie hatten das letzte Häuschen vor dem See und davor standen zwei Fahrräder, mit denen sie seit zehn Jahren um die Welt fuhren. Interessant war, dass sie jedes Jahr nur so lange in die Pedale traten, wie sie Spaß daran hatten. In Frankreich hatten sie einen Bauernhof gekauft, den sie zu einem Kulturzentrum und zu ihrer Heimat umbauen wollten.

Ganz anders machte es John: Er war gebürtiger Belgier, lebte in Köln und war leidenschaftlicher Musiker. Nach eigenen Angaben war er nicht gut genug, um die ganz großen Bühnen zu spielen. So tourte er sechs Monate im Jahr durch Kölner Kneipen mit Hits der 70er und 80er. Drei Monate im Jahr arbeitet er in der Firma eines Freundes, um sein Bankkonto aufzufüllen und drei Monate verbrachte er hier in Sumatra.

Indonesien war ein Paradies für Lebenstilstudien. Hier trafen sich Aussteiger aus der ganzen Welt, die alle ihr Modell vom guten Leben ein wenig abseits des Weges gefunden hatten.

Eric, Christine und John quoll die Lebensfreude aus jeder Pore. Sie beschwerten sich nicht, sie jammerten nicht. Sie waren positiv, angenehm und sie genossen es, am Leben zu sein. Vielleicht lag es an ihrer Balance? An ihrer Mischung aus Reisen und Bleiben? Es stand außer Frage, dass 40-Stunden-Wochen und 25 Urlaubstage im Jahr nichts für mich waren. Aber vielleicht war ständiges Unterwegssein auch die falsche Antwort?

Die drei hatten Projekte, die sie zuhause verfolgten und auch Chris und Laura, die wir in Kirgistan getroffen hatten, reisten technisch gesehen zwar seit Jahrzehnten, waren aber so langsam unterwegs, dass sie eigentlich nur ein paar Monate im Jahr tatsächlich auf Achse waren. Einen großen Teil ihrer Zeit widmeten sie ihren Projekten. Auch sie waren in Balance.

Zweifellos bringt das Reisen Würze ins Leben, aber nur zu reisen scheint die Suppe zu versalzen.

4

Nur weil Fou mich nicht mehr an Deadlines erinnerte, bedeutete das nicht, dass Deadlines nicht mehr existierten. Pulau Wehs Anziehungskraft war zu groß gewesen und auch dem Tobasee konnte ich kaum entkommen. Ich hatte noch zwei Wochen bis mein Visa ablief und noch 3300 Kilometer bis nach Bali. Jetzt musste ich durch den Süden Sumatras rasen wie ein Irrer. Die

Landschaft machte es mir einfach, denn alles, was irgendwann einmal schön gewesen war, war inzwischen Palmölplantagen gewichen. Wo früher Sumatra-Tiger streunten und Orang-Utans ihre Nester gebaut hatten, herrschte Palmölmonotonie. Es gab Tage, an denen ich stundenlang durch nicht enden wollende Palmölplantagen fuhr. An Aussichtspunkten erstreckten sich die Plantagen in jede Richtung bis zum Horizont. Ist es nicht traurig, dass es heutzutage ein legitimer Grund des Reisens ist, Dinge zu sehen, bevor sie für immer verschwinden? Vielleicht schauen meine Enkel einmal ungläubig auf Bilder von Korallenriffen, Regenwäldern und Orang-Utans und fragen: »Opa, gab es das wirklich?«

Sumatra und Java liegen nur einen Katzensprung voneinander entfernt. Ich nahm eine der Fähren, die aus dem Hafen Bakau im halbstündigen Takt nach Java fuhren und betrat die Insel, die schon so manche Motorradreise beendet hatte. Der Grund? Der Verkehr: Indonesien hat 255 Millionen Einwohner, die Hälfte davon lebt auf Java. Indonesiens Hauptstadt Jakarta ist über die Jahre so gewuchert, dass sie mit den Städten Bekasi, Bogor, Depok, Tangerang und Bekasi verschmolzen ist. Dieses Krebsgeschwür nennt sich Jabodetabek und hat 30 Millionen Einwohner.

Der Verkehr war mörderisch. Ich hangelte mich am äußersten südlichen Rand der Insel entlang, um den Metastasen Jabodetabeks, so gut es ging, zu entgehen und fuhr meistens auf besseren Trampelpfaden, die der Regen aufgeweicht hatte. Als ich das Ballungszentrum hinter mir ließ, wurde es angenehmer. Der Schlüssel zu Java war es, die kleinsten Straßen zu fahren, die man finden konnte. Sie führten hoch auf Vulkane, durch fruchtbare Ebenen, vorbei an Teeplantagen und zu den kleinen einfachen Warungs, die ich schon ins Herz geschlossen hatte.

Mittlerweile war der Glitzer der ersten Wochen des Alleinreisens wie weggeblasen. Einsamkeit nagte an mir. Niemand reiste hier. Seitdem ich den Tobasee vor eine Woche verlassen hatte, hatte ich niemanden getroffen, mit dem ich ein Gespräch führen konnte, das über ein paar Floskeln von Krokodilen und Katzen oder berühmte Fußballer hinausging.

Anstatt durch die Einsamkeit Einblicke in mein Seelenleben zu bekommen oder gar zu mir selbst zu finden, was immer das auch bedeuten sollte, merkte ich, dass ich mich ablenkte. Tagsüber durch Tagträume. Während ich fuhr, summte ich unter meinem Helm irgendwelche Werbejingles von Baumärkten oder Joghurtmarken. Nachts betäubte ich mich mit Serien oder Filmen, die ich auf meinem Laptop ansah. Wenn ich es aber nicht schaffte, mich von mir selbst abzulenken, kroch Unzufriedenheit und Heimweh in mir auf. Ich sehnte mich nach Zuhause und nach meinen Freunden. Wenn immer ich eine stabile Internetverbindung fand, telefonierte ich mit meiner Mutter, Georg oder Jan. Außerdem sehnte ich mich nach einer Partnerin. Das war interessant, denn als ich losfuhr, wollte ich alles andere als eine Partnerin auf dieser Reise haben. Nun konnte ich mir nichts Schöneres vorstellen, als ein süßes Mädchen an meiner Seite, dass über meine Witze lachte und mit mir zu Abend aß.

Zehn Tage nachdem ich den Tobasee verlassen hatte, erreichte ich den Vulkan Mount Bromo; Eine der größten Attraktionen, die Indonesien zu bieten hat. Zum Einen bot er das perfekte Postkartenmotiv mit seiner Rauchwolke und den zwei schönen Schwestervulkanen in unmittelbarer Nachbarschaft. Zum Anderen war er sehr leicht zugänglich, aktiv und man konnte in seinen Schlund schauen. Daraus kam Rauch, man hörte es brodeln und es roch nach Schwefel. Was aber am meisten Spaß machte, war in dem Sandsee, der um den Vulkan lag, Motorrad zu fahren. Ich spielte für drei Stunden im Vulkansand wie ein kleines Kind. Nur mit anderen Reisenden kam ich nicht ins Gespräch und verbrachte den Abend allein auf meinem Zimmer.

Zwei Tage später grüßte am Ende Javas schon Bali. Anstatt zum Ijen Vulkan abzubiegen, ein Vulkan mit blauer Lava und von besonderer Schönheit, fuhr ich direkt zur Fähre und nahm das nächste Boot. Ich war ausgebrannt und musste mich zumindest für ein paar Tage vor der nächsten großen Herausforderung erholen.

5

Der Plan: Eine Dienstreise nach Australien.

Nach Australien fliegen, dort arbeiten, Taschen füllen, zurück nach Indonesien, um einen weiteren Visumsmonat abzustauben und finanziell sorgenfrei meine Reise entspannt weiter führen.

Aber es kam anders.

Smetana blieb in einem Hotel in Ubud. Sie bekam ein Plätzchen in der Garage und ich deckte sie mit der Bodenplane meines Zeltes ab, in der Hoffnung sie heil wieder zu finden und fuhr mit schlechtem Gewissen zum Flughafen.

Angekommen in Perth. Bali und Perth trennten vier Flugstunden, aber es fühlte sich an, als wäre ich am anderen Ende der Welt gelandet. Der Himmel grau, es war kühl. Ich hatte seit Monaten nicht mehr gefroren. Der Bordstein war sauber. Ich stieg in den Bus zum Stadtzentrum. Der Fahrer grüßte mich und ich konnte mit ihm sprechen. Ich verstand jede Unterhaltung im Bus. Wir fuhren auf breiten Straßen aus dem Flughafengelände heraus und auf einen Kreisverkehr zu. Der Bus wollte geradeaus über den Kreisverkehr, von links kam ein anderes Fahrzeug. Der Bus bremste nicht, in mir verkrampfte sich alles, ich bereite mich auf den Zusammenprall vor, aber, welch Wunder, der Autofahrer gewährte uns Vorfahrt. Das hatte ich schon wirklich lange nicht mehr erlebt.

Die Jobsuche entwickelte sich zum Alptraum. Das Problem war, dass nicht nur Australien sehr weitläufig war, sondern auch Perth. Ohne eigenes Fahrzeug – keine Arbeit. Mein Fahrzeug stand einsam in Bali. Ich hatte schlechte Laune und hasste Perth und das Hostel, den Jobmarkt und meine dummen Ideen, denn meine Geldvorräte wurden vom australischen Preisniveau heftig geprügelt.

Der einzige Lichtblick war eine Ausschreibung für Erntehelfer im 300 Kilometer entfernten Margaret River. Eine freundliche Stimme verriet mir durch das Telefon, dass die Saison sich zwar dem Ende neigte, aber hin und wieder gäbe es schon noch Arbeit.

Das war das Beste, was ich bisher gefunden hatte, also investierte ich weiteres Geld in ein Zugticket und fuhr nach Margaret River. Der Zug war komfortabel und ich genoss die Fahrt. Als der Zug Perth und seine hübschen Vororte hinter sich ließ, gab es kaum noch Zivilisation. Die Landschaft war leer und weitläufig. Meistens Büsche, hin und wieder Wälder. Ich konnte es kaum erwarten, mit Smetana hier lang zu fahren und eine rote Staubfahne hinter mir herzuziehen.

Drei Tage später stand ich am frühen Morgen schlaftrunken auf einem riesigen Weingebiet. Ich hatte mir das Weintraubenpflücken irgendwie romantischer vorgestellt. Den ganzen Tag draußen, gemütlich Träubchen pflücken und abends ein oder zwei Gläschen mit dem Weinbauern trinken und den Tag Revue passieren lassen. Stattdessen war es Akkordarbeit. Die Bezahlung erfolgte nach »Buckets«. Wer mehr erntete, verdiente mehr. Ich war sehr langsam und schnitt mir häufiger in die Finger als in die Weinreben. Neben mir erntete ein Chinese, der mit zwei Scheren bewaffnet und in unglaublicher Geschwindigkeit auf die Weinreben einschnitt. Seine Eimer füllten sich irre schnell. Sicherlich machte ihn die Arbeit reich und ein anderer Neider erzählte mir, dass der Kerl mehr verdiente als ein Banker in Sydney.

Zumindest kam ein wenig Geld auf mein frisch eröffnetes australisches Konto. Vom Sparen konnte ich zwar nur träumen, aber immerhin verlor ich nicht noch mehr Geld. Als nächstes wollte ich mir eine Bleibe suchen, denn das Hostel war mir auf lange Sicht zu laut und teuer. Die Hostels in Perth und Margaret River waren voller gerade volljähriger Backpacker, die entweder einen Job suchten, oder einen hatten und ihr verdientes Geld verprassten. Schaffte man es, sich ein Zimmer in einer WG zu mieten, dann hatte man nicht nur eine Chance auf Privatsphäre, sondern sparte auch noch dabei.

Das erste Zimmer, das ich mir ansah, war schon ein Volltreffer.

Ich wurde vorstellig bei einem Typen namens David. Ich suchte nach einer Klingel, fand keine, wollte klopfen, aber die Tür stand offen. Also rief ich »Hallo« und eine Stimme rief: «Stefhaahn, bist du's?«. Australier sprachen meinen Namen nasal und mit einer seltsamen französischen Note aus. »Komm rein, Kumpel!«

Mann, ich liebte dieses Haus! Wenn ich mir ein Haus baue, dann werde ich David nach den Bauplänen fragen. Es war geschnitten wie ein »U«. Auf der einen Seite war ein offener Wohnbereich mit Küche, im Durchgang stand eine Tischtennisplatte. An der Wand hingen Gemälde von der Küste. Auf der anderen Seite waren vier Zimmer inklusive meines potentiellen Zimmers. Es war groß, mit riesigen Fenstern und einer Schiebetür, die in den Garten vor dem Haus führte und es hatte sein eigenes Bad. Mit richtiger Toilette, Duschkopf und heißem Wasser. Ich liebte es.

Und David war ein faszinierender Typ. Wir saßen auf der Couch und er erzählte mir über sich. Er war Anfang 40, recht hager, geschieden, hatte zwei Kinder. Er arbeitete normalerweise für eine Minengesellschaft, für die er im Outback neue Felder erschloss. Im Moment war er krank geschrieben, da er sich von einer Hüftoperation erholte. Das Hüftleiden hatte er vom Surfen. Früher war er in der lokalen Szene ein ziemlicher Surfstar und auf jedem Regal im Haus zeugten zahlreiche Pokale davon.

»Am wichtigsten ist es mir, jemanden zu finden, der auf das Haus aufpasst, wenn ich nicht da bin. Außerdem ist mir Harmonie wichtig. Ich suche jemanden, mit dem ich gut auskomme«, sagte David. Ich lächelte.

Alles passte, bis auf den Preis: 250 Dollar pro Woche. Das war in der Region ein durchaus normaler Preis und für das Zimmer mit eigenem Bad ein guter Deal. Dennoch weit außerhalb meines Budgets. Ich verließ Davids Haus und lief geknickt zurück zum Hostel.

Zwei Tage später klingelte mein Telefon.

»Stefhaahn, wie geht's dir, Kumpel? Hör zu, komm doch nochmal vorbei. Ich habe einen Vorschlag für dich!«

Die Tür stand wieder offen.

»Stefhaahn, also ich habe einiges im Haus zu tun, aber ich komme nicht dazu. Außerdem finde ich gerade keinen Mieter, der mir sympathisch ist. Was hältst du von folgendem Deal: Du hilfst mir hier im Haus und dafür kannst du hier kostenlos bleiben, bis ich einen Mieter gefunden habe.«

Ich traute meinen Ohren nicht.

»David, meinst du das Ernst?«

»Klar, Kumpel!«

Und so zog ich bei David ein.

6

Ich war so beschäftigt gewesen, mich um Job, Unterkunft, Geld und den Fortgang der Reise zu sorgen, dass ich gar nicht bemerkt hatte wie schön Margaret River eigentlich war.

Es war sauber und ordentlich. Eigentlich nur ein Dorf mit 5000 Einwohnern, aber eine halbe Millionen Besucher pro Jahr sorgte dafür, dass es sich wie ein Städtchen anfühlte. Die meisten Autos hatten ein Surfbrett auf dem Dach und vor vielen Häusern standen Boote auf Anhängern. Die Nachbarn grüßten sich. Im Stadtzentrum gab es Bioläden und am Stadtrand sah ich zum ersten Mal Kängurus.

Ich verliebte mich schon in »Margs«, wie die Australier es nannten, bevor ich überhaupt am Meer gewesen war.

Margaret River ist bekannt für Wein und Wellen. An einem Wochenende ging ich mit David zu einem Surfwettbewerb, bei dem die besten Surfer der Welt antraten. David lieh mir ein Fahrrad und wir fuhren eine halbe Stunde auf Radwegen durch Eukalyptuswälder. Nach einer leichten Anhöhe grüßte auf einmal der indische Ozean. Das Meer war tiefblau und hohe Wellen rollten an den Strand. Der Himmel lag hellblau und wolkenlos darüber. An einem Küstenabschnitt waren Pavillons und eine große Videoleinwand aufgebaut. Einige hundert Leute waren versammelt, es gab Essensstände und es herrschte Jahrmarktstimmung. Kinder rannten in Windeln und Surfshirts auf grünen Wiesen herum und hatten Zinksonnencreme im Gesicht.

Wenn ich mir einen Ort backen könnte, es wäre Margaret River. Es war der erste Ort auf meiner bisherigen Reise, an dem ich mir vorstellen konnte zu bleiben. Und Davids Haus wäre mein Knusperhäuschen.

Allerdings würde ich mir dann eine andere Arbeit suchen, denn Traubenpflücken oder Instandhaltungsarbeiten an Davids Haus waren sehr monoton. Zuerst vertrieb ich mir währenddessen die Zeit mit Musik, dann fing ich an Podcasts zu hören. Podcasts sind Interviews von schlauen Menschen mit anderen schlauen Menschen, die ich über mein Handy hörte. Auf Reisen besteht die Gefahr der intellektuellen Verarmung. Podcasts waren von nun an mein Gegenmittel.

Während ich auf den Knien kroch, um die Sockelleisten in Davids Haus zu streichen, lauschte ich einem Podcast mit Maria Popova. Maria ist die Gründerin und Denkerin hinter meinem Lieblingsblog »Brain Pickings«. Sie schreibt über das, was sie liest, destilliert die Weisheit und Schönheit oftmals vergessener Dichter und Denker und gibt ihnen auf ihrem Blog ein neues zu Hause in einer digitalen Welt.

Der Podcast war ein wunderbares Sammelsurium von fantastischen Ideen und Denkanstößen: Maria gab zu bedenken, dass wir eine Gesellschaft erschaffen haben, die den Wert des Einzelnen bestimmt durch sein Einkommen, seine Leistungen, seine Effizienz oder Produktivität. Achtsam von Moment zu Moment zu leben und zu genießen was man hat, wird dabei völlig vernachlässigt.

Ihre Worte schufen mächtig Resonanz in mir. Denn ich plante, machte, tat, aber selten war ich einfach nur da. Ich fühlte mich unfähig, einfach nur zu sein und zu genießen. Ich konnte den Sonnenuntergang in Hasans Warung in Indonesien bewundern, aber nach wenigen Momenten meldete sich mein Gehirn, übernahm die Führung und überlegte sich einen Businessplan für eine Beachparty.

Maria nutzte eine geführte Meditation, um mehr Achtsamkeit in ihr Leben zu bringen. Ich hatte schon mal mit Meditation experimentiert. Damals hatte ich gelesen, dass es gegen Stress helfen und für bessere Konzentration sorgen sollte. Also hatte ich mich damals im Büro des Stuttgarter Start-Ups auf den Boden gesetzt, meine Augen geschlossen und versucht auf meinen Atem zu achten. Doch anstatt an nichts zu denken, hatte ich an meine To-Do-Liste oder an das Mittagessen gedacht oder daran, wie bescheuert ich mir gerade vorkam, im Schneidersitz auf dem Boden zu sitzen und meinem Atem zu lauschen. So war Meditation schnell in der »Nichts-für-mich«-Schublade gelandet. Nun kramte ich das Meditationskonzept wieder hervor und lud mir gleich die geführte Meditation herunter, die Maria Popova nutzte, und beschloss dem Ganzen noch einmal eine Chance zu geben. Es war ein erster Schritt in eine Richtung, die mein Leben verändern sollte.

7

Das Ende der Traubenernte beendete auch meine Zeit in Margaret River. Aber ich nahm mir fest vor, auf meiner Tour durch Australien einen ausführlichen Stopp hier einzulegen, und verabschiedete mich nicht von David, sondern sagte nur: »Bis später«.

Finanziell war die Dienstreise ein Flop gewesen; nicht einmal die Kosten für den Flug konnte ich reinholen und so stand am Ende ein dickes Minus von knapp tausend Euro. Nach meiner Finanzspritze blieben mir noch etwas mehr als 2000 Euro. Mit dem Gefühl, dass es ganz schön eng werden könnte, ging es zurück nach Indonesien und zurück zu Smetana.

Man hätte sich keinen heftigeren Kontrast zum gemütlichen Margaret River ausdenken können als Bali: Der Flughafen war so geschäftig wie ein Bienenstock. Im Minutentakt landeten Flugzeuge. Die Insel musste eigentlich aus allen Nähten platzen.

Erfreulich war, dass sich das Wetter verändert hatte: Vor vier Wochen war es noch so schwül gewesen, dass sich die Luft wie ein heißes, nasses Handtuch auf dem Gesicht angefühlt hatte, nun war es tagsüber zwar immer noch warm, aber weniger schwül und abends kühlte es angenehm ab, so dass ich manchmal einen Pulli überzog.

Ich fuhr mit einem Taxi nach Ubud und war heilfroh, dass Smetana nicht nur dastand, sondern auch gleich ansprang. Ich mietete mich im Mangotree Hostel ein und lernte dort schnell einige Backpacker kennen. Da war ein Pärchen aus Stuttgart, Anita und Dennis, zwei Jungs aus der Nähe von Tübingen, die sich die typischen Reisebärte stehen ließen und nebeneinander aussahen wie zwei Gartenzwerge, und Tanja aus der Schweiz, die mit ihrer Freundin Saskia aus Amsterdam reiste. Die Gruppe hatte sich schon in den letzten Tagen zusammengeschlossen und wollte gemeinsam in den nächsten Tagen nach Lombok aufbrechen. Das passte gut in meine Pläne und wir verabredeten uns auf Balis Nachbarinsel. Die Backpacker nahmen ein »Fast Boat«, ich tuckerte mit dem »Slow Boat«, einer dreistöckigen Fähre hinterher.

Auf der Fähre wurde alles transportiert: Küken und Kühe, Fahrräder und Lastwägen. Ich hatte gelesen, dass nirgends so viele Fähren sanken wie in Indonesien. Meistens lag es an ungesicherter Ladung, die bei zu starkem Wellengang dazu führte, dass die Fähre Schlagseite bekam und unterging. Man hätte nun meinen können, Ladung zu sichern sei vorgeschrieben, aber das einzige gesicherte und verzurrte Frachtstück war mein Motorrad, wofür ich von der Besatzung nur ein mitleidiges Grinsen bekam.

Ich traf die Backpackerbande in Lomboks Süden im Küstenort Kuta wieder. Besonders das Umland Kutas war atemberaubend: Man musste nur ein wenig fahren, egal ob nach Westen oder Osten, zwanzig Minuten später stand man an unglaublich schönen Stränden. Beispielsweise Selong Belanak. Der Strand lag in einer

Bucht, die ihn vor hohen Wellen schützte, er war breit, weiß und dekoriert mit einfachen Sonnenliegen aus Bambus und verbleichten Sonnenschirmen. Kleine Warungs versorgten die Besucher mit gebratenem Reis und Kokosnüssen.

Kuta selbst wurde von einfachen Gasthäusern, Restaurants und Souvenirständen dominiert und der Strand verblasste im Vergleich zum Umland. Aber nachts, da erwachten vier kleine Strandbars zum Leben. Wir verbrachten einen Abend in einer der Bars und hörten dem Sänger einer lokalen Band zu, wie er Enrique Iglesias Lieder auf Spanisch mit indonesischem Akzent sang, als einer der Tübinger vorschlug Magic Mushrooms zu bestellen. Die beiden hatten den Tag über schon darüber gesprochen und ich hatte neugierig gelauscht.

Angeblich wuchsen Magic Mushrooms auf Lombok wie Unkraut. Sie waren zwar nicht legal, aber es schien, als ob der Verkauf toleriert wurde. Zumindest lagen sie offen herum. Die psychogenen Pilze sahen aus wie eine Qualle mit einem dicken Tentakel und rochen erdig. Man konnte sie essen, sofern man es schaffte, den Würgereiz zu unterdrücken. An der Bar wurden sie zu einem grauen Shake verarbeitet, der aussah wie angerührter Zement mit Schaum.

Ich war von Natur aus ängstlich gegenüber Drogen, hatte noch nie Magic Mushrooms probiert, war aber eben auch sehr neugierig. Wäre ich eine Maus, ich würde jeden Käse, der Welt probieren wollen. Blöd nur, dass so mancher Käse in Fallen liegt. Ich glaube die Kunst besteht darin, den Käse nur zu kosten, dann löst die Falle auch nicht aus, aber man hat zumindest die Erfahrung gemacht. Dieser Abend bot perfekte Voraussetzungen für ein kleines Experiment.

Wir setzten uns mit unserem Zementshake an den Strand. Ich teilte mir meinen mit Tanja. Auch als Shake schmeckten die Pilze widerlich. Zu jedem Schluck musste man sich zwingen. Und es geschah – nichts. Nur ein übles Gefühl im Magen, dass sich mit jedem Schluck ausdehnte. Doch dann, nach einer guten halben Stunde, fing es an zu wirken.

Erst wurde mir noch übler, aber dann klangen die Stimmen meiner Freunde klarer. Farben leuchteten intensiver. Der Mond schien zweifelsfrei heller, als ob jemand den Dimmer gefunden und ihn aufgedreht hätte. Sein Licht färbte das Meer silbern, es schien plötzlich aus geschmolzenem Metall zu bestehen. Es gab kaum Brandung, doch das Plätschern war in meinen Ohren so laut als brächen meterhohe Wellen. Draußen auf dem Meer lagen Boote vor Anker und ihre Lichter tanzten ein Ballett, dem ich minutenlang zusah. Ich griff in den Sand und spürte jedes einzelne Sandkorn auf meiner Haut und selbst die letzte Wärme der Sonne, die darin noch gespeichert war. Alles konzentrierte sich auf diesen Moment. Es war als hätte man das Leben auf einmal auf HD umgestellt. Ich fühlte mich als Teil des Ganzen anstatt nur ein Beobachter zu sein. Es schien völlig abwegig, mich mit Vergangenem zu beschäftigen. Gedanken an die Zukunft waren einfach absurd.

Wir konnten leicht erkennen, wer außer uns sich noch einen Shake gegönnt hatte, denn die Leute schauten in einem Mix aus Ver- und Bewunderung aufs Meer oder in den Himmel oder auf ihre eigenen Hände. Jeden, den wir entlarvten, winkten wir zu uns und irgendwann saßen wir mit einem Dutzend Leuten gemeinsam im Kreis. Da war keine Spannung und kein Stress. Ich wünschte jedem nur das Beste und ich war so unendlich froh, dabei und überhaupt am Leben zu sein. Ich schaute auf Tanjas Lippen. Sie glänzten so verlockend. Mann, hätte ich sie gerne geküsst! Aber ich traute mich nicht, wollte den Moment nicht riskieren, denn da war nur Dankbarkeit und Freude und der Wunsch, dass es niemals endete.

Als die Sonne aufging, ließ auch die Wirkung der Drogen nach, dennoch fand ich keinen Schlaf und der nächste Tag bestrafte mich mit einem heftigen Kater. Ich blieb noch ein paar Tage mit den Backpackern, bevor sie auf die Gili Inseln fuhren, ein Umweg, den ich mir leider nicht mehr leisten konnte. Stattdessen verließ ich Lombok und fuhr alleine weiter, obwohl sich ein Tag näherte, an dem ich nur ungern alleine sein wollte.

8

Die meisten Besucher Lomboks bleiben an der Ostküste oder klettern noch auf den Mount Rinjani im Zentrum der Insel. Im Westen ist niemand. Ich nahm eine Fähre nach Sumbawa und auch hier traf ich niemanden, mit dem ich eine Unterhaltung über zwei Sätze führen könnte.

Zumindest fand ich am Abend einen hervorragenden Zeltplatz am Strand eines Hotels. Es hatte schon bessere Tage erlebt und war recht heruntergekommen. Internet gab es keines, also würde es auch keine Skypeanrufe oder Emails geben, um mich abzulenken. Dafür wollte ich mich am kommenden Morgen mit einem ausgelassenen Frühstück beschenken, denn es war mein Geburtstag.

Die Nacht war angenehm gewesen und als ich aus meinem Zelt kroch, war ich 29 Jahre alt. Keine Überraschungsparty, keine Freunde, keine Anrufe, keine Nachrichten, nicht einmal die nervige Geburtstagswerbemail von meinem Versicherungsberater. Ich setzte mich ans Meer, steckte mir einen Ohrstöpsel ins Ohr und meditierte für zwanzig Minuten. Mittlerweile war es zu einer Gewohnheit geworden und ich hatte einiges beobachtet: Zum Beispiel, dass es mir in der Natur viel leichter fiel, mich auf meinen

Atem zu konzentrieren als in der Stadt. Oder dass Meditation und Magic Mushrooms in ihrer Wirkung durchaus Ähnlichkeiten hatten: Nachdem ich meditiert hatte und meine Augen wieder öffnete, wirkte meine Umwelt schöner. Ich genoss mehr und mir fielen mehr Feinheiten auf, mehr Nuancen und Farbschattierungen und Geräusche. Ich sorgte mich weniger. Außerdem war ich anderen Menschen gegenüber viel offener. Freilich war die Wirkung im Vergleich nur ein Windhauch und das Meer schien auch nicht aus flüssigem Metall zu bestehen, aber dafür gab es keine Nebenwirkungen oder Langzeitschäden und man musste keinen flüssigen Zement mit Schaum runterkippen.

Und so war es auch an diesem Morgen. Anstatt mich einsam zu fühlen, spürte ich ein warmes Gefühl in der Brust. Meditieren tat mir gut. Ich hatte keine Ahnung warum, aber es war genug, um es beizubehalten. Allerdings verflog das Gefühl auch recht schnell wieder und ich war froh abends ein Hotel mit Internet zu finden, um mich dann doch von mir abzulenken.

Nach drei Tagen auf Sumbawa erreichte ich den Fährhafen und fuhr nach Flores. Diese Fährfahrt dauerte zwölf Stunden, war aber wunderschön. Ich stellte mich auf das Deck und war hingerissen: Ruhiges Meer, geschützt von unzähligen kleinen und größeren Inseln, zweimal sah ich Delfine aus dem Wasser springen. Unter Wasser lebten anscheinend Schildkröten, Rochen, Korallen und unzählige Fische, deren Namen ich nicht kannte. Es wäre alles perfekt gewesen, nur zerstörte der Mensch mal wieder die schönste Party. Denn schaute man in das Kielwasser der verrosteten Fähre, stach die Müllspur ins Auge, die wir hinter uns herzogen. Rechts und links flogen Instantnudelbecher von Bord, Getränkedosen, Zigarettenstummel und die schlimmste Erfindung von allen: Einweg-Wasserbecher. Sie fassten gerade mal ein halbes Glas und landeten nach dem Verzehr natürlich direkt im Meer. Über unserer Müllspur schwebte eine schwarze Dieselwolke. Das war schon schlimm genug, aber ich konnte meinen Augen nicht trauen, als ein Besatzungsmitglied einen Bürostuhl über Bord warf, als ob wir über einen Schrottplatz fuhren.

Wir erreichten Flores und das malerische Hafenstädtchen Labuan Bajo. Von hier aus fuhren viele Touristen auf die Kommodoinsel, um den gleichnamigen Waran zu bewundern, oder gingen tauchen (Schildkröten, Rochen, Bürostühle). Ich hatte dafür leider kein Budget, aber gönnte mir einen leckeren Cappuccino in einem der vielen italienischen Restaurants und genoss den bilderbuchhaften Sonnenuntergang.

Nach knapp drei Monaten in Indonesien war mein Auge zwar schon verwöhnt, aber es wurde dennoch nicht müde und Flores war eine Augenweide. Mit Bambuswäldern und Kokospalmen, Vulkanen und Buchten mit schwarzem Strand, die Straßen gebaut für Motorradreisende, mit steilen, engen Kurven, tollen Ausblicken und ohne jeglichen Verkehr. Flores war schön genug, um mindestens so viele Besucher anzuziehen wie Bali, aber kaum jemand kam hierher.

Ich wünschte, ich hätte unendlich viel Zeit, aber ich hatte Gerüchte gehört, dass der Hafen von Ende (so heißt der Ort tatsächlich) stark beschädigt und die Fährsituation ungewiss sei. Das konnte ein Problem mit kolossalen Auswirkungen sein: Mein Visum lief ab und ich hatte einen Container gebucht, der mein Motorrad von Osttimor nach Australien bringen sollte. Ich musste nach Osttimor kommen, koste es was es wolle – es kostete mich eine unvergessliche Fährfahrt.

9

»Was bedeutet rot?« fragte ich Wayan, den ersten Offizier der Fähre.

»Fünf Meter hohe Wellen«, antwortete er trocken.

»Und dunkelrot?«

»Fünf Meter und höher.«

»Ist das ein Problem?«

»Die Fähre verträgt maximal fünf Meter.«

»Also bleiben wir im Hafen?«

»Nein, nein. Wir versuchen es.«

Ich konnte meinen Ohren nicht trauen.

»Wir versuchen es?«

So sinken also indonesische Fähren. Und ich war live dabei. Der erste Offizier hatte mir eben eine Art Wetterbericht für den erwarteten Wellengang gezeigt. Wir hatten uns angefreundet, als die Fähre noch vor Anker lag.

Der Fährhafen war tatsächlich beschädigt gewesen, weswegen die Fähre an einem Steg für Containerschiffe ankerte. Dort konnte sie allerdings nicht ihr großes Fährmaul öffnen, denn der Steg war zu hoch. Sie musste seitlich anlegen. Den ganzen Tag wurde die Fähre erst umständlich über die Reling entladen und dann wieder beladen.

So hatte ich keine Chance mein Motorrad auf die Fähre zu be-kommen. Aber wenn man eine Sache auf einer solchen Reise ler-nen konnte, dann war es Geduld. Also setzte ich mich in den Schatten, las ein Buch, das ich in einem Hostel gefunden hatte und knüpfte neue Freundschaften. Der Freizeitwert von Ende war überschaubar, der Hafen die größte Attraktion. Die Alten saßen da und schwatzten, während die Jungen von gestapelten Containern aus ins Wasser sprangen.

Indonesier schienen Zenmeister zu sein. Ich mochte die Zufriedenheit, die sie ausstrahlten. Ich verstand die Sprache nicht, aber die Klangmelodie ihrer Stimmen ließ selten auf schlechte Laune schließen. Wahrscheinlich musste sich hier in Ende niemand jemals die Frage stellen, ob man lieber einen BMW oder einen Mercedes leasen wollte und dennoch: Die Leute hier schienen zufriedener als die meisten Menschen, die ich kannte. Und sicherlich zufriedener als ich.

Es wurde schon Abend, als Wayan mir sagte, dass die Fähre drehen müsse. An Bord sei eine Kuh. Die könne man unmöglich über die Reling tragen. Eine Kuh besorgte mir also mein Fährticket. Auch das war Indonesien.

Es war eine hollywoodreife Aktion: Der Kapitän manövrierte die Fähre behutsam diagonal zum Steg, dann öffnete er die Luke, sie konnte aber nicht aufsetzen. Stattdessen schwebte sie einen halben Meter über dem Steg und schwankte hin und her. Die eine Hälfte der Luke hing über dem Steg, die andere schwebte über dem Wasser. Man brachte die arme Kuh nach vorne, die in Todesangst von der Fähre getrieben wurde. Kaum war die Kuh ausgeladen, war es an der Zeit mein Motorrad einzuladen.

»Quick! Mister! Quick! Quick!«, schrie ein Matrose.

Ich wollte gerade Einspruch erheben, hatte aber keine andere Wahl, denn sechs oder sieben Helfer zerrten an Smetana – ich konnte gerade noch absteigen – wir hoben sie auf die Luke, ich stieg wieder auf und fuhr triumphal in die Fähre hinein, denn ich dachte, das Schlimmste sei vorbei. Das war vor dem Wellenbericht.

Damm legten wir ab. Die ersten Seemeilen waren noch ruhig und ich war fasziniert, denn wir fuhren an einem rauchenden Vulkan vorbei, der irgendwann einmal die Hälfte seines Kegels abgesprengt haben musste. Man konnte von der See aus in den Krater schauen. So etwas gab es nur in Indonesien.

Dann verließen wir den Schutz des Festlandes und uns erwischten die ersten Riesenwellen. Die Fähre war recht klein, kleiner als die bisherigen. Sie schaukelte hoch und runter wie auf einer Achterbahn. Ein Spielball des Ozeans.

Dann wendete der Kapitän das Schiff. Die Wellen waren ihm also doch zu hoch. Die Wellen, die eben noch unter uns hindurch rollten, trafen das Boot jetzt seitlich. Es schaukelte von links nach rechts. Ich schaute seitlich vom Boot und suchte Orientierung am Horizont. Die nächste Welle traf uns und kippte die Fähre nach rechts. Wo eben noch der Horizont war, schaute ich nun senkrecht in den Himmel. Wir drehten uns immer weiter, dann blieben wir für einen Moment stehen, als ob der Ozean abwägte, ob er uns nun verschlingen sollte oder nicht. Dann fiel das Boot auf die andere Seite. Wo eben noch Himmel war, schaute ich nun senkrecht ins Wasser.

Für solche Situation hatte ich eine Strategie: Wenn ich Angst bekam, zum Beispiel beim Fliegen, dann schaue ich mir die Flugbegleiter an. Waren sie gelassen, dann war alles ok. Ich drehte mich um und sah den Koch des Schiffs. Er klammerte sich an einen Pfosten und es schien als spräche er ein Gebet.

Das war kompletter Irrsinn. Wir schaukelten noch dreimal dem Untergang entgegen, dann hatte der Kapitän endlich den Kurs korrigiert und wir fuhren zurück in den Hafen.

Wir verbrachten den restlichen Tag und die Nacht im Hafen und fuhren am nächsten Morgen bei perfektem Wetter und spiegelglatter See nach Westtimor.

10

Von Westtimors Hauptstadt Kupang bis an die Grenze zu Osttimor war es nur eine Tagesetappe. Kurz vor der Grenze fand ich eine Art Strandpark, in dem ich mein Zelt aufschlagen konnte. Es würde mein letztes Campen auf indonesischem Boden werden und sollte mir noch lange in Erinnerung bleiben. Ich hatte gerade das Zelt wohnlich eingerichtet, mir selbst zu einem weiteren spektakulären Campingplatz gratuliert, lief barfuß ans Wasser, da stach es in meine Fußsohle. Erst dachte ich an eine Glasscherbe, doch außer einer leichten Rötung war nichts auszumachen. Dafür juckte es die ganze Nacht so stark, dass ich mir meinen Fuß am liebsten abgesägt hätte.

Am nächsten Morgen fuhr ich die wenigen Kilometer mit juckendem Fuß bis zur Grenze. Beim Anblick dieses neuen Grenzgebäudes, konnte ich kaum glauben, dass Osttimor das zweitärmste Land Asiens war (nur Afghanistan war ärmer). Der Bau hatte getönte Scheiben und daneben stand ein einsames High-Tech-LKW-Röntgengerät. Von Lastwagen, die geröntgt werden konnten, fehlte jedoch jede Spur.

Osttimor hat eine sehr bewegte Geschichte: Es war, ähnlich wie Goa, lange eine portugiesische Kolonie. Nachdem die Portugiesen das kleine Inselstück am Ende der Welt in die Unabhängigkeit entließen, überrannte es nur drei Tage später die indonesische Armee und besetzte es für 20 Jahre. Als sich auf internationalen Druck hin die Indonesier zurückzogen, fiel das Land in einen blutigen Bürgerkrieg. 200.000 Menschen sind in den letzten drei Dekaden gestorben, in Osttimor leben nur eine Million.

Kurz nach der Grenze zeigte das Land sein wahres Gesicht. Die Menschen waren nicht nur arm, sie hatten nichts. Es gab auch nichts. Ich kam zu einem Restaurant und alles, was sie mir anbieten konnten, war Reis. Was an kulinarischer Auswahl fehlte, machte Osttimor mit Herzlichkeit wett: Später am Nachmittag suchte ich Schutz vor einem Regenschauer unter einem Baum. Eine Frau sah mich und winkte mich zu ihrem Haus. Es war noch nicht fertig gestellt. Ich trat durch eine Öffnung, wo wohl eine Tür sein sollte. Zwei Kinder spielten im Bauschutt. Sie bedeutete mir zu warten und verschwand. Nach wenigen Augenblicken kam sie zurück mit Tee, Keksen und einem Lächeln. Es war eine kleine Geste, keine große Sache, aber wenn man irgendwo fremd ist, dann bedeutet so etwas die Welt. Es bedeutet: »Du bist willkommen hier«. Diese Momente machen das Reisen aus.

Meine Reise war nun über ein Jahr alt. Eine der schönsten Erkenntnisse war, dass Situationen wie diese keine Ausnahme waren. Ich fragte mich immer wieder: Wo war die Welt aus den Nachrichten? Wo waren all die Kidnapper, Gangster und Terroristen? Es gibt sicherlich Menschen, vor denen man sich in Acht nehmen sollte, aber das Bild, das die Medien zeichnen, macht glauben, dass man Gewalt und Verbrechen begegnet, sobald man seinen Vorgarten verlässt.

Wie schade, dass niemand von dem turkmenischen James Dean berichtete, der gestrandeten Motorradreisenden frisch gefangenen Fisch schenkte, oder von den pakistanischen Mangobauern, die ihre Gäste in den Bewässerungskanälen baden lassen, oder den indonesischen Biergartenbetreibern, die sogar beim Zeltaufbau helfen, oder von Saeed und seine Freunden aus Shiraz, die mit Omis tanzen.

Wann immer ich in Zukunft Nachrichten lesen sollte, wollte ich mich daran erinnern. Seit über einem Jahr war ich nun zu Gast in anderen Ländern, aber ich musste mich nicht wie ein Fremder fühlen, denn wenn ich klopfte, dann öffneten sich Türen und wenn ich fragte, dann wurde mir geholfen.

Das »Easttimor Backpacker's« in Dili war ein wichtiges Etappenziel. Hier hatten sich vermutlich schon hunderte Motorradreisende den australischen Quarantänebestimmungen gebeugt. Der australische Zoll duldet kein nicht-australisches Staubkorn an eingeführten Motorrädern. Also startete ich einen viertägigen Putzmarathon. Es nervte, denn ich musste Smetana dafür zerlegen, aber irgendwie war ich auch stolz. Ich hatte Asien durchquert und es bis nach Osttimor geschafft! Die vielen Schrammen und Kratzer an meinem Motorrad erzählten ihre eigene Geschichte: Das zersprungene Blinkerglas von einem Sturz im Himalaya, der verbeulte Koffer von einem Umfaller in Kirgisistan. Die Schrammen an einem Verkleidungsteil erinnerte mich an den Moment, als mir das Motorrad über den Ständer gekippt war, bevor ich überhaupt losgefahren war.

Ich brachte Smetana zur Spedition. Sie wurde schon auf Pick-Up-Trucks, LKWs, in einen indischen Zug, auf das Onion Boot und sechs indonesische Fähren verladen und nun stellte ich sie in einem Hochseecontainer ab in der Hoffnung, sie in Darwin, Australien, wieder zu sehen. Dieses Mal war ich zuversichtlich.

Teil 7 – Darwin

»It's so hard to forget pain, but it's even harder to remember

sweetness. We have no scar to show for happiness. We

learn so little from peace.«

- Chuck Palahniuk

1

Im Flugzeug nach Darwin, mein Körper saß auf Sitz 27D, aber ich war in Gedanken. Würde der Pilot statt in Darwin in Stuttgart landen, es wäre mir recht. Alles war in den letzten Wochen gegen mich gelaufen.

Es begann schon in Osttimor: Nachdem Smetana verladen war präsentierte mir die Spedition die endgültige Rechnung. Sie war doppelt so hoch gewesen, wie ich erwartet hatte. Aber das war noch nicht alles, denn die Verschiffung würde geschlagene sechs Wochen dauern, da das Schiff zuerst nach Singapur fuhr.

Aus Verzweiflung flog ich nach Bali. Es hätte auch keinen Sinn gemacht ohne Motorrad nach Darwin zu fliegen. Sollte die Stadt ähnlich funktionieren wie Perth, dann würde ich dort ohne Smetana keinen Job finden. Man könnte meinen, es gäbe Schlimmeres als sechs Wochen in Bali zu sitzen. Aber der Gedanke an meinen leeren Geldbeutel stresste mich zu sehr, als dass ich die Zeit genießen konnte. Ich wollte auf keinen Fall pleite in Australien ankommen, sondern mit einem soliden Puffer, um während der Jobsuche nicht zu sehr unter Druck zu geraten. Dieser Wunsch war in Rauch aufgegangen. Bei dem australischen Preisniveau, das ich schon kannte, würde ich in kürzester Zeit mittellos sein. Ich wollte auch keine weiteren Bettelmails schreiben. Jeder Cent, den ich ausgab, bereitete mir Schmerzen. Jetzt hatte ich noch knapp 500 Euro.

Und dann war da noch dieses Jucken im Fuß. Es begleitete mich schon seit Wochen, jede Nacht fing es an und es brachte mich um den Verstand. Eines Morgens in Bali, da hatte ich bemerkt, dass eine Strieme von meiner Fußsohle aus hoch wanderte. War es eine Blutvergiftung? Ich ging sofort ins nächste Krankenhaus.

Hätte der Arzt nicht eine Brille und einen weißen Kittel getragen, ich hätte ihn für einen Schuljungen gehalten. Er sah aus, als wäre er gerade vierzehn geworden. Aber als er den Grund für den Striemen auf Latein benennen konnte, war ich überzeugt: Kutane Larva migrans. Ich teilte mir meinen Fuß mit einem Parasiten.

Der Arzt führte aus: »Diese Parasiten leben normalerweise im Darm von Hunden und Katzen, können aber über Kot an Stränden übertragen werden.«

»Ist es gefährlich?«

»Nein. Der Mensch ist ein Fehlwirt. Normalerweise sterben sie nach wenigen Tagen ab. Aber wahrscheinlich juckt es sehr stark, nicht?«

»Oh ja!«

»Nachts bewegen sich die Parasiten und wachsen. Das verursacht das Jucken.«

Der Gedanke einen Wurm im Fuß zu haben ekelte mich bis ins Mark.

Er gab mir drei Tabletten, die den Parasiten in drei Tagen erledigen sollten. Das war zwei Wochen her, aber Bruno, so hatten ihn die Leute im Hostel liebevoll genannt, war immer noch quicklebendig. Mittlerweile war es kurz nach ein Uhr nachts und Bruno lief zur Hochform auf und erinnerte mich daran, dass ich im Flugzeug saß, die Pillen versagt hatten, ich dringend wieder zu einem Arzt musste und es Zeit war das Quarantäneformular auszufüllen.

Noch eine halbe Stunde bis das Flugzeug in Australien landen würde.

Frage Nummer 8: »Führen Sie Tiere ein?«

Ob Bruno zählen würde? Er war sicher nicht willkommen, aber auch gut versteckt. Anders war es bei der nächsten Frage.

Frage Nummer 9: »Führen Sie Erde ein oder Gegenstände, an denen Erde haftet (...), zum Beispiel Sportausrüstung?«

Ich dachte an mein Zelt, mit dem ich zwischen Russland und Osttimor sicherlich einiges an Erde aufgesammelt hatte und kreuzte »Nein« an. Ich war nicht mehr in der Lage gewesen es zu reinigen und hatte es einfach in meiner Gepäckrolle vergraben in der Hoffnung, dass es niemand bemerken würde. Das war dumm, denn die maximale Strafe betrug zehn Jahre Haft. Hätte ich das Zelt angegeben, dann würde ich zwar straffrei ausgehen, aber eventuell würde der Zoll mein Zelt vernichten. Das konnte ich mir nicht leisten.

Der Flug hatte gute zwei Stunden Verspätung. Hoffentlich hatte Dave den Flugplan gecheckt, dachte ich. Er war mein einziger Lichtblick. Ich hatte versucht einen Couchsurfing Gastgeber zu finden, aber es war vergeblich gewesen. Dann hatte ich es über ein Motorradforum versucht und auf meine Anfrage tatsächlich eine Antwort von »Dg750« erhalten:

»Klar Kumpel, wenn es dir nichts ausmacht mir im Haus ein wenig zur Hand zu gehen, dann kannst du hier gerne ein paar Tage bleiben.«

Am Flughafen, Australien, Klappe, die zweite.

Noch vor der Passkontrolle wurde das Gepäck stichprobenartig gecheckt. Ich versuchte zu schauen wie ein Typ, der keinen Parasiten im Fuß und kein dreckiges Zelt im Gepäck hat. Ein Beamter trat auf mich zu. Er war so alt wie ich, ein bisschen größer, Kappe im Gesicht.

»Hey Kumpel, wie geht's dir?«

Grenzer waren auf der ganzen Reise meist nervig gewesen, aber in Australien schien jeder freundlich zu sein, selbst Grenzbeamte.

»Ähm. Gut.«

»Wo kommst du her?«

»Ach, nur aus Bali«

»Irgendwas im Gepäck? Tierische Produkte? Schokolade?«

»Nein, nein, gar nichts.«

War mein Kopf rot? Ich spürte Schweißperlen auf meiner Stirn.

»Ok, was dagegen wenn wir dein Gepäck schnell scannen?«

Ich sagte »Nein« und dachte »Scheiße«. Das würde mich in Schwierigkeiten bringen. Er schob meine Gepäckrolle durch den Röntgenapparat. Das Band bewegte sich vor und zurück, erst schaute er skeptisch auf den Monitor, dann rief er mich rüber.

Ich spürte mein Herz im Hals schlagen.

»Was ist das, Kumpel?« Er zeigte auf den Bildschirm des Röntgengeräts. »Ist das Schokolade?«

Was hatte der Kerl nur mit Schokolade?

Sein Finger zeigte auf ein längliches Objekt. Für mich sah es auf dem Scan eher aus wie ein Spielzeug aus einem Beate Uhse Shop, aber es war bestimmt keine Schokolade und vor allem war es kein Teil meines Zelts. Zehn Zentimeter daneben leuchtete das

Gestänge in rostbraun, aber der Grenzer hatte zum Glück nur Augen für Süßes.

Er gab mir meine Tasche und ich zog schnell die vermeintliche Schokolade hervor, die in Wirklichkeit ein kleines Kamerastativ war.

»Ahh, ich dachte es wäre diese Schweizer Schokolade. Toblerone oder wie heißt sie? Egal, genieß' Australien, Kumpel!«

Ich hielt Ausschau nach Dave. Der kleine Flughafen von Darwin war schon verlassen. Auf dem Parkplatz vor dem Terminal gingen die Lichter eines alten Toyota Geländewagen an. Ich ging hinüber und fragte: »Dave?«

»Stefhaahn? Und ich dachte, du kommst gar nicht mehr. Ich warte hier schon seit zwei Stunden!«

Erleichterung überdeckte den Zorn in seiner Stimme.

Ich konnte sein Gesicht kaum erkennen, es war stockfinster und im Auto brannte kein Licht. Wir fuhren gute zwanzig Minuten, aber nicht in die Stadt sondern raus aufs Land. Wir bogen in eine unbeleuchtete Straße und fuhren bis ans Ende vor ein hüfthohes Tor aus Metall.

»Du wirst das Haus lieben, Kumpel!«

2

Am Morgen saß Dave schon auf der Terrasse. Von dort konnte man über das ganze Grundstück blicken. Es war bestimmt so groß wie der Schlossplatz in Stuttgart. Dave, Kaffee vor sich, Zigarette in der Hand, war Mitte 50, hatte volle, graue Haare, blaue Augen und trug ein Hemd mit kurzen Ärmeln, unter dem sein Bauch spannte, dunkelblaue Shorts und Flipflops.

»Da ist noch Kaffee, Kumpel. Hol dir eine Tasse und ich gebe dir 'ne kleine Tour.«

Daves Haus war gebaut, um Reisende zu beherbergen. Neben meinem Zimmer befand sich ein weiteres Schlafzimmer. Daves Schlafzimmer war in einem separaten Gebäude und hatte ein eigenes Bad. Alle Gebäude teilten sich ein riesiges Dach, das auch die Terrasse überragte. Unter der Terrasse hingen große Ventilatoren. Neben dem Eingang stand der Bier-Kühlschrank und dutzende Aufkleber ließen erahnen, wie viele Motorradreisende sich hier schon bedient hatten.

Daves Grundstück bestand größtenteils aus vertrockneter Wiese und ein paar Bäumen. »Meine Nachbarn bewässern ihre Wiese. Ich glaube, das ist Wasserverschwendung. Wenn die Regenzeit kommt, wächst auch das Gras wieder.« Gute 50 Meter vom Haus entfernt hatte er eine große Werkstatt gebaut. Das Grundstück hätte kaum abgelegener sein können. Richtung Osten begann das Outback und Richtung Süden kam in einigen Kilometern eine Siedlung, dann nur noch Wüste. Darwin lag zwanzig Kilometer entfernt.

Um das Grundstück herum wuchsen Eukalyptusbäume, die herrlich rochen. Wenn man seine Wäsche wusch und aufhängte, nahm sie den Duft an. Tagsüber kamen allerlei Papageien und Kakadus zu Besuch und abends verwandelte sich der Himmel in ein Farbenmeer. Es gab kaum Telefonsignal und auch kein Internet hier draußen. Es war friedlich und wunderschön. Dave hatte Recht: Ich liebte es.

Aber das Leben hier draußen hatte seine Besonderheiten. Dave instruierte mich:

»Das hier ist der Busch, Kumpel. Wir müssen alles sauber halten. Lass niemals Essensreste herumliegen. Sonst kommen sofort Ameisen. Essensreste werden eingefroren.«

»Essensreste werden eingefroren, verstanden. Und wie steht es um andere Tiere?«

»Hier gibt es Schlangen. Einige sind sehr giftig. Zum Beispiel die Mulgaschlange oder die Braunschlange. Von denen willst du nicht gebissen werden. Wenn du über die Wiese läufst, dann stampfe ordentlich, so gibst du ihnen die Chance abzuhauen und sie müssen dich nicht beißen.«

»Hast du hier schon mal eine Schlange gesehen?«, fragte ich Dave.

»Klar! Das gehört hier zum Leben dazu. Letztens hat sich eine Mulga unter meiner Mülltonne versteckt.«

Die Schlangen hätten mir eigentlich schon gereicht, aber Dave sprach weiter.

»Wir haben außerdem Krokodile, Kumpel. Die werden riesig. Mit denen willst du dich nicht anlegen. Im Museum kannst du dir »Sweetheart« anschauen. Der Kerl war fünf Meter lang und 800 Kilo schwer.« Dave hörte gar nicht mehr auf: »Richtig fies sind die Würfelquallen, vor allem in der Regenzeit. Das Gift kann einen Menschen in fünf Minuten töten. Überlege dir gut, hier schwimmen zu gehen.«

Am meisten sorgte mich aber das Tier, das ich eingeschleppt hatte. Bruno hatte mittlerweile eine Schatzkarte aus roten Linien auf meinem Fuß gezeichnet und machte sich nun wieder in meiner Fußsohle zu schaffen. Ich wachte mitten in der Nacht auf und konnte es nicht mehr aushalten. Also setzte ich mich mit meinem Messer auf die Terrasse und schnitt direkt in den Juckreiz. Der Schmerz fühlte sich so befreiend und gut an. Erst blutete es, dann trat ein wenig milchige Flüssigkeit aus. Das war alles was ich von Bruno sah. Danach war er erledigt. Medizinisch bestimmt nicht korrekt, aber ich war ihn los.

Smetana aus dem Hafen von Darwin auszulösen war komplizierter, als verlorene Zolldokumente in Kasachstan wiederzubekommen: Der Container musste erst von außen gereinigt werden, dann gab es eine Quarantäne Inspektion. Dann musste der Container vom Hafen in das Lager der Spedition transportiert werden, dort sollte die Quarantäneinspektion des Motorrades erfolgen, dann musste es noch zum australische TÜV und zu guter Letzt musste eine Versicherung abgeschlossen werden.

Es dauerte zwei Wochen und jeder Schritt kostete Geld. Ich hatte kaum noch Kohle und hatte keine Ahnung, wie lang ich bei Dave noch bleiben konnte. Ich konnte mir auch keinen Job suchen, solange ich mein Motorrad nicht hatte; Daves Haus lag drei Kilometer von der nächsten Bushaltestelle entfernt. Irgendwann saß ich völlig zermürbt auf der Terrasse. Dave sah mir meine Sorgen an.

»Was ist los, Kumpel?«

»Mir geht die Kohle aus, Dave.«

»Keine Sorge! Du kannst hier bleiben, solange du willst. Hilf mir einfach weiterhin im Haus. Wenn du einen Job hast, kannst du mir dann Miete zahlen.«

»Ernsthaft?«

»Klar, Kumpel!«

Meine Aufgaben im Haus bestanden aus täglichem Blumengießen und einem Großputz samstags. Außerdem besorgte ich hin und wieder einen Kasten »Cooper's Mild« für den Bier-Kühlschrank.

Am 3. Juli wendete sich das Blatt endlich. Es war der Tag der Quarantäneinspektion und ich hatte ein Vorstellungsgespräch in einer Bar mit den Namen »Cav«.

Dave und ich kamen in die Halle der Spedition. Smetana stand schon da.

Dann kam der Prüfer. Es lag in seiner Gewalt mein Leben zur Hölle zu machen. Sollte er Smetana als nicht sauber genug empfinden, konnte er eine professionelle und teure Reinigung anordnen. Aber er tat nichts dergleichen. Er hatte sichtlich keine Lust zu arbeiten, schlich ein paar Mal um Smetana herum und gab mir nach wenigen Minuten einen Papierbogen mit Unterschrift und Stempel. Es war geschafft. Meine Sorgen hatten sich nicht bewahrheitet.

Ich wollte mich auf mein Vorstellungsgespräch vorbereiten, aber Dave hatte andere Pläne. Er war euphorisiert und wollte unbedingt auf unseren Erfolg anstoßen. Er hatte es auch verdient, denn er hatte mich unzählige Male zu den Behörden und zum Hafen gefahren und war sichtlich genervt gewesen. Es war zwar erst zwölf Uhr, aber das schien kein Problem zu sein. Wir fuhren zu einer schönen Bar in Darwin's Yachtclub, ich bestellte uns zwei »Cooper's Mild« und bedankte mich noch einmal tausendfach für seine Hilfe. Danach bestellte er zwei weitere. Als er gerade aufstand, um noch mehr Bier zu holen, erinnerte ich ihn an mein Bewerbungsgespräch.

»Mach dir keine Sorgen, Kumpel«, das schien Daves Antwort auf alles zu sein. »Um diese Uhrzeit wird dein Chef auch schon ein paar intus haben.«

Um 14 Uhr parkte ich mein Motorrad mit fünf Bier im Blut vor dem Cav. Es war Bar, Restaurant und Hotel. Ich stand vor einer schönen Holzterrasse aus dunklem Holz mit weißen Sonnenschirmen. Geradeaus glitzerte ein Pool. Rechts war die Rezeption.

»Hi ich bin Stefan, ich habe einen Termin mit Rickie Scott.«

Die Dame an der Rezeption nahm das Telefon in die Hand und zeigte auf einen Tisch, an dem ich Platz nehmen sollte. Während ich wartete, überschlug ich im Kopf meine Finanzen: Nachdem das Motorrad ausgelöst, Quarantäneinspektion, TÜV, Versicherung und Biere bezahlt waren, hatte ich noch 140 Euro. Geld für maximal eine Woche. Ich brauchte diesen Job so dringend. Ich betete, dass Rickie mich einstellen und die Biere nicht riechen würde.

3

Rickie musste um die 40 sein, hatte eine Glatze, schwarzes Polo-hemd und schwarze Augenringe. Wir gingen von der Terrasse ins Innere des Restaurants, rechts die Küche, ein gutes Dutzend Kö-che bei der Arbeit. Es war recht düster im Inneren.

»Steefhahn mein Freund!« Er war freundlicher, als er der erste Eindruck es vermuten ließ. »Machen wir es kurz: Dein Lebens-lauf sieht gut aus. Kannst du heute Nachmittag Probe arbeiten? «

»Ähm, klar.«

»Egal wie es läuft, du kriegst deine Stunden bezahlt. Hast du eine schwarze Hose?«

»Ja«, log ich.

»Ok, dann bis um 16 Uhr. Der Manager heißt Richard. Geh zu ihm, er weiß Bescheid.«

Ich fuhr los, um mir eine schwarze Hose zu kaufen und ein paar Espressos zu trinken. Um 16 Uhr suchte ich Richard. Er war ein wenig älter als ich, hatte dunkle kurze Locken und einen Bart. Er kam aus England, nördlich von Liverpool und darin lag das Problem. Ich verstand kein Wort von dem, was er sagte. Ich hatte schon Schwierigkeiten mit dem australischen Akzent, aber wenn Richard sprach, war ich hoffnungslos verloren. Irgendwie reimte ich mir zusammen, wo ich ein Arbeitshemd herbekommen sollte, wie das Kassensystem funktionierte und welche Getränke ge-führt wurden.

Zwei Kolleginnen arbeiteten bereits an der Bar. Jodie, eine Amerikanerin, und Kat, eine Britin, beide mit viel verständliche-rer Aussprache. Ich stellte mich kurz vor und dann bedeutete mir Jodie, dass ein Gast am Tresen wartete.

Meine erste Bestellung.

Typ, verschwitztes Arbeitshemd, dreckige Hände.

»A schooner of 4X.«

Ich verstand kein Wort.

»Entschuldigung, wie bitte?«

»Schooner 4X«

»Was?«

»4X!«

»Wie bitte?«

»Ein verfluchtes Bier, Kumpel!«

Er tippte auf den entsprechenden Zapfhahn und hinterließ einen dreckigen Fingerabdruck.

Ich füllte das Glas, stellte es auf den Tresen, ging zur Kasse, suchte minutenlang nach dem richtigen Knopf und kassierte ab. Der Kerl hatte sein Bier schon ausgetrunken. Richard stellte ihm ein neues Bier hin und murmelte:

»Sein erster Tag. Das Bier geht auf's Haus.«

Das Cav füllte sich. Jodie und Kat wirbelten durch die Bar als wäre sie ein Ballettsaal. Jeder Handgriff saß. Ich fühlte mich wie ein Elefant, der tollpatschig durch die Manege trampelte. Noch dazu war ich kaum in der Lage die Gäste zu verstehen. Entweder verstand ich ihren Akzent nicht oder kannte einfach die verschiedenen Biermarken nicht. Das Cav führte 13 verschiedene Biere am Zapfhahn und weitere 27 Flaschenbiere. Jede Bestellung brachte mich zum Schwitzen. Das Desaster erreichte seinen Höhepunkt, als ich ein Bierglas am Zapfhahn zerschlug. Nach vier Stunden war es vorbei. Rickie stand an der Bar.

»Du kannst Feierabend machen. Wie ist es gelaufen?«

»Nicht so gut. Ich hoffe, ich stand den anderen nicht zu sehr im Weg.«

Rickie schob mir einen Zettel rüber.

»Das sind deine Schichten. Ich glaube, ich kann dich vier Mal pro Woche einteilen. Vielleicht fünf. Aber – ich werde dich Fritzi nennen müssen.«

Ich war unendlich dankbar. Aber warum hatte er mich eingestellt? Und warum wollte er mich Fritzi nennen? Egal! Hinter der Bar zu stehen, war viel angenehmer als Traubenpflücken und dazu war es auch noch gut bezahlt. Unter der Woche gab es 25 Dollar auf die Stunde und am Wochenende sogar noch etwas mehr. Mit vier Schichten sollte ich nach ein paar Wochen wieder im grünen Bereich sein.

Mit jeder Schicht erweiterte ich meine Komfortzone hinter der Bar. Ich verstand die meisten Bestellungen, nur der Wein machte mir noch Schwierigkeiten. Einen Sauvignon Blanc nannte man hier »Soff Blo« und einen Cabernet Sauvignon »Käpp Säff«.

Nachdem Unterkunft, Motorrad und Job geklärt waren, konnte ich endlich auch Darwin entdecken. Die Stadt hatte 120.000 Einwohner. Das Zentrum wirkte dennoch winzig und bestand im Kern aus fünf größeren Straßen. Besonders ansehnlich war die Waterfront, ein neu erschlossener Stadtteil mit viel Gastronomie und einem kleinen Strand. Das Wasser wurde mit einem engmaschigen Netz vor Krokodilen und Quallen geschützt. Darwin war ein hübsches Städtchen, da bestanden keine Zweifel. Darwins Einwohner hingegen, die waren speziell. Dave entsprang einer alteingesessenen Familie. Wenn er über seine Mutter sprach, dann nannte er sie immer »tough as nails«. Eine wirklich gute Beschreibung. Die meisten Menschen schienen roh, grob und zäh.

Schaut man auf die Karte, versteht man, warum die Leute »tough as nails« waren, denn Darwin ist ein Außenposten der Zivilisation. Die nächste größere Stadt liegt tausende Kilometer entfernt und somit war Darwin für die längste Zeit seiner Geschichte sich selbst überlassen und das in einer Umwelt, die keine Schwäche erlaubt: Viele tödliche Tiere, jedes Jahr toben Buschfeuer und immer wieder ziehen verheerende Zyklone über die Stadt. Dreimal musste Darwin neu aufgebaut werden. Das letzte mal 1974. Dave hatte das erlebt und isst seitdem keine Dosenbohnen mehr, weil es wochenlang die einzige Nahrung gewesen war. Wer in Darwin lebte, muss sich zu helfen wissen. Hier war kein Platz für Sentimentalität. Die half nicht gegen Leistenkrokodile, Zyklone oder Buschfeuer. Darwin war für die längste Zeit ein Ort gewesen, wo Männer richtige Männer waren und Frauen auch. Wenn eines Tages Menschen gebraucht würden, um den Mars zu besiedeln, ich würde vorschlagen, in Darwin nach ihnen zu suchen. Charles Darwin würde sich sicherlich freuen, dass sein »Survival of the fittest« sich in der Stadt durchgesetzt hat, die nach ihm benannt worden war.

Wenn man hier über die Leute in Sydney oder Melbourne sprach, dann waren das Bäume-umarmende-Yoga-Vegetarier, die den Leuten in Darwin verboten, auf Krokodile zu schießen. Wahrscheinlich kam ich in Darwin nicht so gut klar, weil ich eher ein Bäume-umarmender-Yoga-Vegetarier war und weniger »tough as nails«.

Darwin war nicht meine Stadt. Das Überraschende daran: Es machte mir nichts aus. Ich fühlte mich sogar wohl. Das hatte mit dem Erwerb eines neuen Spielzeugs zu tun.

4

Mit meinem ersten Gehalt hatte ich mir etwas gekauft, was ich auf dieser Reise bisher schmerzlich vermisst hatte: Einen Ebook-Reader. Mit diesem kleinen Gerät hatte ich auf einmal Zugriff auf nahezu jedes Buch, das jemals geschrieben worden war. Ich lud mir eine Wagenladung Bücher herunter. Aber vor allem kam ich endlich an das Buch »Waking Up« von Sam Harris heran. Sam Harris ist Neurowissenschaftler und schrieb in diesem Buch über Meditation aus wissenschaftlicher Sicht. Meditation tat mir gut und ich wollte mehr darüber lernen, aber die meiste Literatur, die ich fand war mir zu esoterisch. Sie erinnerte mich an meine Yoga-Lehrerin: Vor der Abreise hatte ich einen Anfängerkurs gemacht in der Hoffnung, dass Yoga der perfekte Ausgleich zum Motorradfahren sein würde (wäre es auch, aber ich konnte mich nur selten durchringen). Die Lehrerin hatte uns in eine schwer zu haltende Pose gezwungen, die den gesamten Kurs ins kollektive Stöhnen gebracht hatte. Ihr Tipp?

»Lasst euch einfach von der Luft halten.«

Ich mochte Yoga, aber dieser Tipp war Hokuspokus. Esoterischer Schrott. Ich konnte mich nicht von der Luft halten lassen. Wenn ich so etwas hörte, dann schaltete ich ab. Und so war es mit der meisten Literatur über Meditation.

Morgens setzte ich mich mit frisch gebrühten Kaffee auf Daves Terrasse und gab Sam Harris eine Chance, während auf dem Rasen eine Gruppe weißer Kakadus nach Essbarem suchte. Harris schreibt:

»Unser Verstand ist alles, was wir haben und jemals hatten. Jede Erfahrung, die wir gemacht haben, ist von unserem Verstand gestaltet worden. Wenn Sie fortwährend wütend oder traurig sind oder mit Ihrer Aufmerksamkeit woanders weilen, dann ist es egal, wie erfolgreich sie werden oder wer in ihr Leben tritt. Sie werden nichts davon genießen können. Wie wir den Moment wahrnehmen, bestimmt die Qualität unserer Erfahrung und daher die Qualität unseres Lebens.«

Das spiegelte meine Beobachtungen wieder: Obwohl ich meinen großen Traum lebte, war ich nicht so glücklich wie ich erwartet hatte. Oft fühlte es sich so an als würde irgendetwas fehlen. Dann plante ich allerlei Unternehmungen und weilte mit meinen

Gedanken in der Zukunft. Mit Sorgen war es auch nicht besser: Genauso wenig wie man den schönsten Strand genießen kann, wenn man Zahnschmerzen hat (oder einen Parasiten im Fuß), so ist es auch unmöglich, ihn zu genießen, wenn man sich fortwährend sorgt. Ich hatte Darwin und Daves Haus nicht genießen können, solange mich Sorgen um ausgehendes Geld plagten. Genauso war es in Margaret River oder die letzten sechs Wochen in Bali gewesen.

Harris schrieb weiter: »Die meisten von uns verbringen ihre Zeit damit Glück und Sicherheit zu suchen ohne zu erkennen, was die zugrundeliegende Motivation dahinter ist:

Wir versuchen Gründe zu finden, die gut genug sind, um in einem zukünftigen Moment zufrieden zu sein. Jeder von uns sucht nach einem Weg zurück ins Jetzt.«

Jetzt wurde es mir klar. Deswegen liebte ich das Reisen so sehr! Auf Reisen gibt es diese Momente, die einfach zu intensiv sind, um Platz für Gedanken zu lassen. Nur Bewunderung und Dankbarkeit bleibt zurück; ein offener Mund, Freudentränen. Im Alltag gibt es diese Momente natürlich auch, aber viel seltener. Würde man die Frequenz dieser Momente aufzeichnen, hätte man im Alltag das EKG eines Komapatienten – auf Reisen das eines Klippenspringers.

Ich war nicht süchtig nach Reisen, Ich wollte einfach im Moment sein. Reisen war nur das Transportmittel dahin! War der Moment nicht mehr intensiv genug, dann meldete sich sofort mein Verstand und malte sich Szenarien aus, um wieder etwas zu erleben, das so schön war, dass es mich wieder umhaute.

Gab es denn keine Abkürzung in den Moment? Ohne das Reisen? Harris schreibt dazu:

»Wir suchen schöne Aussichten, Geräusche, Geschmäcker und gute Stimmung. Wir umgeben uns mit geliebten Menschen. Aber der Genuss, den wir daraus ziehen, ist von Natur aus flüchtig.

Gibt es eine Form von Glück, die über die schiere Wiederholung von Genuss und dem Vermeiden von Schmerz hinausgeht? Ist es möglich, glücklich zu sein bevor irgendetwas passiert? Für die Leute, die auf eine spirituelle Reise gehen, ist die Vermutung: Ja.«

Geht es nach Sam Harris, dann ist Meditation weder ein Allheilmittel, noch Hokuspokus. Es ist nichts weiter als Training. Genauso wie Liegestütze die Arme stärken, so stärkt Meditation die Fähigkeit des Verstandes im Moment zu bleiben, oder mit anderen Worten: achtsam zu sein.

Schon bei meinen bisherigen Fortschritten, war mir aufgefallen, wie viel der Moment zu bieten hat. Was man nicht alles sieht, spürt und fühlt, wenn man »da« ist. Das Essen schmeckt intensiver, das Bier sowieso, Unterhaltungen sind tiefer und generell fühlt sich das Leben viel leichter an. War ich hingegen abwesend und das war ich meistens, dann war ich meist zu sehr mit mir selbst zu beschäftigt, um zu genießen was ist.

Ich wollte diesen Weg weiter gehen und experimentierte mit einer neuen Meditationstechnik mit einer sehr einfachen Struktur:

Alles was man zu tun hatte war sich auf den Atem zu konzentrieren und die Atemzüge zu zählen. Einatmen eins, ausatmen zwei. Bis zehn, dann begann man wieder von vorne. Kam ein Gedanke, so fing man wieder bei eins an. Es mag sich leicht anhören, aber wenn ich es bis vier schaffte, war es schon ein Grund zu feiern. Und sobald mein Kopf feiern wollte, musste ich ja eh wieder bei Eins anfangen.

Das eigentliche Ziel der Übung ist es, seine eigenen Gedanken zu beobachten. Schießt ein Gedanke ins Bewusstsein, dann hält man eine metaphorische Achtsamkeits-Taschenlampe auf ihn, als wäre der Gedanke ein Einbrecher. Anstatt den Gedanken weiter zu denken, erkennt man ihn, dann lässt man ihn los und kehrt zurück zum Atem. So einfach, so revolutionär.

Es fühlte sich an als säße ich im Kino. In meinem Verstand spielten sich allerlei Sorgen und Pläne ab, doch anstatt darin zu versinken wie üblich, bemerkte ich: Es war wie in einem Film. Warum sollte ich mich von meinen Gedanken ablenken lassen? Die meisten meiner Gedanken hatten nicht einmal eine Daseinsberechtigung. Beispielsweise sorgte ich mich zu dieser Zeit darum, genügend Schichten im Cav zu bekommen. Aber was konnte ich für mehr Schichten im Cav tun, wenn ich gerade auf Daves Terrasse saß? Nichts. Alles was ich tun konnte, war gut zu arbeiten, wenn ich im Cav war. Sorgte ich mich nun auf Daves Terrasse um mehr Schichten, erreichte ich nichts, hatte aber keinen Platz für Kakadus, Sonnenuntergänge, Cooper's Mild und was »da« war.

Ein weiteres Beispiel war meine Zeit in Indonesien: zu Beginn fühlte ich mich noch hervorragend. Ich genoss die netten Leute und die tollen Strände, doch dann kroch langsam die Einsamkeit in mir hoch. Aus den Gedanken manifestierte sich ein Gefühl. Dabei war es völliger Quatsch, sich einsam zu fühlen. Es war nur eine Episode, ein paar Wochen. Das wusste ich zwar irgendwie schon, aber war dennoch machtlos. Anstatt das Beste aus der Situation zu machen, beispielsweise mehr indonesisch zu lernen, versuchte ich verbissen, Kontakt nach Hause herzustellen um mich weniger einsam zu fühlen. So verweilten meine Augen länger auf meinem Handydisplay als auf dem Ozean – was für eine Verschwendung!

Als ich darüber nachdachte, schossen mir dutzende weitere Beispiele in den Kopf: In Zentralasien plante ich schon Motorradtouren durch Südamerika, oder in Russland, als mir die Reise zu wenig Abenteuer bot, selbst zuhause, als ich einen Job in einem tollen Team hatte war ich mit den Gedanken schon auf Reisen.

Ich hatte das dumpfe Gefühl, dass ich einen Großteil meines bisherigen Lebens verpasst hatte.

Nach zwei Wochen Übung erkannte ich meine üblichen Gedankenmuster. Es schien, als wohnten in meinen Kopf zwei weitere Personen:

1. *Der Architekt*

Er war der Typ, der eine Motorradreise plante, sogar während er auf einer Motorradreise war. Der eine Strandbar plante, anstatt den Strand zu genießen. Er bekam nie genug und war verantwortlich für all die Wünsche und Pläne, die ich hatte. Es war nutzlos sie zu befriedigen. Denn kaum hatte ich das getan, kam er schon wieder mit neuen Ideen. Er war ständig auf der Suche nach dem nächstbesten Moment.

2. *Der Sorgenmeister*

Er sorgte sich um Geld, genügend Schichten im Cav, mögliche Schäden am Motorrad, was ich machen würde, wenn mein Visum ablaufen würde, was ich zuhause machen sollte, oder ob ich mich wieder in Deutschland eingliedern konnte.

Bevor ich anfing mit der Meditation hätte ich niemals gedacht, dass ich mich so viel sorgte, aber da kannte ich den Sorgenmeister noch nicht, dem die Sorgen nie ausgingen.

Meditation, oder besser gesagt Achtsamkeit, war das Gegenmittel, um meinen Gedanken nicht länger schutzlos ausgeliefert zu sein. Und es wirkte: Obwohl Darwin nicht mein Ort war, ich kaum Freunde fand und ich viel allein war – Ich war zufrieden. Mir ging es gut. Anstatt mich auf das zu konzentrieren, was fehlte, konzentrierte ich mich zum ersten Mal in meinem Leben auf das, was ich hatte. Meditieren war jetzt wie Fernsehen. Ich war neugierig, welche Ideen oder Sorgen mir wohl wieder in den Kopf schießen würden. Ich sah sie, ich grüßte sie und ich ließ sie wieder gehen. Ich nahm sie nicht mehr so ernst und ich nahm mich nicht mehr so ernst.

Aber dann kam sie und warf alles über den Haufen.

5

Über einen Monat arbeitete ich schon im Cav. Von einem tollpatschigen Elefanten hatte ich mich in einen effizienten, deutschen Dieselmotor verwandelt. Rickie gab mir viele Schichten (mal wieder grundlos gesorgt), ich arbeitete sie freudig ab und sah zu, wie mein Konto langsam von australischen Dollar geflutet wurde.

Im Cav arbeiteten viele junge Leute, dennoch hatte ich kaum Anschluss. Wenn die Kollegen nach der Arbeit weiterzogen, dann passte ich. Es war leicht in Australien Geld zu verdienen, aber noch viel leichter es auszugeben. Besonders wenn ein Bier acht Dollar kostete. Ich hatte andere Pläne und das war in Ordnung. Ich schrieb vormittags an meinem Blog und ging nachmittags arbeiten. Wenn ich frei hatte half ich Dave im Haus und abends erzählte er mir Geschichten.

Ein paar Tage später im Cav.

Richard machte gerade mal wieder seine Tour und zeigte einer neuen Mitarbeiterin die Kühlschränke, die Kasse und murmelte auf seine unvergleichlich unverständliche Art Erklärungen vor sich her. Dann überließ er sie ihrem Schicksal und zog weiter.

Sie stellte sich kurz den beiden anderen Kollegen vor. Ich sah sie aus dem Augenwinkel und vergaß gleich die Bestellungen des Gastes vor mir. Dunkle, lockige Haare, zierlich, helle Augen, bildhübsches Gesicht. Unter ihrem rechten Auge hatte sie einen Schönheitsfleck und durch den Nasenflügel ihrer Stupsnase einen Ring.

»Entschuldigen Sie, was wollten Sie trinken?« fragte ich den Gast.

»Soff Blo und ein Asahi«, sagte er ungeduldig.

Asahi war ein japanisches Bier. Der Zapfhahn hatte kaum Druck und der große Asahi Krug füllte sich quälend langsam. Normalerweise sehr nervig, jetzt perfekt, denn ich konnte die Unterhaltung der neuen Kollegin mithören. Ein Wort schien die gesamte Unterhaltung zu übertönen:

»… engaged …«.

War sie verlobt?

Sie nahm eine Bestellung auf und stellte sich neben mich an den Zapfhahn.

»Hi, ich bin Naomi«, sagte sie fröhlich.

Mit ihrer Linken hielt sie das Glas, mit ihrer Rechten öffnete sie den Zapfhahn. Auf ihrem Handgelenk war ein Yin und Yang Tattoo, an ihrem Unterarm ein kleiner Stern tätowiert. Sie war zuckersüß. Aber an ihrem Ringfinger steckte ein Ring. Mit Klunker. Sie war verlobt. Verdammt.

»Hi, ich bin Stefan«, sagte ich in einem möglichst beschäftigten Ton, um nicht enttäuscht zu klingen.

Das Cav spendierte jedem Mitarbeiter einen »Knock-Off Drink« für den Feierabend. So hatte ich eine Vorliebe für australische Käpp Säffs entwickelt. Ich bin kein Weinkenner, aber Käpp Säffs, insbesondere der »Cover Drive« schmeckte definitiv nach einem Sonnenuntergang im Outback mit Kängurus. Richard tat mir den Gefallen und fragte Naomi aus. Ich verstand zwar seine Fragen nicht, aber ihre Antworten dafür umso besser. Sie hatte eine klare Aussprache und eine Stimme mit mehr Tiefe als man bei ihrer Körpergröße vermuten würde.

Richards Verhör ergab, dass sie aus Darwin kam, ihr Vater als junger Mann aus Sri Lanka eingewandert war, ihre Mutter war Australierin. Vor zwei Jahren hatte sie in einem Projekt gearbeitet, bei dem sie Aboriginals half. Dort hatte sie einen Iren kennengelernt, mit dem sie schließlich nach Irland gezogen und mit dem sie nun verlobt war. Jetzt war sie hier, um Freunde und Familie zu besuchen. Schade, sie hatte es mir wirklich angetan.

In den folgenden Tagen kam ich immer wieder mit Naomi ins Gespräch und wir kamen verdammt gut miteinander aus. Nach der Arbeit wurden aus einem Käpp Säff zwei oder drei.

Sie öffnete mich wie ein Buch und ich erzählte ihr alles. Mehr als jedem Menschen zuvor. Von meiner Reise und Fou, dem Himalaya, Meditation, Bruno und sogar von meinem Vater. Ich hatte schon lange nicht mehr über ihn gesprochen. Normalerweise vermied ich es – zu viel Schmerz, aber mit Naomi zu sprechen fühlte sich an als pflegte ich die Wunde mit Balsam.

Und auch sie erzählte mir aus ihrem Leben. Von ihrem Verlobten und davon, wie glücklich sie miteinander gewesen waren und wie schwierig es für sie in Irland war und wie sie nicht zurecht gekommen war und wie es eigentlich perfekt zwischen ihnen war, aber nun doch irgendwie nicht mehr und das wahrscheinlich nur den äußeren Umständen geschuldet war, denn Irland war nicht Australien. In Irland verdiente man hinter der Bar keine 20 Euro pro Stunde und die Menschen trugen auch nicht das ganze Jahr Flipflops und Surfshorts. Ihr Verlobter konnte nicht nach Australien zurückkehren, weil ein Familienschicksal ihn an Irland band.

»Wann fliegst du zurück?«, fragte ich sie. Sie schaute traurig in ihr Glas und antwortete: »Keine Ahnung, ich weiß noch nicht ob ich überhaupt zurück fliege.«

Irgendwas war zwischen uns, ich war mir fast sicher, dass sie es auch spürte. Doch die Alarmsirenen in meinen Kopf schrillten laut. Ich hielt mich zurück. Ging nie mit aus, wenn sie mit den anderen nach Schichtende noch weiterzog. Selbst an ihrem Geburtstag fuhr ich zu Dave. Es war besser so.

Ein paar Tage später stand Naomi bei einer Gruppe Stammgäste. Ich mochte diese Leute nicht. Sie waren roh und stumpf. Sie waren Darwin. Einer von ihnen hieß Adam. Er war Ende 40, hatte einen großen Bauch und einen kleinen Hund, den er immer mitbrachte. Es war die Zeit, in der im Jahr 2015 tausende Flüchtlinge in Europa eintrafen. Die Nachrichten hatten es bis nach Darwin geschafft. Peter fragte mich:

»Was macht ihr mit dem ganzen Gesindel? Vergast ihr es wieder?« Adam war ein Arschloch.

Ich schrieb ihn ab, Naomi knackte ihn. Sie konnte jeden knacken. Als ich Feierabend hatte und wir gemeinsam Kichererbsencurry aßen, erzählte sie mir von allem, was Adam durchgemacht hatte. Von seiner Kindheit, seinem gewalttätigen Vater, seiner Frau, die ihn verlassen hatte, und den Kindern, die er nicht sehen durfte. Wahrscheinlich wäre ich mit seiner Geschichte auch verbittert. Ich schrieb Menschen schnell ab, obwohl ich glaubte, dass jeder Mensch ein Produkt seiner Umwelt war, oder wie Nelson Mandela es geschrieben hatte: »Niemand wird hassend geboren.« Naomi verurteilte nicht, sie versuchte zu verstehen. Sie schaute hinter die Fassaden. Sie baute Brücken, keine Mauern. Ich begann ihr zu verfallen.

Am nächsten Wochenende, sie hatte bereits Feierabend, saß sie nach Schichtende noch ein wenig an der Bar und bestellte ihr Lieblingsgetränk: American Honey, ein mit Honig verfeinerter Whiskey. Ich schenkte ihr großzügig nach.

»Stefhaahn, wir gehen nachher noch weiter und diesmal kommst du mit, ja?«

Meine Selbstbeherrschung war aufgebraucht und die Alarmsirenen hörte ich nur noch in der Ferne. Wir gingen in einen fürchterlichen Laden mit dem Namen »Monsoon«, der gefüllt war mit rotzbesoffenen Engländern, aber es war egal. Ich hatte nur Augen für Naomi. Wir setzten uns an einen Tisch auf der Terrasse. Als ich aufstand, um Getränke zu holen, sagte ein junges Mädchen:

»Ihr seid so ein nettes Pärchen!«

»Danke« sagte ich und dachte «Schön wär's«.

Drei Stunden später. Darwins Wetter in der Trockenzeit bestand monatelang aus strahlendem Sonnenschein und Temperaturen zwischen 30 und 35 Grad, aber an diesem Abend traf uns ein gewaltiges Gewitter. Es war so ungewöhnlich wie heftig und es regnete so stark, dass der Regen wie eine Wand schien. Man sah keine 50 Meter weit. Der Wind peitschte wütend durch die Straßen und Sonnenschirme fielen um.

Naomi rief: »Wo kommt das denn her?«

Sie sprang auf, rannte auf die Straße und tanzte im Regen. Ich dachte an den Satz von Bob Marley: »Manche Leute fühlen den Regen, andere werden nur nass.«

Als sie zurückkam war sie außer Atem und unterkühlt.

»Ich kann unmöglich nach Hause fahren. Zu viel getrunken.«

»Ich habe eine Idee«, antwortete ich.

Naomi musste am nächsten Tag arbeiten und ich wusste, dass sie irgendwo in der Nähe von Dave wohnte. Ich wusste solche Sachen. Was ich an ihr mochte war, dass sie solche Sachen nicht wusste. Sie machte sich nicht so viele Gedanken.

»Ich fahre dich mit deinem Auto zu dir und morgen hole ich dich wieder ab und wir fahren gemeinsam zur Arbeit.«

»Guter Plan! Aber kannst du überhaupt noch fahren?«

»Klar!«, sagte ich, war mir aber nicht so sicher.

Wir gingen zu ihrem Auto. Es war ein kleiner, alter, weißer Suzuki.

»Kannst du wirklich fahren?«, fragte sie. Ihre Haare klebten auf ihrem nassen Oberteil. Ich hatte definitiv zu viel getrunken und war noch nie ein rechtslenkendes Auto gefahren. So düsten wir über den Stuart Highway mit dem Lenkrad auf der falschen Seite, dem Schaltknüppel in meiner linken Hand, definitiv zu viel Alkohol im Blut und der Hoffnung, dass die Polizei andere Dinge zu tun hatte. Naomi war eingeschlafen. Ihre Füße hatte sie auf dem Armaturenbrett abgelegt. Knie und Kopf waren während der Fahrt zur Seite gekippt. Ich wünschte wir könnten einfach weiterfahren.

Als wir an meiner Abzweigung waren, weckte ich sie auf.

»Wo müssen wir hin?«

»Ich kann nicht mehr zu mir fahren«, sagte sie. Sie hatte wohl meinen Masterplan vergessen. Anstatt sie daran zu erinnern, dass ich sie nach Hause fahren wollte, fragte ich sie:

»Willst du bei mir schlafen?«

6

Wir erreichten Daves Haus um 4 Uhr morgens.

Sie ging duschen und kam in einem meiner T-shirts, das an ihr aussah wie ein Zelt und einer kurze Hose der Indiana Pacers, die ich irgendwann mal zwischen meinen Klamotten gefunden hatte, zurück ins Zimmer und legte sich zu mir. Erst lag sie nur in meinem Arm und wir sprachen nicht, aber in der Stille baute sich Spannung auf. Ich drehte mich zu ihr, sie kam ein bisschen näher und wir begannen uns zu küssen. Es war über uns gehangen wie dieses Gewitter. Genauso ungewöhnlich wie heftig. Ein Gewitter in der Trockenzeit? Dieser Mensch hier in Darwin? Ich dachte an nichts davon. Ich fühlte ihre Haut und ihre Lippen. Sie schmeckte nach Honig. Und nach Whiskey.

Als ich am nächsten Morgen aufwachte, da war ich einfach nur froh, dass sie da war. Sie lag unter der dünnen Decke, in meinem Arm.

Es dauerte ein paar Minuten bis sie aufwachte, dann öffnete sie langsam ihre Augen. Sie spürte meinen Arm, schaute schockiert auf meine Hand, realisierte, wo sie war und was passiert war, drehte sich ruckartig um, schaute mich völlig entsetzt an und sagte:

»Oh mein Gott!«

»Dir auch einen guten Morgen.«

Sie setzte sich auf und hielt ihren Kopf in beiden Händen und stöhnte:

»Was habe ich getan?«

Mein hormongeflutetes Gehirn hatte völlig ausgeklammert, dass sie verlobt war.

»Er hätte mir das nie angetan«, flüsterte sie.

Ihre Reaktion schickte mich vom Himmel direkt in die Hölle. Die nächsten Tage mied sie mich. Sie wich aus. Als ob sie uns so ungeschehen machen könnte.

Doch die Anziehung blieb.

Einige Tage später kam sie zum Smoothie trinken bei mir vorbei Als wir beide frei hatten, kochte sie für uns. Sie teilte sich mit ihrer Schwester Jazz eine kleine Wohnung mit drei Zimmern. Als sie kochte, bereitete sie nicht einfach nur Essen zu, sondern feierte jede Zutat und versuchte die Pfanne so bunt wie möglich zu gestalten. Ihre Wohnung hatte einen kleinen Hinterhof mit einem Tisch und vier Stühlen. Daneben war ein wenig Platz zum Wäsche aufzuhängen. In der Ecke standen ein paar Pflanzen. Das Klima in Darwin ließ es zu, dass sie Ananas anbauen konnte. Wir verbrachten den ganzen Abend hier, rauchten einen Joint, schauten ein paar Ted Talks auf ihrem Laptop und tranken Wein.

Die Zeit verflog und irgendwann stand der Mond hoch über uns. Am Boden war es windstill, aber vor dem Mond rasten Wolken vorbei. Hin und wieder waren sie so dicht, dass sie nur einzelne Strahlen passieren ließen. Dann sah es aus wie ein gigantischer Suchscheinwerfer. Es war faszinierend und wunderschön. Ich wollte es ihr gerade zeigen, da rief sie:

»Wow! Schau dir den Mond an! Und die Wolken! Wie abgefahren ist das denn?« Ihre Augen funkelten, wie sie es so oft taten, wenn sie etwas Schönes sah. Sie suchte immer nach den schönen Dingen.

»Ich wollte gerade genau das Gleiche sagen.«

Und dann grinsten wir uns an, küssten uns kurz, staunten weiter und froren die Welt ein.

Ich liebte die Art, wie sie durch den Tag ging, so leicht und unbeschwert, und ich liebte es, wie sie auf andere Menschen wirkte und auf sie zugehen konnte. Vielleicht liebte ich es so sehr, weil ich mir wünschte diese Qualitäten selbst zu haben.

Was ich aber nicht konnte, war die Zeit einfach nur zu genießen. Stattdessen drängte ich zu sehr, weil es so gut war. Der Architekt in meinem Kopf bastelte fleißig Pläne für einen gemeinsamen Urlaub auf Bali und überlegte, wie wir Weihnachten zusammen feiern würden und wie ich mein Visum verlängern könnte. Alles was ich damit erreichte, war sie fortzudrängen. Wir saßen wieder auf ihrer Terrasse und ich konnte an ihrem Blick erkennen, dass sie an Irland dachte und an ihr Dilemma. Sie verlor das Glänzen in ihren Augen. Anstatt sie besser zu machen, vergiftete ich sie.

»Weißt du, selbst wenn ich nicht zurück nach Irland gehe, will ich nichts Neues anfangen. Ich war immer die Freundin von irgendjemandem. Ich will jetzt erst einmal mein eigenes Leben leben. Frei sein. Reisen. Lernen.«

Die Ironie dieser Geschichte war unfassbar. In Darwin, dem dumpfsten, und stumpfesten Ort, den ich mir vorstellen konnte, abgeschnitten und isoliert im Norden von Australien, traf ich das Mädchen, das mich so inspirierte, wie ich es noch nicht erlebt und auch nicht für möglich gehalten hatte. Aber da hörte die Ironie nicht auf, denn sie verhinderte uns mit den Worten, die ich nur zu gut kannte: Sie wollte frei und wild sein, reisen und entdecken. Diese Worte der Beziehungsunfähigkeit hatte ich schon oft gehört – aus meinem eigenen Mund. Immer wenn es ernst geworden war, war ich davongelaufen. Ich wollte ja frei und wild sein, reisen und entdecken. War das jetzt Karma? Musste ich meine eigene Medizin schmecken, um zu verstehen wie bitter sie war?

Albert Camus schrieb einmal: »Diejenigen Liebenden sind Narren, die glauben, die Welt um sie herum wäre verschwunden.« Sie ist noch verlobt? Hat die Beziehung technisch gesehen noch nicht einmal beendet? Wohnt in Australien? Hat absolut keine Ambitionen, eine neue Beziehung einzugehen? Egal! Ich liebe sie einfach noch ein bisschen mehr. Ich war ein Narr und konnte es doch nicht sein lassen.

Das Schlimmste an diesem Verliebtsein? Es war so selbstsüchtig. Es war Wahnsinn. Es ging nicht darum, die Person zu feiern für das, was sie war. Es ging auch nicht darum, dem anderen zu helfen das zu werden, was er sein konnte. Es ging überhaupt nicht um die Person. Es ging nur um mich selbst. Um meinen Selbstwert. Und um Besitz.

Hätte ich sie so geliebt, wie ich es vorgab, dann wäre ich gegangen. Dankbar für die Erinnerungen. Dann wäre ich gegangen und hätte sie heilen lassen. Dann hätte ich akzeptiert, dass es sicherlich etwas Besonderes war, aber einfach nicht unsere Zeit.

Während meiner Meditation schaffte ich es nun nicht einmal bis zwei zu zählen. Der Sorgenmeister versank im bittersten Selbstmitleid und war sich sicher, nie wieder so einen Menschen zu finden. Der Architekt grübelte über dunklen Plänen.

Es hatte keinen Sinn. Ich musste gehen, zurück auf die Straße, mich therapieren lassen vom Outback und der Einsamkeit. Ich musste Smetana befreien aus ihrem Dasein als Pendlermotorrad und sie wieder zu der Weltentdeckerin machen, die sie war. Und es musste schnell geschehen.

7

Wir hatten unsere beste Zeit, als klar war, dass ich gehe würde. Als von uns keine Gefahr mehr ausging, da konnte sie uns zulassen. Sie würde frei und wild sein, reisen und entdecken. Genauso wie ich.

Die letzte gemeinsame Woche war herrlich und wir verbrachten jeden Tag und jede Nacht zusammen. Dave sah mich kaum noch.

Das bittere an unserer Situation war, dass wir zusammen perfekt waren. Es wurde nie langweilig. Selbst als wir einen überfälligen Strafzettel bei der Stadtverwaltung bezahlen gingen, hatten wir mehr Spaß als die meisten Paare in ihren Flitterwochen. Wir besuchten Märkte und gingen nachts im Meer baden. Ich weiß gar nicht, ob ich mehr Angst vor Quallen oder Krokodilen hatte. Naomi lachte mich nur aus. Sie zeigte mir das Umland von Darwin und erzählte von Campingtrips mit ihrer Familie.

Wir unternahmen einen kleinen Ausflug zum Adelaide River. Der Fluss schlängelt sich von der Küste ins Inland und ist berüchtigt für seine Bewohner mit den spitzen Zähnen. Nirgendwo auf der Welt leben mehr Salzwasserkrokodile.

Naomi, ich und zwanzig weitere Besucher stiegen auf ein Boot. Das Wasser war braun. Naomi zeigte auf das gegenüberliegende Ufer: »Zwischen den Mangroven, da verstecken sie sich.«

Die Reling des Bootes war gerade einmal schulterhoch und der Guide wies uns deutlich darauf hin, auf keinen Fall die Arme darüber hinaus baumeln zu lassen. Wir fuhren nur wenige Meter und schon rief er:

»Croc!«

Erst sah ich das Krokodil nicht, dann verräterische Verwirbelungen an der Wasseroberfläche, Nasenlöcher tauchten auf und als es seitlich zum Boot schwamm, sah ich ihm direkt in die Augen. Auch wenn wir in dem Boot sicher waren, ein Krokodil auf einen zuschwimmen zu sehen ist absolut furchteinflößend.

Das Krokodil kannte das Spiel. Der Guide stoppte das Boot und hielt einen langen Stock über das Wasser. Am Ende war eine Schweinekopfhälfte befestigt. Kaum schnappte das Krokodil zu, hob er den Leckerbissen in die Luft. Irgendwann gab das Krokodil nach und tat was es tun musste, um an die Mahlzeit zu kommen und schraubte sich aus dem Wasser. Es war riesig, die Zähne weiß wie Elfenbein. Als es sich mit seiner Beute aus dem Staub machte, sagte der Guide enttäuscht, es wäre nur ein kleineres Krokodil gewesen. Nur drei Meter lang.

Mittlerweile hatte sich das Wetter verändert. Auf die Trockenzeit folgte der »Built Up«. Kilometerhohe Wolken türmten sich über der Küste auf (Dave meinte, es seien die höchsten Wolken der Welt). Aber es passierte nichts. Es wollte einfach nicht regnen. Der Built Up kann zwei Wochen dauern oder zwei Monate. Und er war brutal; die Temperaturen kletterten auf 40 Grad und die Luftfeuchtigkeit war so hoch, dass nasse Wäsche nicht mehr trocknete.

An meinem letzten Tag in Darwin musste Naomi arbeiten, ich ging nach dem Frühstück zu Dave.

»Hallo Fremder! Gibt es dich auch noch?«

»Sorry, Dave!«

»Kein Problem, Kumpel. Ich hab' das Mädchen ja gesehen. Kein Wunder, dass du nicht mehr blicken lässt. Was ist mit deinem Motorrad? Machen wir es bereit für die Gibb oder was?«

Mit »Gibb« meinte Dave die Gibb River Road. Ein knapp tausend Kilometer lange Offroad-Straße, die sich quer durch den Nordosten Australiens schneidet. Ein Highlight für jeden, der das Abenteuer liebt. Ich war mir nicht sicher, ob sie nicht eine Nummer zu groß für mich war. Dave hatte mir die Gibb ans Herzen gelegt und gleich dazu einen grobstolligeren Vorderreifen für Smetana, um dem feinen Staub des Outbacks, Bulldust genannt, besser gewachsen zu sein.

»Du brauchst einen Haufen Wasser.«

»Wie viel ist ein Haufen?«, fragte ich.

»Genug für drei Tage und am besten noch Reserve.«

Ich kalkulierte den Bedarf auf 15 Liter. Ich hatte keine Ahnung, wo ich 15 Liter Wasser am Motorrad verstauen sollte. Bisher hatte ich maximal zwei Liter dabei, aber in Asien gab es auch alle 500 Meter einen kleinen Laden. Die Gibb River Road führte hingegen durch eine der am dünnsten besiedelten Gegenden der Welt. Also sortierte ich Klamotten, überflüssige Ersatzteile und Werkzeuge aus, um Platz zu machen für Wasserkanister.

Am Abend, Dave und ich saßen mit eiskalten »Cooper's Mild« auf der Terrasse, da erklang ein sehr bekanntes Motorengeräusch. Es war eine Ténéré, aber Smetana stand vor dem Haus.

»Ich habe noch eine Überraschung für dich.«

Wir gingen zum Carport und da parkte tatsächlich eine Ténéré. Davor stand ein Kerl mit schwarzem Helm.

»Stefhaahn, das ist Kurt. Kurt aus Norwegen.«

Kurt nahm den Helm ab und sagte:

»Aus dem Norden von Norwegen«

Er hatte einen leichten Bauchansatz, musste um die 40 sein und hatte eine Frisur wie Prinz Eisenherz.

»Kurt fährt mit dir!«, erklärte Dave. »Er ist die gleiche Route aus Europa gefahren wie du. Jetzt will er auch nach Westaustralien.«

Dave, das menschgewordene Tinder für Motorradreisende. Ich hatte keine Ahnung, ob es eine gute Idee war, denn ich konnte mir kaum vorstellen, dass ich in den nächsten Tagen gute Gesellschaft abliefern würde. Auf der anderen Seite war es gut, die Gibb nicht alleine fahren zu müssen.

»Fährst du die Gibb River Road?« fragte mich Kurt.

»Ich denke schon. Wenn es nicht schon zu spät ist.«

Sobald die Regenzeit beginnen würde, war die Gibb River Road nicht mehr passierbar, denn die zu durchquerenden Flüsse würden zu hoch ansteigen.

Wir unterhielten uns noch eine Weile, dann fuhr ich zu Naomi. Wir kochten selbstgemachte Gnocchi, die völlig misslangen. Ansonsten war der Abend ein Erfolg. Anstatt in Kummer zu versinken, genossen wir die wenigen Stunden, die uns blieben. Der Morgen hingegen, der war brutal. Am liebsten hätte ich mich rausgeschlichen. Doch sie wachte auf und half mir meine letzten Sachen zusammen zu packen.

Ein Gedanke kam mir immer wieder in den Kopf und fühlte sich an wie ein Messer ins Mark:

Vielleicht würde ich sie nie wiedersehen.

Was nicht aus den Wolken fiel, tropfte von unseren Wangen. Ich umarmte sie ein letztes Mal, küsste sie, sagte auf Wiedersehen und zog meinen Helm an.

»Hey! Ich hab' noch was für dich!« Hinter ihrem Rücken zauberte sie einen Brief hervor. «Aber erst heute Nacht lesen.«

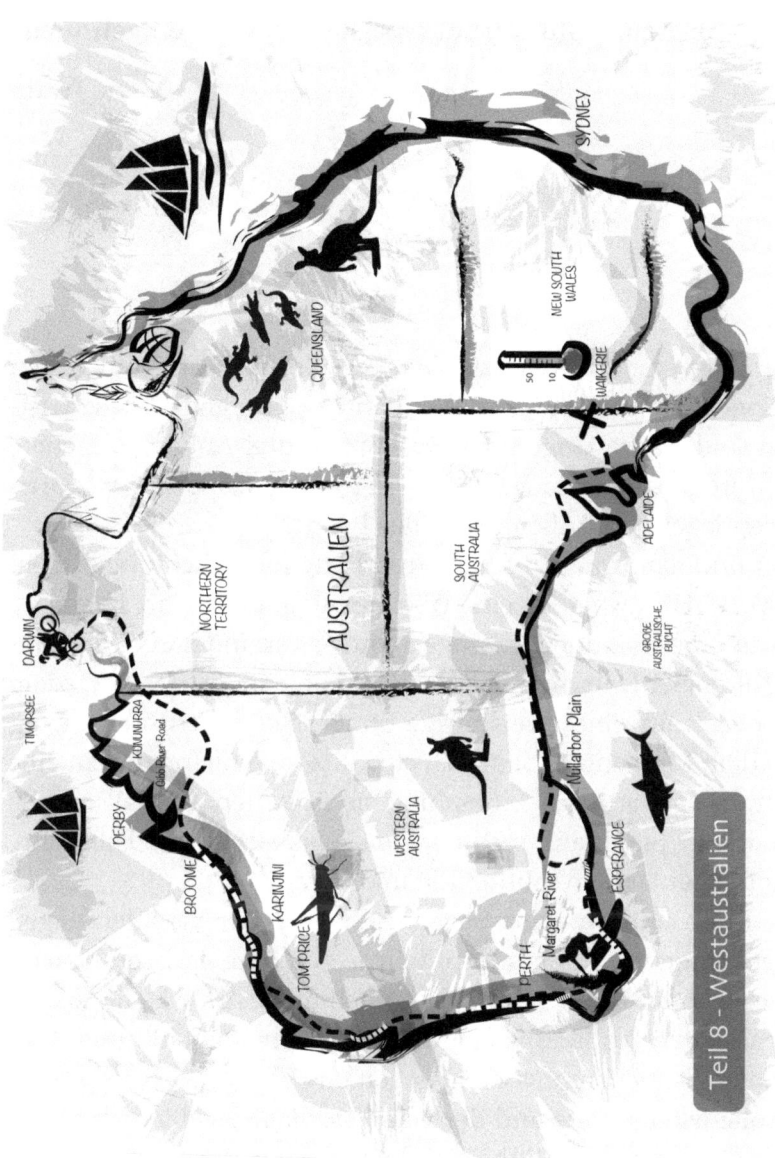

Teil 8 - Westaustralien

>»Ich bin ein alter Mann und habe viel Schreckliches erlebt,

aber zum Glück ist das meiste davon nie eingetroffen«

- Mark Twain

1

Nichts reißt einen besser aus dem Selbstmitleid als zum ersten Mal einer Roadtrain in freier Wildbahn zu begegnen. Diese Lastwagen sind wahre Ungetüme. Sie können drei Anhänger ziehen, dann werden sie bis zu 50 Meter lang und transportieren Waren in die entlegensten Außenposten des Landes.

Kurt und ich fuhren auf dem Stuart Highway Richtung Süden. Das Wort »Highway« ist eine Übertreibung; der Stuart Highway hat zwar eine erstaunliche Länge, denn er verbindet über dreitausend Kilometer Darwin und Adelaide miteinander, aber trotzdem ist er meist nur eine zweispurige Straße. Sie schien breit genug bis zu dem Moment, in dem sich ein Glitzern am Horizont in eine Roadtrain verwandelte. Links hing sie über den Asphalt hinaus und wirbelte Staub auf, rechts ragte sie bis auf unsere Fahrbahn, die Anhänger tanzten munter hin und her.

Roadtrain und Smetana begegneten sich: Wir krachten gegen die verdrängte Luft, mein Kopf wurde zur Seite gerissen, Smetana versetzte der Knall einen Meter nach links. Als wir die Roadtrain passierten, hüllte uns eine Wolke aus rotem Staub und Split ein, kleine Steinchen prasselten gegen das Visier. Doch als ich die Kontrolle wieder hatte und der Staub sich legte, stellte sich gleich wieder diese magische Ruhe ein, die wir schon genossen, seitdem wir Darwin verlassen hatten. Kaum jemand war unterwegs.

Die Sonne brannte erbarmungslos auf uns ein, doch solange der Fahrtwind wehte, blieben wir einigermaßen gekühlt. Am Straßenrand wuchsen Gräser, die sich nach Wasser sehnten. Immer wieder warnten Schilder vor Überflutungsgefahr und wirkten wie ein schlechter Witz. Auf beiden Seiten der Straße standen mannshohe Termitenhügel zwischen Eukalyptusbäumen, die nur darauf warteten abzubrennen. Eukalyptus ist voll mit ätherischem Öl und wenn ein Baum Feuer fängt, dann ist er kaum zu löschen und verursacht gewaltige Buschfeuer. Der Trick des Eukalyptus: Erst durch die Hitze werden seine Samen aktiviert. Während andere Pflanzen verbrennen, pflanzt sich der Eukalyptus im Feuer fort. So wurde er zur herrschenden Pflanze Australiens. Rauchwolken in der Ferne zeigten, wie gut das funktionierte. Ansonsten waren am Himmel nur Quellwolken, zu klein um Schatten zu spenden.

Unsere erste Etappe führte uns von Darwin 130 Kilometer bis zum Litchfield Nationalpark.

Es gibt wenige Sachen, die besser sind als den ganzen Tag durch die lebensfeindlichste und trockenste Einöde zu fahren und am Ende des Tages mit einer technisch sauberen Arschbombe in einen See zu springen. Wenn der See dazu noch von so schönen Wasserfällen wie den Florence Falls gespeist wird, krönt es die Erfahrung. Zwischen Darwin und Litchfield war die Gegend so trocken gewesen wie der Mond; kein Wunder, dass der Litchfield Park für die Ureinwohner heilig ist. Das Wasser war überraschend kühl und immer wieder knabberten Fische an meinem Fuß. Ob sie wohl noch Bruno witterten?

Auf dem Weg hatten wir einen kleinen Supermarkt gefunden, ich hatte ein wenig Salat gekauft und bereitete ihn mir zu. Kurt hatte kein Interesse und bevorzugte seine Dosenravioli. Während des Abendessens erzählte mir Kurt einsilbig von sich. Er hat es nicht so mit Menschen. In Norwegen arbeitete er als Krankenpfleger und übernahm meist die Nachtschicht, da hatte er seine Ruhe. Wir waren so unterschiedlich wie Salat und Ravioli. Zumindest hatten wir eine ähnliche Reise hinter uns, die gleiche vor uns und fuhren dasselbe Motorradmodell. Als Moskitoschwärme den Campingplatz einhüllten, nahm ich es als Entschuldigung mich ins Zelt zurückzuziehen. Ich wollte unbedingt Naomis Brief lesen und wir würden in den nächsten Tagen und Wochen genügend Zeit haben, uns besser kennenzulernen.

Ich zog das Moskitonetz zu, knipste meine Stirnlampe an und begann zu lesen.

Stefan,

Ich wollte dir etwas schreiben, damit du auf deinen Reisen etwas von mir bei dir hast. Wenn du dich verloren oder einsam fühlst, lies diesen Brief und erinnere dich daran, dass es jemanden im kleinen Darwin gibt, der dich anhimmelt. Und erinnere dich an die schönen Erinnerungen, die wir gemacht haben und die tiefe Verbindung, die wir gefunden haben.

Ich wollte mein Herz ausschütten, um dir zu zeigen, wie besonders du bist. Du hast mein Herz und meine Seele auf eine wundervolle Art berührt und hast mich viel über das Leben gelehrt und mich inspiriert zu wachsen.

Deine Liebenswürdigkeit, Großzügigkeit, freundliche Natur und Wärme sind Eigenschaften, die du so natürlich besitzt. Es ist so einfach dich zu lieben.

Du solltest stolz sein auf die Person, die du bist und deine positive Energie mit der Welt teilen.

Ich bin so dankbar für die Zeit mit dir und auch wenn mein Herz blutet, glaube ich, dass das Universum einen Plan für uns beide hat. Was für uns bestimmt ist, wird uns nicht verfehlen.

Genieße deine Abenteuer auf der Straße, sei achtsam, lebe nicht in deinem Kopf und verpasse nicht den Moment, während du dich sorgst, was in der Zukunft passieren könnte. Du bist eine wundervolle Seele, die eine menschliche Erfahrung macht und du machst genau das, was du machen sollst – du bist frei.

Pass auf dich auf und schreibe mir bitte :)

Du bist fantastisch, vergiss das nicht!

Sichere Reise Liebling,

Naomi.

2

Nach vier Tagen erreichten wir Kununurra, den Startpunkt der Gibb River Road. Bisher hatten wir jede Nacht im Zelt verbracht. Die App »Wikicamps« verriet, wo sich die schönsten Zeltplätze versteckten, so war das Reisen recht sorglos. Auf den Zeltplätzen waren wir stets allein, denn die meisten, die den Norden verlassen konnten, waren der Hitze des Built Ups schon lange entflohen und Richtung Süden in angenehmere Regionen gefahren.

In Kununurra gönnten wir uns ein Hostel, weniger wegen den Betten oder dem Dach über dem Kopf, sondern um mal wieder richtig duschen zu können. Außerdem gab es Telefonempfang. Ein Luxus, der uns bei unseren bisherigen Übernachtungen verwehrt geblieben war. Nervös wählte ich Naomis Nummer. Als sie abhob und ich ihre Stimme hörte, war es als fiel eine gewaltige Last von mir ab. Wir telefonierten eine gute Stunde und auch wenn wir nicht darüber sprachen, war ich mir beinahe sicher: Unsere Geschichte war noch nicht zu Ende.

Am nächsten Tag fuhr ich mit Kurt zur Polizeistation. Dave hatte mir nahegelegt bei der Polizei nachzufragen, in welchem Zustand die Gibb River Road war und ob wir überhaupt noch durchkommen würden. Die Regenzeit war in den Startlöchern.

Kurt klingelte und nach wenigen Augenblicken kam ein Polizist mit Oberschenkeln wie ein Radrennfahrer zur Tür. Er trug blaue Shorts, Basecap und eine Sonnenbrille.

»Wir wollten fragen, ob die Gibb noch offen ist«, fragte ich vorsichtig.

»Klar, kein Problem Kumpel, genieß' die Fahrt!«

»Und wenn es anfängt zu regnen?« wandte Kurt ein.

»Ach was, keine Sorgen, Kumpel!«

Wenn es ein australisches Nationalmotto gäbe, es wäre: »Keine Sorgen, Kumpel.«

Das Telefonat mit Naomi und die Freigabe des Polizisten trugen mich durch den Tag. Es schien, als wären Smetana Flügel gewachsen. Ich konnte kaum erwarten, die erste richtige Abenteueretappe in Australien anzugehen.

Die ersten Kilometer waren noch asphaltiert. Wir fuhren auf die Felsen der Cockburn Ranges zu. Sie waren nicht besonders hoch, aber dort wirkten sie wie die Alpen, obwohl sie es nicht einmal mit der schwäbischen Alb aufnehmen konnten. Australien ist so flach, dass sich das Auge über jede Erhebung freut. Es war noch immer extrem heiß und verdammt trocken. Zum El Quastro Camp waren es nur knapp 60 Kilometer. Dort sollte es eine Tankstelle, einen Campingplatz und eines der schönsten natürlichen Wasserbecken, Gorge genannt, geben.

Wir fuhren auf die Abzweigung zu, bogen ab und kamen vor einer Schranke zum Halten. Ein Schild unterrichtete uns nüchtern, dass der Campingplatz nur bis Ende Oktober geöffnet hatte und man außerhalb der Saison auch keinen Zugang zum Gorge hatte.

Das Gleiche erwartete uns einige Kilometer später an der Abfahrt zum Emma Gorge. Wieder war der Campingplatz geschlossen und mit ihm die Straße zum Gorge. Uns schwante Böses: Wenn alle Campingplätze schon verlassen waren, dann würden wir bis zum Mount Barnett Roadhouse kein Wasser bekommen. Das war 340 Kilometer entfernt und der einzige ganzjährig besetzte Ort. Zum Übernachten brauchten wir keine offiziellen Campingplätze, unsere Benzintanks waren auch noch voll, aber für unsere Wasservorräte war das ein Problem.

Wir fuhren weiter und nach wenigen Kilometern riss die Asphaltdecke auf und gab rote Piste preis. Sie war zwar gut befestigt, aber vollkommen ausgewaschen. Die Auswaschungen, Wellbrett genannt, waren in der Lage den Motorrädern großen Schaden zuzuführen. Um möglichst heil über die Auswaschungen zu kommen gab es zwei Strategien:

Entweder man fuhr so langsam, dass man das Motorrad quasi über die Auswaschungen trug oder man macht es wie Dave es uns empfohlen hatte: »Gebt richtig Gas! Dann fliegt ihr über das verfluchte Waschbrett!«

Er schob nach, dass Bremsen und Kurvenfahren auf Wellbrett bei hoher Geschwindigkeit recht schwierig seien, relativierte dann aber gleich wieder: »Mach dir keine Sorgen, Kumpel! Da draußen gibt es nicht viele Kurven.« Dave hatte recht und außerdem machte es riesigen Spaß! Ich beschleunigte, Smetana schüttelte sich heftig auf den ersten Metern Waschbrett mit zu geringer Geschwindigkeit, doch dann, wir hatten 60 Stundenkilometer erreicht, flog sie nur so darüber. Ich beschleunigte weiter, gewann mit jedem Meter mehr Zuversicht und stellte mich auf die Fußrasten. Vorne hielt der Stollenreifen die Spur, das Heck tänzelte leicht hin und her wie die Anhänger einer Roadtrain, aber ich konnte sie mit meinen Knien balancieren, hinter mir ließ ich eine rote Staubfahne stehen wie ein gewaltiges Ausrufezeichen.

Nach einer Weile merkte ich, dass Kurt nicht mehr im Rückspiegel war. Ich fuhr links ran, wartete und nach zwanzig Minuten kündigte ihn das Röhren seines Sportauspuffs an. Er kam in Schrittgeschwindigkeit über das Wellbrett gehoppelt. Kurt zog seinen Helm aus. Verschwitzt und frustriert sagte er: »Das ist ein absoluter Alptraum!« Er erinnerte mich ein bisschen an Fou als wir in Russland über die Kieselpiste gefahren waren.

»Versuch schneller zu fahren, dann geht es echt viel besser«

»Ich bin mir da nicht so sicher. Ich fahre lieber langsam.«

Von nun an hieß es: 30 Kilometer fahren – 30 Minuten warten. Zuerst nervte es, denn es war nicht nur Warten, sondern Warten in erbarmungsloser Hitze in voller Motorradmontur. Bei meinem zweiten Stopp zog ich einfach alles aus und setzte mich in Unterhose und Flip Flops unter das Skelett eines vertrockneten Baumes. Das Warten hatte aber auch seine angenehme Seite. Erst fielen mir die vielen Vögel auf, dann sah ich Eidechsen, eine kleine Schlange, hin und wieder sprangen Kängurus durch den Busch und ich sah sogar einen Dingo. Reisen mit Motorrad ist herrlich, aber manchmal geht es auch einfach zu schnell.

Abends schlugen wir unsere Zelte neben der Piste auf. Es war nicht der eindrucksvollste Ort zum Zelten, aber die Magie ging von der Leere aus: Zwischen 17 Uhr und acht Uhr kam genau ein Auto vorbei. Kurt machte ein viel zu großes Lagerfeuer und wir saßen davor, beobachteten ein Gewitter, das am Horizont tobte und hofften kein Buschfeuer auszulösen. Das Gewitter schickte immer wieder Blitze auf die Erde und spendete uns ein wenig Wind.

»Willst du einen Schluck Wein?« Ich hatte ein wenig Käpp Säff im Gepäck. Es war der perfekte Abschluss für einen perfekten Tag.

»Nein, danke. Ich trinke nicht.«

»Wie kommt's?«

»Ich kann mit dem Zeug nicht umgehen. Ich war mal für ein paar Monate in Thailand. Damals hat mich der Alkohol ruiniert. Am Ende hatte ich kein Geld mehr, Ausweis und Kreditkarten verloren und war auf dem besten Weg mich umzubringen. Mein Bruder kam damals und hat mich nach Hause gebracht. Vom Flughafen ging es direkt in die Entzugsklinik.«

»Sorry, Kurt, ich wollte dich nicht in Versuchung führen.«

Kurt sah nachdenklich ins Feuer. Wie viele Kämpfe seine Seele wohl schon ausgetragen hatte? Ich hatte auf einmal enormen Respekt für ihn.

Am nächsten Tag fuhren wir die verbliebenen 240 Kilometer bis zum Mount Barnett Roadhouse. Auch wenn ich gerne langsamer voran gekommen wäre und mehr Zeit hier draußen verbracht hätte – Wir hatten keine andere Wahl. Würden wir eine Panne oder einen Unfall haben, dann würde zu wenig Wasser schlimme Folgen haben.

40 Kilometer vor dem Roadhouse verfinsterte sich der Himmel. Schwarze Wolken wuchsen bedrohlich in die Höhe. Ich betete, dass wir rechtzeitig ankamen, bevor der Himmel seine Schleusen öffnete, aber es war vergeblich. Es fing an zu schütten, die Piste wurde in Sekunden schmierig und es bildeten sich tiefe Pfützen. An schnelles Fahren war nicht mehr zu denken. Obwohl ich mir größte Sorgen machte, mit Smetana und Kurt heil am Roadhouse anzukommen, freute ich mich innerlich über den Regen. Es war als ob ein kollektives Aufatmen durch die Natur ging: Endlich Regen! Ich war richtig dankbar und freute mich mit Pflanzen und Tieren, während das Wasser aus meinen Stiefeln lief.

Als wir das Roadhouse erreichten, durften wir unter einem Dach unsere Zelte aufschlagen und konnten die durstigen Benzin- und Wassertanks auffüllen. Am nächsten Tag schien die Sonne und wir gönnten uns ein ausgelassenes Frühstück, das kulinarisch wertvoller war, als man es hier draußen vermuten konnte.

Fünf Tage nachdem wir auf die Gibb eingebogen waren, erreichten wir Derby am anderen Ende. Ich wäre gerne fünf Wochen auf der Gibb geblieben. Die Leere, die Natur, tolles Motorradfahren, kein Handyempfang, all das führte dazu, dass ich von Tag zu Tag entspannter wurde. Leider verwehrten Wasser- und die Wettersituation den Wunsch länger zu bleiben. Zum Ende der Saison hier herumzudüsen hatte auch seine gute Seite: Auf einem verlassenen Campingplatz hatten wir einen Ranger getroffen. Er meinte, dass sich in der Hochsaison 200 Fahrzeuge auf seinen Campingplatz quetschten. Wir hatten an diesem Abend mal wieder alleine gezeltet.

3

Seitdem Kurt und ich Darwin verlassen hatten, haben wir schon über 2000 Kilometer heruntergespult. In Europa wären wir damit von Stuttgart bis nach Lissabon gefahren, auf der australischen Karte hinterließen wir dagegen nur ein kleines Schleifchen im Nordwesten.

Aber es waren nicht die Entfernungen, die das Reisen so besonders machten – es war die Leere. 2000 Kilometer in Australien sind nicht wie 2000 Kilometer irgendwo sonst auf der Welt. Die Straßen führten durch das Nichts und waren wie ausgestorben. Das Einzige, das die Ruhe durchbrach, war das Heulen der beiden Ténérémotoren. Auch auf den Campingplätzen waren wir meistens allein und wenn wir am Tag fünf andere Fahrzeuge sahen, war viel los.

In Stuttgart pressen sich 3000 Menschen auf einen Quadratkilometer. In Westaustralien ist es ein einziger. Bill Bryson gelang es in seinem Buch »Frühstück mit Kängurus« die Leere Australiens anhand einer Geschichte gut zu beschreiben: Am 28.05.1993 ereignete sich eine heftige Erschütterung irgendwo in Westaustralien. Das Gebiet war seismisch völlig inaktiv; ein Erdbeben konnte ausgeschlossen werden. Auch eine Sprengung kam nicht in Betracht, denn die Explosion war 170 Mal so stark wie die stärkste Sprengung in der Geschichte australischer Minen. Als Bryson sein Buch schrieb ging man fest davon aus, dass die Aum Sekte eine Atombombe gezündet hatte. Immerhin bauten sie nachweislich Uran ab und wollten das Ende der Welt herbeiführen. Heute gilt als wahrscheinlichstes Szenario, dass in jener Nacht ein Asteroid eingeschlagen war. Egal ob Asteroid oder Atombombe – passiert es in Westaustralien können Jahre vergehen bis es sich aufklärt.

Nach ein paar Nächten in einem klimatisierten Hostel in Broome fuhren Kurt und ich ans Cape Leveque. Es war eine kurze Etappe mit viel tiefem Sand. Es bestand die Gefahr zu stürzen, aber der Sand sorgte zumindest für einen weichen Fall. Wir erreichten eine Klippe, die am Rande des Ozeans aufragte und von der aus der alte Affe Rafiki auch den nächsten König der Löwen hätte ausrufen können. Wir beschlossen unsere Zelte genau dort aufzuschlagen. Die Klippen waren dunkelrot wie Blut, sie fielen knapp dreißig Meter ab, darunter beiger Sand. Hin und wieder waren Brocken aus der Klippe herausgebrochen, die auf dem Sand aussahen wie Blutstropfen. Der Himmel und der Indische Ozean stritten sich um den schönsten Blauton. Es war ein Feuerwerk der Kontraste. Leichter Wind wehte vom Meer hinauf und trocknete den Schweiß auf meiner Stirn. Ich kletterte hinunter zum Strand und lief einige hundert Meter in beide Richtungen, ohne einen anderen Menschen oder nur einen einzigen Fußabdruck zu sehen, stürzte mich ins Wasser und hoffte von Krokodilen, Quallen und Haien verschont zu bleiben. Dann senke sich die Sonne langsam in den Ozean. Hätte mich jetzt ein Blitz getroffen, ich wäre mit einem Lächeln von der Erde gegangen.

Wie viel Geld ich schon für feine Hotels ausgegeben hatte, um hinter einer Tür mit fünf Sternen zu schlafen. Als ich in meinem Zelt lag und in den Himmel schaute konnte ich eine Million Sterne zählen. Hier draußen zu sein kostete mich keinen Cent.

Seitdem ich mit dem Meditieren angefangen hatte, konnte ich solche Momente viel besser genießen. Der Architekt versuchte irgendetwas zu planen, aber ich ließ seine Pläne los, stattdessen war ich dankbar und fühlte tiefe Bewunderung für die Welt um mich herum.

Was ich nicht schon alles versucht hatte, um ein gutes Leben zu führen: Gehalt und Zuneigung hübscher Mädchen gejagt, um die halbe Welt gereist, doch der beste Hebel war zweifelsfrei Achtsamkeit. Alles, was sie mich kostete, waren 15 Minuten Stille.

Aber es war schwer, Achtsamkeit zu kultivieren. Nach dem Meditieren fühlte ich mich zwar verbundener mit der Welt, aber dieses Gefühl verblasste im Laufe des Tages, wie der in den Sand gekritzelte Urlaubsgruß am Strand von den Wellen ausgewaschen wird.

Naomi hatte mir das Buch »Jetzt« von Eckart Tolle empfohlen. Es war ein gewaltiger Gegensatz zu Sam Harris' Buch, obwohl es in die gleiche Kerbe schlug. Tolle interessierte sich recht wenig für Studien oder Wissenschaft, sondern schrieb vor allem über seine eigenen Erfahrungen. Dennoch blieb ein Punkt haften: Er forderte den Leser auf, mehr auf den Körper zu achten. Die meisten Menschen achten nur in extremen Situationen auf ihre Körper, bei Schmerz oder Genuss, aber laut Eckart Tolle sendet uns der Körper fortwährend Signale. Schließlich haben wir auch Schmetterlinge im Bauch und nicht im Kopf.

Das war viel leichter und ich musste mich dazu nicht auf den Boden setzen und die Augen schließen, sondern konnte selbst während des Motorradfahrens darauf achten, wie Herz oder Bauch auf die Umgebung reagierten. Es war ein leichter Weg zurück in den Moment zu finden.

Das Cape Leveque war der nördlichste Punkt auf unserer Reise, nun wendeten wir den Blick für tausende Kilometer nach Süden. Am Straßenrand wuchs nichts, die wenigen Sträucher erreichten kaum Knöchelhöhe und sahen aus wie Fossilien. Aber diese Gegend hatte ganz eigene Wege Reisende zu belohnen. Man litt den ganzen Tag unter Hitze und der Einöde, schleppte sich von Roadhouse zu Roadhouse, aber am Ende gab es meist einen sagenhaften Höhepunkt an der Küste. Einer der ersten war der 80

Mile Beach. Ein unscheinbares Straßenschild auf der Hauptstraße wies auf ihn hin. Wir folgten für einige Kilometer einer Piste, die auf eine Anhöhe führte und auf einmal standen wir vor einer Szenerie, die aus einer Raffaello-Werbung aus den Neunzigern stammen könnte. Das Meer türkis, der Sand schien direkt von den Malediven importiert worden zu sein, der Strand war sicherlich 200 Meter breit und erstreckte sich in beide Richtungen bis zum Horizont. Die Gischt der anrollenden Wellen sorgte für feinen Nebel, der über dem Horizont hing und das Licht der Abendsonne seltsam streute.

Unsere Reise hierher war zwar anstrengend gewesen, aber nichts im Vergleich zu dem was andere Besucher des 80 Mile Beach durchgemacht hatten. Um sie zu sehen musste man früh aufstehen – nichts für Kurt. Kurt schlief immer aus. Egal wie heiß es war, oder was es zu sehen gab. Kurt schlief aus. Wenn ich campte, dann ging ich meist kurz nach Sonnenuntergang schlafen. Kurt meinte, er sei trotzdem bis spät in der Nacht wach. Es war sein Tribut an ein Arbeitsleben in der Nachtschicht

Kurt verpasste ein tolles Schauspiel: Dutzende Schildkröten waren nachts an den Strand gekommen, hatten Löcher gegraben, ihre Eier hineingelegt und waren nun wieder auf dem Weg zurück ins Meer. Es war eine unglaubliche Willensleistung. Linke Flosse, rechte Flosse, zehn Zentimeter Richtung Meer stemmen. Sie waren völlig hilflos, unendlich langsam und atmeten schwer. Aber nichts brachte sie von ihrer Mission ab. Der Ozean hatte nach einer Weile Mitleid; die Ebbe verabschiedete sich und als die Flut kam, verschluckte sie die ausgezehrten Schildkröten in wenigen Minuten. Ich wollte mich von nun an nicht mehr über Strapazen beklagen.

Südlich vom 80 Mile Beach fielen zum ersten Mal die nervigsten Zeitgenossen Westaustraliens über uns her: Buschfliegen. Sobald wir irgendwo anhielten, dauerte es nur wenige Augenblicke, bis sich die erste Fliege zeigte. Vorsichtig nahm sie in meinem Mundwinkel Platz. Ich verscheuchte sie. Das schien nur weitere Fliegen anzulocken. Die nächste versuchte in meinem Ohr zu landen, während sich drei bis vier andere um meine Nasenlöcher stritten. Ich bemerkte sie kaum, denn zwei besonders freche Fliegen wollten Feuchtigkeit aus meinen Augäpfeln saugen. Und so surrten schnell zwanzig, dreißig Plagegeister um meinen Kopf herum und trieben mich in den absoluten Wahnsinn. Die einzige wirksame Möglichkeit um sich nicht sein eigenes Gesicht zu zerschlagen, war eine Sonnenbrille und einen Ganzgesichtssturban zu tragen. Ich lernte allerlei norwegische Flüche zu dieser Zeit und wusste gleichzeitig auch, wann Kurt »morgens« aufgestanden war, denn das Erste, was er tat, war in der Regel eine Hand voll Fliegen durch die Nase zu verschlucken.

4

Mit jedem Meter, den wir nach Süden rollten, wurde es kühler. Hätte der Karijini Nationalpark nicht so einen exzellenten Ruf genossen, wir wären niemals ins noch heiße Landesinnere gefahren.

Der Park, ein Canyon mit Flüssen und Seen, war wunderschön, aber mit Schweiß in den Augen fiel es schwer, ihn zu genießen. Wie die Schildkröten am 80 Mile Beach schleppten wir uns in den Canyon hinab, um uns in einem kleinen See, der im Schatten lag, vor Überhitzung zu schützen.

In meinem Zelt fühlte ich mich wie ein Spiegelei. Der Boden gab die ganze Nacht die Hitze ab, die er den Tag über fleißig gesammelt hatte. Erst als die Sonne wieder aufging ließ das Garen nach, doch schon die ersten Sonnenstrahlen verwandelten den Innenraum meines Zeltes in einen Dampfkessel.

Kurt schlief aus.

Ich hatte keine Ahnung, wie er es anstellte, aber ich musste weg. Unweit vom Nationalpark lag mitten im Nirgendwo das kleine Minenarbeiter Städtchen Tom Price. Ich hinterließ ihm eine Nachricht, dass ich im (hoffentlich klimatisierten) Supermarkt auf ihn warten würde.

Tom Price war reich. Die Leute hier lebten von der Arbeit in den umliegenden Minen und dass die gut bezahlt war, sah man schon an der öffentlichen Toilette. Sie sah von außen aus wie ein Ufo, gab Sprachanweisungen, spielte Musik und reinigte sich abschließend selbst. Im Supermarkt besorgte ich mir Kokosnusswasser aus dem Tetrapack, setzte mich auf eine Bank in den Schatten und wählte Naomis Nummer. Wann immer ich Handyempfang hatte, telefonierten wir oder schrieben ein paar SMS. Das versorgte mich mit genügend Endorphinen bis zum nächsten Telefonmasten. Während das Telefon klingelte, fiel mir erst auf wie viele Heuschrecken hier krabbelten. Sie waren feuerrot, so groß wie ein Streichholz und liefen über Wände und den Boden. Sie reisten als blinde Passagiere auf Einkaufstüten und in den Haaren ahnungsloser Passanten.

»Hallo«, meldete sich Naomi.

Das war nicht das euphorische »Haaahhlloooooo!«, das ich sonst zu hören bekam. In diesem Moment lief ein kleiner Junge an der Hand seiner Mutter an mir vorbei. Er schaute in die Luft und trat auf eine Heuschrecke auf dem Boden. Ihr zerstampftes Bein klebte am Asphalt und sie konnte sich nur noch im Kreis drehen.

»Ich wünschte, ich müsste dir das nicht am Telefon sagen«, begann sie ihren Monolog.

Sie referierte über ihr Seelenleben und ihre Alpträume, stellte die These auf, dass sie unsere Beziehung nur nutzen würde, um sich von der Trennung von Gary abzulenken. Sie war nicht sie selbst und wusste nicht einmal, ob sie nicht doch nach Irland zurückkehren sollte. Das Einzige was sicher war: So konnte es nicht weitergehen. Sie brauchte Zeit und musste alleine sein. Ich unterbrach sie.

»Dann macht es auch keinen Sinn weiter zu telefonieren.« Als sie keinen Einwand erhob, legte ich auf.

Ich hatte genug. So schön es mit ihr sein konnte, wir kamen keinen Meter voran. War es das nun gewesen? Verbannt ins Präteritum? Reduziert zu einer Facebookfreundschaft? Ich hielt den Gedanken nicht aus.

Kurt kam um die Ecke, ich stand auf, beendete das Leiden der Heuschrecke und wünschte, jemand hätte mir den gleichen Gefallen getan.

Ich genoss die Reise nicht mehr und hasste mich dafür. Eigentlich hatte sich nichts geändert, denn wir besuchten immer noch wunderschöne Orte und ritten auf den Ténérés durch Westaustralien. Ich kannte Menschen, die sich für diese Erfahrung zur Heuschrecke machen würden und trotzdem war der Liebeskummer härter als alles, was Australien an extremen Härten zu bieten hatte.

Wir fuhren nach Exmouth und besuchten das Ningaloo Riff. Im Gegensatz zum berühmten Great Barrier Riff lag es nur wenige Meter vom Strand entfernt, man konnte gemütlich hinschwimmen und in eine andere Welt abtauchen. Ich sah Korallen, einen Seestern, einen Riffhai und hunderte bunte Fische, aber alles schien grau und eintönig.

Der Sorgenmeister, mein alter innerer Bekannter, hatte das Zepter übernommen und sorgte für Trübsal und Selbstmitleid. Ich war gefangen in meinen Kopf. Es war viel leichter, in den Moment zu kommen und die kleinen Dinge zu genießen, wenn es einem generell gut ging. Kleinere Sorgen oder die Neigung ständig zu planen konnte ich »wegmeditieren«. Solchen Tiefschlägen für mein Seelenleben hatte ich nichts entgegenzusetzen.

Theodor Fontane schrieb »Was macht man sich aus der Liebe der ganzen Menschheit, wenn man Zahnweh hat«.

Was macht man sich aus der Schönheit Westaustraliens, wenn man Liebeskummer hat?

5

Je weiter wir Richtung Süden vordrangen, desto mehr änderte sich die Landschaft. Aus knöchelhohem, vertrocknetem Gestrüpp wurde dichtes, hüfthohes Gebüsch und bei Kalbarri, knapp 600 Kilometer von Perth, begann es zu blühen. Noch weiter südlich gab es sogar wieder Bäume und die Temperaturen wurden viel angenehmer.

In Kalbarri sah ich Kurt zum letzten Mal. Wie meistens flüchtete ich morgens an einen klimatisierten Platz, um auf ihn zu warten. Es war Routine geworden und am Abend hatte ich ihm gesagt, dass ich an der Tankstelle am Ortsrand warten würde. Zwei Eiskaffee später wartete ich immer noch. Ich rief ihn an, er ging nicht ran. Als ich entnervt zurückfuhr, sah ich, dass er aufgebrochen war. Später rief er mich zurück: »Ich habe Perth in mein Navi eingegeben und es sagte, ich sollte links abfahren vom Campingplatz.«

»Aber ich habe dir doch gesagt, dass ich rechts an der Tankstelle warte.«

»Ja, aber mein Navi…«

Wir haben es auch nicht geschafft uns in Perth wieder zu treffen und so reiste ich schnell ab, um mehr Zeit in meinem geliebten Margaret River zu verbringen. Vielleicht hatte mich Kurt absichtlich stehen gelassen. In den letzten Tagen war ich sicherlich kein guter Reisegefährte gewesen.

In Margaret River hatte sich zu meiner Freude nichts geändert: Die Leute grüßten sich noch immer freundlich und fuhren ihre Surfbretter durch die Gegend und der Ozean spülte noch immer hohe Wellen an den Strand. Es war schön David wiederzusehen. Ich lud ihn zum Essen und auf viel zu viel Bier ein.

Mein Zelt schlug ich kurz hinter der Stadt auf dem Glenbrock Campingplatz auf, denn David hatte mein altes Zimmer unter-vermietet. Das war kein Problem. Ich war sogar froh draußen zu schlafen; Meine Gedanken brauchten Platz.

Im Süden war im Gegensatz zum Norden Reisezeit, was sich an mehr Reisenden und viel angenehmerem Wetter bemerkbar machte. Statt einen leeren Campingplatz vorzufinden, campten hier bestimmt 30 Menschen. Der Campingplatz war so weitläufig, dass man sich dennoch nicht beengt fühlte. Mietfrei lebten einige Kängurus auf dem Campingplatz. Tagsüber hoppelten sie in einiger Entfernung umher, aber wenn man früh morgens aufwachte, erwischte man sie zwischen Zelten und Wohnmobilen.

Der Campingplatz hatte eine große Gemeinschaftsküche, in der man leicht andere Camper kennenlernen konnte. Ich kam mit einem jungen Franzosen ins Gespräch.

»Wie lang bist du schon hier?« fragte ich ihn.

»Schon fast drei Monate. Noch zwei Wochen, dann habe ich genug, um das zweite Jahr zu beantragen.«

Australien hat chronische Erntehelferknappheit. Diese wird durch Backpacker behoben, die im Tausch für drei Monate Arbeit ein weiteres Jahr im Land bleiben dürfen.

Eigentlich wollte ich nicht noch ein Jahr in Australien bleiben, stattdessen manifestierte sich der Wunsch in mir, nach Hause zu gehen. Es war Anfang Dezember, ich hatte noch Visum bis Ende März und wäre dann knapp zwei Jahre auf Reisen. Es fühlte sich an, als wäre das vorerst genug. Nachdem die Sache mit Naomi nach unserer Unterhaltung im Minenarbeiterstädtchen Tom Price keine Zukunft mehr hatte, war auch die letzte Motivation hinüber länger zu bleiben.

Dennoch musste ich noch Geld verdienen, um meine Heimreise zu finanzieren. Erntearbeit wäre eine Option. Das hätte auch den Bonus gehabt, dass ich mein Visum tatsächlich hätte verlängern können. Ich würde zwar trotzdem nach Hause fliegen, konnte aber irgendwann später noch einmal für ein Jahr wiederkommen. Aber wollte ich das wirklich? Oder wollte ich das nur, um mir ein Hintertürchen zu Naomi offenzuhalten? Alternativ könnte ich mir sicherlich auch einen entspannten Job in einer Bar in Adelaide oder Melbourne organisieren, anstatt wieder auf Weinfeldern zu malochen. Ich schrieb ein paar schlampige Bewerbungen an Weingüter in Margaret River und erhielt zurecht keine Antwort.

Anstatt Geld zu verdienen, gab ich es aus. Aber es war die beste Investition seit meinem Ebook Reader.

Ich wollte mir eigentlich neue Zeltheringe kaufen, weil von zwölf nur noch vier übrig waren. Stattdessen blieb ich vor den Hängematten stehen.

»Kann ich dir helfen, Kumpel?«, fragte der Verkäufer.

Er war vielleicht 19, hatte lockige dunkle Haare, warme Augen und machte den Anschein eben aus Hawaii eingeflogen zu sein.

»Ja, ich reise mit dem Motorrad und jetzt bin ich mir nicht sicher, ob eine Hängematte eine gute Idee ist.«

»Hängematten sind geil! Kauf dir am besten gleich eine große!«

»Ich habe nur wenig Platz«

»Vertrau mir Kumpel, sobald du das Ding aufhängst, wollen sich mehr Leute reinsetzen.«

Als ich sie das erste Mal aufhängte, musste ich an Fou denken: Fou hasste campen, auch wenn er es nicht zugab (bis zum heutigen Tag). Ein Grund, den er anführte: Es war unbequem. Damit hatte er recht. Als Motorradreisender ist Platz Mangelware. Es gab Motorradreisende, die Stühle transportierten, aber das war mir zu umständlich und jedes Kilogramm mehr Gepäck ließ sich direkt in weniger Fahrspaß übersetzen. Auf den Koffern vor dem Zelt zu sitzen war umständlich und so sehen Motorradcamps zwar hübsch aus auf Bildern, wirklich gemütlich sind sie nicht – Bis die Hängematte kam.

Kurz nachdem die Hängematte auf dem Glenbrock Camingplatz hing, lernte ich Lydia in der Gemeinschaftsküche kennen. Sie kam aus England und hatte sich in einen Norweger verliebt, der nun wieder in Norwegen war. Sie war ziemlich niedergeschlagen, was sich gut traf, denn mir ging es nicht anders. So gesellte sie sich in meine Hängematte und zu meinem Käp Säff, und wir tranken auf Hängematten und australischen Wein und die verdammte Liebe und darauf, dass es doch trotzdem ziemlich cool war, sich seinen Campingplatz mit Kängurus zu teilen.

Nach einer guten Woche in Margaret River schaute ich mir den Südwesten Australiens an. Ich sah mir Cape Leeuwin an, wo arktischer und indischer Ozean zusammenfließen, die Städte Augusta und Albany, und machte den Treetop Walk bei Walpole, bei dem man in den Baumwipfeln spazieren gehen kann. Der Südwesten ist wirklich ausgesprochen schön, aber die Kirsche auf der Torte war Esperance.

Googelt man nach Bildern von Australien, so stößt man früher oder später auf Bilder von Kängurus, die auf weißem Sand, vor türkisblauen Meer mit kleinen Inselchen hoppeln. Der einzige Gedanke, den man haben kann ist: Photoshop! Da hat jemand seinen Bildbearbeitungskenntnissen freien Lauf gelassen. Aber: es ist wahr. Dieser Ort existiert und er heißt Esperance. Esperance, Westaustralien, ist offiziell der schönste Ort an dem ich jemals war. Man muss sich nach Esperance durchbeißen. Die meisten

Besucher kommen nicht so weit, denn Augusta, Walpole und Albany liegen recht nah beieinander, aber Esperance verlangt einem weitere fünfhundert Kilometer ab. Es lohnt sich, denn Esperance hat schöne Strände, die tatsächlich mit zahmen Kängurus bevölkert sind, die einem aus der Hand fressen (es ist verboten, sie zu füttern, aber jeder tut es).

Besonders aufregend war eine offiziell 22 Kilometer lange Straße auf diesem wunderschönen weißen Strand, die zu einem Campingplatz führte. Es war zu schön, um traurig zu sein. Mein Herz würde zweifelsfrei nach Margaret River ziehen, meine Augen nach Esperance.

Esperance hat noch durch ein weiteres Event kurzzeitige Berühmtheit erlangt: Am 11. Juli 1979 gab die Nasa das letzte Kommando an ihre Raumstation »Skylab«. Man wollte sie aufgegeben und sie über offenem Meer sicher zum Absturz bringen. Allerdings hatten die Mathegenies der Nasa sich verrechnet, was den Bewohnern von Esperance ein kleines Feuerwerk bescherte. Die Überreste der Raumstation fielen nämlich in jener Nacht als brennende Feuerbälle auf die Erde. Als man verstand, was passiert war, stellte der Esperance Shire der Nasa einen Strafzettel aus: 400 Dollar für unerlaubte Müllentsorgung.

6

Das Universum verlangte Ausgleich: Ich bezahlte für die Schönheit Esperances mit der Nullarbor Plain. Die Nullarbor Ebene liegt im Süden Australiens und ist so lang und unwirtlich, dass sie in der Regel überflogen wird.

Das hat seine Gründe: 2000 Kilometer trennen Esperance von Adelaide. Dazwischen ist nur Nullarbor. Nullarbor ist aus dem

Lateinischen abgeleitet und bedeutet »keine Bäume«. Man hätte keinen besseren Namen finden können.

Alles, was es gibt, ist Gebüsch, rote Erde und hin und wieder Felsen, die so trostlos aussehen, als lägen sie lieber irgendwo anders. Ich dachte immer das Zentrum Australiens ist die trockenste Gegend, aber Wikipedia klärte mich auf, dass Nullarbor der trockenste Fleck auf dem trockensten Kontinent ist.

Für Motorradfahrer ist es besonders hart. Australien ist reich an Stränden, Ozeanen und Kneipen, aber leidet unter akuter Kurvenarmut. Auf der Nullarbor erreicht sie ihren Höhepunkt: Die Straße prahlte an einem Abschnitt mit 146,6 Kilometern ohne einen einzigen Knick. Aber auch sonst gab es keine Kurven. Der Südwind blies so heftig, dass ich den Großteil dieser 146,6 Kilometer in Schräglage fuhr, um geradeaus zu fahren. Er zerrte an meinem Helm und trieb mich beinahe in den Wahnsinn. Außerdem schien er direkt aus der Antarktis zu wehen, denn er war eisig kalt. Mein Schlafsack war dafür nicht ausgelegt. Vor dem Einschlafen zündete ich den Kocher in meinem Zelt an, um es wenigstens kurz warm zu haben und dachte wehmütig an die Hitze im Norden zurück.

Und es war einsam. Niemand fuhr hier. Ich zeltete alleine und fuhr alleine, kochte allein, Architekt und Sorgenmeister hatten alle Zeit der Welt mir die Reise zur Hölle zu machen.

Aber die Nullarbor belohnt jeden, der sich hier lang quält mit einer herrlichen Überraschung. Nach einem kaum spürbaren Knick nach Süden, beginnt die Luft salzig zu riechen – und ein paar Kilometer weiter überraschte mich der arktische Ozean.

Das Meer war schwarz und tobte, unten schlug es mit unvorstellbarer Macht gegen die Klippen, als ob es wütend nach Opfern verlangte. Die Küste sah aus als sei sie unter der Wucht abgebrochen.

Sobald ich durch kleine Orte mit großen Getreidesilos fuhr, die aussahen wie der Geldspeicher von Dagobert Duck, wusste ich, dass ich Südaustralien erreicht hatte. Mit guten Böden und reichlich Sonne produziert Südaustralien das beste Obst und die leckersten Käp Säffs des Landes.

Ich war zwar froh, die Nullarbor gemeistert zu haben, aber fühlte mich dennoch beschissen. Ich hatte keine Klarheit, was ich tun sollte, war nicht in der Lage zu entscheiden und ging mir damit selbst auf die Nerven. Erst fuhr ich nach Adelaide wegen einem Job in einer Bar, änderte meine Meinung wieder und fuhr ins Landesinnere um Farmarbeit zu suchen.

Die vergangenen Wochen waren so zermürbend gewesen, dass ich viele dumme Fehler machte: An einer Tankstelle kippte mir Smetana gegen die Zapfsäule und ich zerbrach ihre Scheibe. Als ich nach Adelaide fuhr, ließ ich mein Handy während der Fahrt fallen. Auf dem Weg zur Farmarbeit wurde es so heiß, dass ich meine Jacke während der Fahrt auszog und zwischen meinem Rücken und der Gepäckrolle einklemmte. Nach einer Weile bemerkte ich, dass die Jacke weg war. Ich fuhr die letzten Kilometer ab, aber konnte sie nicht finden und fuhr wütend weiter. Irgendwann fiel mir auf, dass mein Schatten recht seltsam aussah. Ich hielt an und sah, dass ich die Jacke die ganze Zeit hinter mir herzog. Ein Ärmel war an einem Spanngurt eingeklemmt gewesen. Sie hing über dem Auspuff, der ein großes Loch hinein gebrannt hatte.

Kurz bevor ich Waikeri erreichte, mein Etappenziel im Landesinneren, hatte ich einen Unfall, der zum Glück glimpflich ausging, aber meine Schuld war: Ich blinkte nach rechts, bog dann doch links ab und ein nagelneuer Toyota touchierte meinen Lenker. Smetana und ich gingen zu Boden, aber uns passierte nichts. Der Toyota hingegen hatte hässliche Kratzer davongetragen. Die Fahrerin fragte mich, ob ich eine Versicherung hätte, ich verneinte und sie ließ mich zum Glück weiter fahren. Es war völlig offensichtlich: Ich brauchte dringend eine Pause vom Motorradfahren.

Ich kam in einem Working Hostel in Waikiri unter. Working Hostels arbeiten mit den Farmern des Umlands zusammen, so war es recht leicht dort Arbeit zu finden. Das Hostel war ein ausrangierter Flussdampfer. Von Weitem machte es etwas her, doch wenn man drin war, dann war es einfach nur versifft und ekelhaft. Die Arbeit, die es hier gab, war hart und die Temperaturen erreichten wieder spielend 40 Grad. Hier war sie: Meine Option auf ein weiteres Jahr Australien. Aber ich hatte nur noch vier Monate, bevor ich das Land verlassen sollte. Und die sollte ich hier verbringen?

Aus dem Nichts bekam ich eine SMS von Naomi. Ich hatte seit Wochen nichts von ihr gehört:

»Ich habe deinen kleinen Brief bekommen! Du bist ein Geschenk für die Welt! Wie geht's dir? Wie ist deine Reise?«

Vor einigen Wochen hatte ich drei französischen Backpackern, die auf dem Weg nach Darwin waren, einen Brief mitgegeben. Den hatte ich vor Tom Price und den zerquetschten Heuschrecken geschrieben und ihn ganz vergessen.

Ich schrieb ihr wo ich war, dass ich unter der Hitze und den Arbeitsaussichten litt, völlig ausgebrannt war, und mein Kopf mich terrorisierte.

»Mir geht es auch nicht so gut. Vielleicht liegt es auch einfach an der Jahreszeit. Du solltest kommen und Weihnachten mit uns feiern.«

»Das wäre schön.«

»Es ist nicht weit…«

»Ein bisschen weit weg ist es schon.« Ich war genau genommen am anderen Ende des Kontinents.

»Der Gedanke, dass du Weihnachten dort verbringst, ist furchtbar!«

»Sagst du das nur, weil du Mitleid mit mir hast?«

»Niemand sollte Weihnachten alleine verbringen.«

»Wenn ich kommen würde, dann würde ich eine Weile bleiben...«

Darauf kam nichts. Erst am nächsten Tag schrieb sie:

»Ich will nicht, dass du Weihnachten alleine verbringst, aber ich will auch nicht, dass wir wieder etwas anfangen, nur um das Gleiche durchzumachen, was letztes Mal passiert ist. Ich will, dass du kommst und ich will auch nicht, dass du alleine bist, und ich will dich wiedersehen – Ich habe nur Angst. Angst, dass ich wieder ein seelisches Wrack bin und dich wieder verletze und wir beide an einem schlimmeren Ort landen als letztes Mal.«

Ich schrieb ihr daraufhin eine lange Nachricht, dass ich nicht kommen würde, denn alles, was ich wollte, war, wieder etwas mit ihr anzufangen und Hals über Kopf über ins Verderben zu rennen.

Damit war die Sache jedoch keineswegs abgehakt. Stattdessen folgte auf meine Email ein Tanz der Textnachrichten, bei dem wir versuchten uns gegenseitig die Entscheidung in die Schuhe zu schieben. Naomi beendete ihn mit den Worten:

»Du musst es für dich entscheiden.«

Ich antwortete: »Ok, ich schlafe eine Nacht drüber.«

Ich wünschte, ich wäre einfach in Waikeri geblieben oder nach Melbourne gefahren, oder hätte zumindest wirklich darüber geschlafen. Stattdessen packte ich meine Sachen, belud Smetana und reiste mit wehenden Fahnen aus Waikeri ab.

7

Zwischen Waikeri und Naomis Türschwelle lagen 3000 Kilometer. Es war weiter als von Paris nach Sankt Petersburg. Freilich hatte ich weitere Freunde in Darwin und ich freute mich auch, Dave wiederzusehen, aber nur Naomi konnte mich zurück ins rohe Darwin bringen. Vielleicht konnte ich dort wieder im Cav anfangen und wieder bei Dave wohnen, dennoch war es komplett verrückt. Umso weiter ich fuhr, desto sicherer war ich mir, dass es nicht nur verrückt, sondern auch eine furchtbare Idee war.

Immerhin war die Straße perfekt und da es nur geradeaus ging, spulte ich die Kilometer schnell herunter. Doch kurz vor Alice Springs, die halbe Strecke war geschafft, da begann es zu regnen. Eigentlich ist das Red Center der Inbegriff einer Wüste. Der Uluru, auch Ayers Rock genannt, jenes Wahrzeichen Australiens, ohne das kein Reiseführer auskommt, war nicht weit, doch im Roadhouse sagten sie mir, dass die Zufahrt unter Wasser stehen würde. Also fuhr ich ein wenig weiter, bis ich eine verlassene Parkbucht fand. Ich schlug mein Zelt in der Nähe auf und sah zu wie sich am Horizont eine gewaltige Gewitterwand bildete. Wenigstens stand mein Zelt geschützt unter einem Stahldach. Früher musste hier eine Picknickbank montiert gewesen sein. War das Dach nun ein Faradayscher Käfig, oder saß ich womöglich am Ende eines Blitzableiters? Es war mir egal, ich konnte nirgends hin und hatte andere Sorgen: Es war der 21.12.2015, der dritte Todestag meines Vaters und der letzte Tag, an dem ich alleine mitten im Outback in einem Gewitter zelten wollte.

Normalerweise lenkte ich mich von dem Fakt ab, dass mein Vater gestorben war. Aber in manchen Momenten fällt es besonders schwer. Musik von den Rolling Stones holt Erinnerungen an Autofahrten in seinem schwarzen Ford herauf. »Dust in the Wind« von Kansas bringt mich direkt zurück auf seine Trauerfeier. Besonders schwer ist es an seinem Todestag. An seinem ersten Todestag war ich mit meiner Familie, am zweiten mit Freunden in Thailand. An diesem Tag musste ich mich meinen Gedanken stellen.

Um mich herum gingen Blitze nieder, wenn es donnerte war es so laut, dass ich mir am liebsten die Ohren zu hielt, der Regen setzte die halbe Parkbucht unter Wasser und Sturmböen rissen an meinem Zelt. Dieses Wetter fühlte sich an wie die Wut, die in mir hochkam, wenn ich länger an ihn dachte. Wut, dass er sich nicht bei mir gemeldet hatte. Wut, dass er mich nicht um Hilfe gebeten hatte. Wut, dass er mich im Stich gelassen hatte. Wut, dass er gestorben war und mich mit seinem ganzen Scheiß zurückließ. Wut, dass ich seine Wohnung ausräumen musste. Wut, dass er all das nicht mehr gutmachen konnte.

»Wo bist du jetzt?!« schrie ich in den Sturm. Als Antwort bekam ich noch mehr Wind. Sandkörner bliesen mir ins Gesicht. »Dust in the wind«. Ich begann zu heulen.

Plötzlich flatterte mein halbes Zelt im Wind. Drei Heringe hatten sich gelöst. Ich trieb sie mit einem Stein wieder in den Boden, setzte mich wieder vor das Zelt und dachte an die Worte des Pfarrers, der die Beerdigung geleitet hatte. »Er war stolz auf Sie«, hatte er gesagt und mich dabei angesehen, «und in Vielem hat er Sie zu dem gemacht, der Sie heute sind.«

Ich hatte das nicht verstanden. Die letzten Jahre vor seinem Tod hatte mein Vater kaum Einfluss auf mein Leben. Ich hatte den Spruch des Pfarrers abgetan als Floskel. Als etwas, dass man eben sagt, wenn ein Sohn den Tod des Vaters betrauert. Aber auf einmal, hier draußen in diesem Gewitter, mit all dem Sturm,

Donner, den verdammten Blitzen und dem Regen, da machte es Sinn.

Wäre ich früher nicht enttäuscht gewesen, dann hätte ich mir niemals die Frage gestellt, die mein Leben bestimmte: »Wie lebt man ein gutes Leben?« Die Einsicht erschütterte mich wie ein Donnerschlag: Auf eine verquere, seltsame Art und Weise hat er mich tatsächlich zu dem gemacht, der ich heute bin.

Ich dachte an die Handballspiele, zu denen er mich und meine Freunde immer gefahren hat. Immer. Er fuhr uns in die letzten Dörfer. Zum Dank quälten wir ihn mit lautem Gangsterrap. Ich wollte ihn jetzt nicht mehr anschreien. Ich wollte ihn umarmen. Mich entschuldigen, dass ich nicht selbst angerufen habe. Mich bedanken, denn solange es in seiner Macht gestanden war, da war er für mich dagewesen

8

Das Gewitter hatte meine Seele gewaschen. Als ich aufwachte fühlte ich mich viel besser. Aufgehört zu regnen hatte es deswegen nicht. Der Regen blieb mein Begleiter. Ich fühlte mich wie in einem Comic, in dem der Protagonist eine Regenwolke über sich mitzieht. Wo immer ich hinkam, schüttete es. Den Uluru bewunderte ich nur kurz aus der Ferne, ich fuhr schnell weiter. Ich hatte sowieso keinen Platz für diesen Felsen. Ich wollte zu Naomi. Am dritten Tag fuhr ich 1084 Kilometer durch strömenden Regen, nur um zur Belohnung im strömenden Regen zu zelten. Bisher war ich ein Schönwetter-Camper gewesen, immer ausgewichen wenn das Wetter nicht mitspielte, aber in der letzten Nacht bevor ich Darwin erreicht hatte, war ich im Nirgendwo gestrandet und hatte keine andere Wahl.

Den restlichen Weg war ich schon mit Kurt gefahren, aber ich erkannte ihn nicht wieder. Der Regen hatte das staubtrockene Land verwandelt: Die Überflutungsgefahr-Schilder machten plötzlich Sinn, denn über Kilometer hinweg stand das Land unter Wasser. Die Straße war glücklicherweise ein wenig erhöht, weswegen sie meist nicht überflutet war. In einem Roadhouse erzählte mir ein Trucker, dass Krokodile während der Regenzeit bis tief ins Landesinnere gespült werden und ich besser aufpassen sollte, wo ich zeltete.

Das verpasste mir ein unbehagliches Gefühl. Wer will schon nachts von einem Krokodil überrascht werden? Eine größere Gefahr ging aber von den Kängurus aus. Ich liebte Kängurus. Nichts vermittelte einem so das Gefühl in Australien zu sein wie ein Käp Säff zu trinken und ein Känguru durch die Abendsonne hoppeln zu sehen. Leider haben sie eine verstörende Eigenschaft: Sie lieben es über die Straße zu springen, und zwar möglichst knapp vor passierenden Fahrzeugen. Kängurus sind gesellig und hoppeln gerne in Gruppen, was bedeutet, dass die letzten Kängurus oft erwischt wurden. Manchmal lagen hunderte Kadaver am Straßenrand.

Road Trains und Autos waren deshalb mit sogenannten »Roobars« ausgestattet; Stoßstangen, die das Fahrzeug vor einem Zusammenprall schützten. Für Motorräder gab es keine Roobars und ein Zusammenprall mit einem Känguru hätte für alle Beteiligten schlimme Folgen. Bisher war es kein Problem gewesen einen Zusammenstoß zu vermeiden, denn die Kängurus sind morgens und abends aktiv. Morgens hieß es also sich zu gedulden (Kurt nahm das oft als Vorwand) und abends musste man am besten schon in der Hängematte liegen, bevor es dämmerte. Tagsüber sind sie weniger aktiv und für gewöhnlich leicht durch die spärliche Vegetation auszumachen.

Aber nun wucherte Dschungel am Straßenrand. Die ehemals verdorrten Gräser waren sattgrün, wuchsen zwei Meter hoch in den Himmel und schufen einen blickdichten Vorhang auf beiden Straßenseiten.

Ich hielt mich meist in der Mitte der Straße, um verirrten Kängurus ausweichen zu können. Kurz vor Darwin, meine Gedanken waren bei Naomi, bewegte sich etwas im grünen Vorhang, keine 20 Meter vor mir. Bevor ich reagieren konnte, kam ein Tier auf die Straße gesprungen. Aber es war kein Känguru – es war ein ausgewachsener Wasserbüffel. Ich kam ihm so nahe, dass ich genau erkannte wie er seine Augen weit aufriss, als er mich sah. Er hatte ein erstaunliches Reaktionsvermögen und sprang überraschend elegant mit einem weiten Satz zurück ins Dickicht.

Am 24. Dezember gegen 13 Uhr stand ich schließlich vor Naomis Eingangstür. In einem Buch von Andreas Altmann hatte ich einen Satz von Jean Cocteau gelesen und der hämmerte seitdem in meinem Kopf: »Es gibt keine Liebe, nur Beweise der Liebe.« Ob Cocteau einen Kontinent zu durchqueren für einen validen Beweis halten würde?

Der Himmel war verhangen, aber jetzt als ich angekommen war, hatte es zumindest aufgehört zu regnen. Ich war in meinem Leben noch nicht so nass gewesen. Naomi rechnete mit mir erst am nächsten Tag. Mein Herz schlug mir bis zum Hals. Es war eine bescheuerte Idee hier zu sein. Trost spendete der Gedanke, dass ich mir sagen können würde – egal wie es lief – ich habe alles versucht.

Ich klingelte.

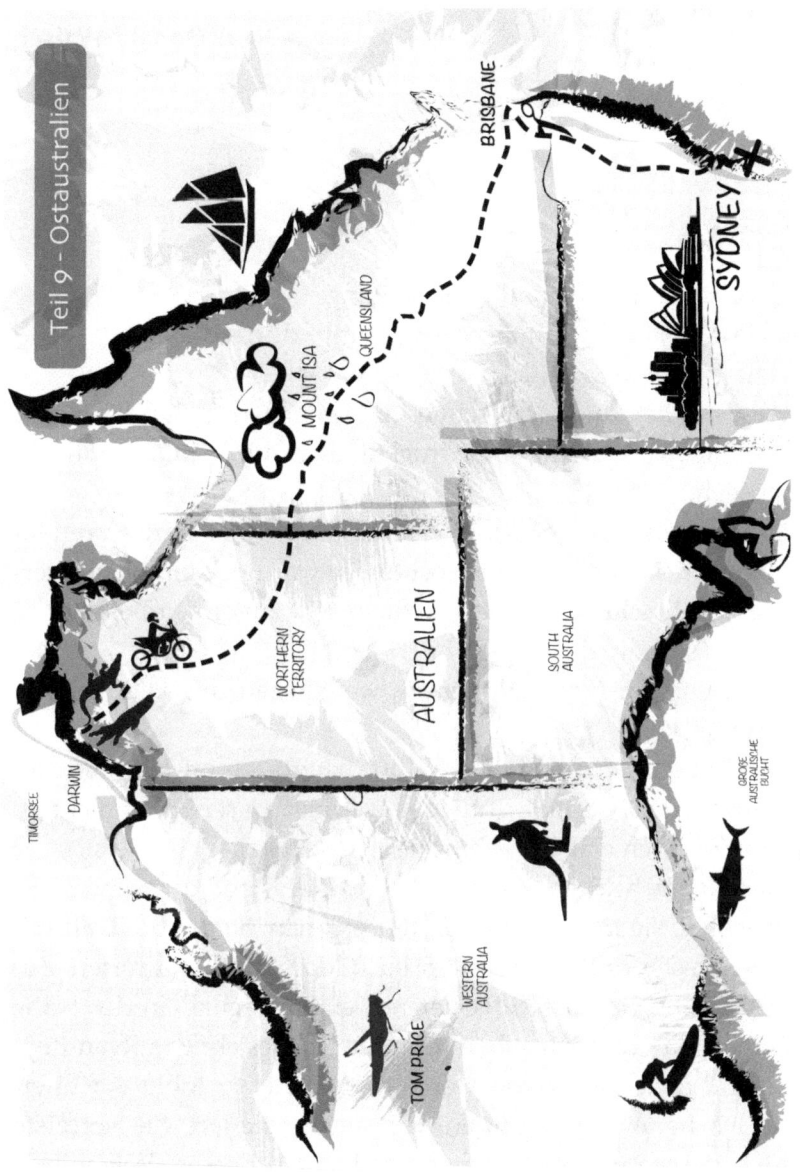

Teil 9 – Ostaustralien

255

»The struggle ends, when gratitude begins«

- Neal Donald Walsch

1

Im Haus schlappte jemand zum Eingang.

»Hallo?«, Naomis Stimme drang dumpf durch die Tür.

»Hallo!«, rief ich.

»Was machst du denn schon hier?!« Sie riss die Türe auf, sprang mir in die Arme und drückte mich mit Händen und Füßen an sich.

Sie trug Shorts und ein dunkelblaues Top, ihre Haare waren lockig, wie ich sie am liebsten mochte. Sie war noch ein wenig verschlafen, wahrscheinlich hatte sie die Nacht zuvor gearbeitet.

»Ich bin so froh, dass du da bist!«

Als sie von mir herunterkletterte, war sie ganz nass von meiner Motorradjacke.

Ich schälte mich aus meiner Kluft, hängte sie im Hof auf und ging duschen. Ob es eine gute Idee war hier zu sein oder nicht, es war mir egal. Ich war einfach froh sie zu sehen.

Aber Naomi war sehr darauf bedacht Abstand zu wahren. So unterrichtete sie mich von ihren Reiseplänen: Sie würde bald mit ihrer Schwester und ihrer Mutter nach Margaret River reisen. Zusätzlich wollte sie nach Silvester mit einem Freund in der Nähe von Byron Bay campen gehen. Er hatte ein Gesicht wie Ryan Reynolds und den Körper von Hercules. Mein Herz tobte vor Eifersucht. Ich hatte den Kontinent für sie durchquert; Sie verreiste und ich musste in drei Monaten das Land verlassen. Was würde wohl Cocteau dazu sagen? Aber nicht mal er könnte es ihr vorwerfen, tat sie doch nur, was sie angekündigt hatte. Sie wollte uns vermeiden.

Der nächste Tiefschlag: Das Cav würde nach den Feiertagen für vier Wochen schließen (in dieser Zeit unternahm Naomi ihre Reisen). Das war ein weiteres Problem, schließlich musste ich die Kohle für meine Heimreise erst noch verdienen. Immerhin ließ mich Rickie an Weihnachten und an Silverster arbeiten, was den Sorgenmeister in meinem Kopf ein wenig beruhigte.

In der Zwischenzeit hatte ich versucht einen anderen Job zu finden, aber es war vergeblich. Naomi blieb ihrer Linie treu. Wenn ich bei ihr übernachtete, dann auf dem Sofa.

So saß ich in Darwin, ohne Job, ohne sie und fühlte mich miserabel. Was für ein Idiot ich doch war!

Zumindest hatte mich Dave wieder aufgenommen. Mit der Regenzeit änderten sich meine Aufgaben im Haus. Die Pflanzen mussten nicht mehr gegossen werden, stattdessen musste nun der Rasen wöchentlich gemäht werden. David hatte einen flotten Aufsitzmäher, aber selbst damit dauerte es drei bis vier Stunden. Dave sah mir an, dass es mir nicht gut ging und sprach mir Mut zu: »Darwin war immer gut zu dir, Kumpel. Mach dir keine Sorgen. Es wird schon werden«. Nett gemeinter Ratschlag, aber Dave kannte meinen Sorgenmeister nicht.

Trotzdem sollte er Recht behalten, denn ein paar Tage später rief mich Rickie aus dem Cav an und fragte ob ich denn nicht beim Umbau helfen wolle. Rickie rettete mich nun zum zweiten Mal. Auch wenn Darwin nicht meine Stadt war, Dave hatte Recht: Sie war gut zu mir.

Während Naomi also zu ihrem Campingausflug mit Ryan Hercules aufbrach, trug ich Tische hin und her und schraubte Ventilatoren und Fernseher von den Wänden. Nachdem ich in Darwin angekommen war, hatte es aufgehört zu regnen. Stattdessen war es nun so heiß und schwül, wie während des Built-Ups. Innerhalb weniger Minuten war ich eingedeckt mit Staub, Kaffeesatz, Whiskey und Schweiß.

Während ich einen ganzen Tag damit beschäftigt war, ein winziges Büro von zentimeterdickem Schimmel zu befreien, wurde mir zum ersten Mal richtig bewusst: Diese Reise geht zu Ende. Bald werde ich wieder daheim sein. Was ist denn nun ein gutes Leben?

2

In einem sieben Quadratmeter kleinen, fensterlosen Büro Schimmel von den Wänden zu kratzen und dabei Chlordämpfe einzuatmen, waren die schlimmsten Arbeitsbedingungen, die ich jemals erlebt hatte. Rickie schaute immer wieder mal nach mir, um zu sehen, ob ich noch bei Bewusstsein war. Aber ich war zufrieden. Wie die meiste Zeit im Cav.

Das war durchaus verwunderlich, denn meistens stand ich auf Kriegsfuß mit meinen Jobs, egal ob Dax-Konzern, Online-Marketing-Agentur oder Traubenpflücken. Nicht wegen der Arbeit an sich – ich arbeitete gerne – sondern wegen der Bedingungen. Schnell fühlte ich mich unterbezahlt, unterfordert oder missachtet. Im Cav war es anders. Das lag mitunter an Rickie, denn er war ein wirklich außerordentlich guter Chef, aber auch daran, dass ich das Cav richtig einordnete: Es war ein Job. Ich arbeitete, um Geld zu verdienen und ich war froh ihn zu haben.

Ich glaube Jobs sind das größte Missverständnis meiner Generation. Sicherlich für mich. Der Anspruch, den ich an meine Jobs stellte, war nicht weniger als Selbstverwirklichung. Sie sollten mich glücklich machen. Ich wollte meinen Job lieben. Dafür warf ich alles in die Waagschale, aber bekam trotzdem keine dauerhafte Erfüllung zurück.

Das Problem waren nicht meine Jobs und auch nicht meine Arbeitgeber. Das Problem war meine Erwartungshaltung. Ich suchte nach Erfüllung am falschen Ort. Es war, als ginge man in einen Supermarkt und suchte nach Wein bei den Reinigungsmitteln.

Kam man aus Deutschland, verschärfte sich das Problem noch, denn man scheint zu sein, was man arbeitet. Lernt man neue Leute kennen, dann ist eine der ersten drei Fragen: »Und, was arbeitest du?«

In Pakistan oder dem Iran tauchte diese Frage überhaupt nicht auf. Die Fragen waren meist:

»Bist du verheiratet?«

»Hast du Kinder?«

»Wie viel PS hat dein Motorrad?«

Haben Iraner und Pakistanis uns da nicht etwas voraus?

Ich hatte meine Jobs so sehr abgelehnt, dass ich völlig übersehen hatte, welchen wichtigen Teil sie in meinem Leben gespielt haben. Ohne sie hätte ich niemals auf diese Reise gehen können. Anstatt mich zu beschweren, wie langweilig oder eintönig meine Arbeit war, hätte ich mich freuen können, dass ich mich auf einen bequemen Bürostuhl setzen konnte und am Ende des Monats Gehalt überwiesen bekam.

Dass ich mit meiner Orientierungslosigkeit im Bezug auf meine Erwerbstätigkeit nicht alleine war, zeigt auch die »Folge deiner Leidenschaft«-Bewegung, die zu einer eigenen Industrie mutiert ist. Erleuchtete Gurus zeigen den uninspirierten Menschen wie mir, wie man mit seiner Leidenschaft Geld verdient und demzufolge nie wieder einen Tag arbeiten muss.

Aber was sollte ich tun, wenn ich mir meiner Leidenschaft überhaupt nicht bewusst war? Warten auf eine Eingebung? Auf eine göttliche Stimme, die aus einem brennenden Busch spricht und das Rätsel meiner Existenz lüftet?

Als es mal wieder an der Zeit war Daves Rasen zu mähen, hörte ich nebenher einen Podcast. So erfuhr ich von der schönen Idee der Autorin Elizabeth Gilbert. Ihr Ratschlag um das Leidenschaftsdilemma zu lösen: Anstatt Leidenschaft oder Berufung zu suchen, solle man seiner Neugier folgen. So einfach und doch bei näherer Betrachtung so raffiniert.

Jeder kennt das Gefühl der Neugierde, ein sanftes Tippen auf die Schulter und ein Flüstern: »Folge mir«. Es gab viele Dinge, die mich interessierten. Nach Elizabeth Gilbert kann Neugier zur Leidenschaft führen. Aber selbst, wenn das nicht so wäre, dann konnte ich mir gut vorstellen, dass ein Leben, das viel Freiraum für Neugier lässt, sicher sehr spannend sein würde.

Aber warum musste erst Elizabeth Gilbert kommen, um die frohe Botschaft der Neugier zu verkünden? Schließlich ist Neugier in jedem Menschen serienmäßig einprogrammiert. Wer das nicht glaubt muss sich nur einmal von einem Fünfjährigen Löcher in den Bauch fragen lassen.

Das Problem besteht wohl eher darin, dass im Alltag mit Vollzeit-Job kaum Raum für Neugier bleibt. Als ich meinen Jobs in Stuttgart nachgegangen war, hatte ich nach einem harten Tag nicht das Bedürfnis meiner Neugier zu frönen, sondern wollte meist nur auf der Couch rumhängen. Die arme Neugier wurde erdrückt.

Ich hegte Hoffnung, dass ich einen Friedensvertrag mit der Arbeitswelt aushandeln konnte. Ich würde zurückkehren ins Online Marketing, aber ich hatte eine Bedingung: Ich würde keine vierzig Stunden mehr arbeiten und auch nicht fünf Tage die Woche.

Ich wollte genügend Raum für meine Neugier reservieren. Ein Projekt schwebte mir schon vor. Ich hatte so viel Spaß am Schreiben meines Blogs gefunden, dass ich mir gut vorstellen konnte, ein Buch über meine Reise zu schreiben.

Wenn ich weniger arbeiten wollte, würde das gleichzeitig auch ein geringeres Einkommen nach sich ziehen. Aber würde das ein Problem werden?

Eine längere Motorradreise ist die perfekte Vorbereitung für ein minimalistisches Leben, denn man hat schlichtweg keinen Platz für mehr Zeug. Man trainierte sich das Shopping geradezu ab. Die Hängematte war neben meinem Ebook-Reader die einzige zusätzliche Anschaffung, die ich in knapp zwei Jahren getätigt hatte und ich hatte nicht mal ansatzweise das Gefühl, dass mir etwas fehlte.

3

Nachdem der Umbau des Cavs abgeschlossen war, tauschte ich den Schimmelkratzer wieder gegen den Zapfhahn und arbeitete, bis ich genug Geld hatte, um wieder am Gashahn ziehen zu können.

Naomi kehrte von ihren Reisen zurück und es war sicherlich kein Zufall, dass wir uns wieder näherkamen als mein Abschied näher rückte. Eine Hauptrolle spielte meine Hängematte, die ich in ihrem Hof aufgehängt hatte. Vom ersten Moment an verbrachten wir nahezu jeden freien Moment darin. Wir schauten Ted Talks und aßen Mangos, rauchten Joints und lasen uns gegenseitig vor, und irgendwann lag sie mir nicht mehr gegenüber, sondern in meinen Armen. Wenn ich mit Naomi war, brauchte ich nicht zu meditieren. Sie war der 100 Tonnen schwere Anker, der mich in den Moment holte.

Aber ich war ein Junkie. Süchtig nach ihrer Aufmerksamkeit und Nähe. Ich ging mir damit selbst auf die Nerven, denn wenn sie sich zurückzog, konnte ich es nicht ignorieren, sondern bekam schlechte Laune.

Eigentlich wollte ich schon Ende Februar abreisen, um genug Zeit für die Ostküste zu haben, doch es ging mir wie der Motte, die sich nicht vom Licht losreißen kann. So erfand ich Gründe, um zu bleiben. Als ich es dann doch schaffte, da war ich traurig und niedergeschlagen. Aber irgendetwas in mir war auch froh: Ich wollte mein Leben zurück.

Dennoch, es fiel mir schwer, schlechtes Timing als Grund zu akzeptieren, dass aus uns nicht mehr geworden war, und es bedrückte mich noch Monate, dass ich aus unserer Sache nicht mehr rausschlagen konnte als eine Brieffreundschaft.

Ich verabschiedete mich von Dave und seinem Haus, von Rickie und dem Cav. Darwin war gut zu mir gewesen, aber es war höchste Zeit zu gehen.

4

Die ersten Tage auf der Straße waren erbarmungslos heiß. Nach 1000 Kilometern Richtung Süden, drehte ich am Threeways Roadhouse nach Osten. Karg, trostlos, Kängurukadaver am Straßenrand, keine Menschen, kein Leben. Als hätte man mein Seelenleben nach außen gekehrt.

Dennoch, selbst nach 70.000 Kilometern auf Smetanas Rücken liebte ich das Motorradreisen noch immer. Auf der Straße verloren komplizierte zwischenmenschliche Fragen mit jedem Kilometer an Bedeutung. Es zählten einfache Dinge: Benzin, Wasser,

Schlafplatz. Es heilte, war genau das, was ich brauchte und in sich eine Form der Meditation.

600 Kilometer später bekam ich in der Nähe des Mount Isas aus dem Nichts Gesellschaft von Regenwolken. Der Mount Isa ist zwar höchstens ein Hügel, aber das Land ringsherum typisch australisch flach, sodass man von oben kilometerweit sehen kann. Der Himmel war nun verhangen und darunter schleppten sich dicke, dunkelgraue Regenwolken schwerfällig über das Land. Sie waren so schwanger vor Regen, dass sie nur knapp über dem Boden hingen. Konnten sie ihre Last nicht mehr halten, dann sah das von Weitem aus wie Vorhänge aus Regen.

Ich bekam einige unfreiwillige Duschen ab, aber danach konnte ich die Bewegungen der Wolken recht sicher vorhersagen. Es brauchte keinen Wetterbericht und kein Regenradar, um zu entscheiden, ob ich noch schnell zwischen zwei Regenvorhängen durchflitzen konnte oder ob es besser war, noch einen Kaffee im Roadhouse zu trinken.

Brisbane beendete mein meteorologisches Katz-und-Maus-Spiel und auch die Wildnis. Die Ostküste ist viel besser erschlossen als der Rest Australiens und Brisbane ist die nördlichste Metropole. Ihr Spitzname ist klingt sehr süß: Brissy. Ansonsten war kaum Charmantes zu entdecken. Völlig untypisch: Brisbane hatte keinen Strand, dafür einen großen Hafen. Es wirkte industriell und optimiert, ein bisschen wie das Stuttgart Australiens. Südlich darunter saß, fett und reich, die Gold Coast. Die Orte haben schöne Namen wie »Surfers Paradise«, aber paradiesisch war es auch hier nicht. Hoteltürme und Designerläden sorgten für eine auswechselbare Atmosphäre und so machte ich mich schnell wieder aus dem Staub.

Viel schöner war es dagegen in Byron Bay. Naomi war hier mit Ryan Hercules campen gewesen und hatte es geliebt. Auch Dave hatte von Byron Bay geschwärmt. Selbst Jack Johnson, der surfende Sänger, der im vermeintlichen Paradies Hawaii geboren wurde ist Wahl-Byronese. Byron Bay hatte Hippie Flair mit Straßenmusikern, vollen Pubs und veganen Restaurants. Abends jonglierten Künstler mit Feuerkugeln am Strand. Der Ozean ist bekannt als Surfmekka und für Haiangriffe. Das Wahrzeichen Byron Bays ist ein schöner, schneeweißer Leuchtturm, der am südlichen Ende des Strandes auf einem grünen Hügel steht. Von dort oben sieht man auf das Städtchen und seinen lang geschwungenen Hauptstrand und steht gleichzeitig am östlichsten Punkt des australischen Festlandes. Das Hinterland ist hügelig und so grün, dass Heidi sich dort sicher wohlfühlen würde. Im Süden liegt unverbauter Strand mit dichtem Wald direkt dahinter. Der einzige Kratzer im Lack: Byron Bay ist alles andere als ein Geheimtipp und gehört zu den Orten mit mehr Besuchern als Einwohnern. Trotzdem gefiel es mir sehr gut.

Eines Morgens klingelte mein Handy. Ich war am Strand joggen gewesen und schlenderte noch durch die Gassen.

»Hello, is this Steefhahn Fay?«, fragte eine kräftige männliche Stimme. Ich bejahte irritiert, worauf die Stimme freudig sagte:

»We found your Fuhraschain and your credit cards.«

Das war unmöglich, aber als ich nachsah, musste ich zu meinem Entsetzen feststellen, dass ich Führerschein und Kreditkarten tatsächlich verloren hatte. Ein aufmerksamer Passant musste sie gefunden und einem Polizisten gegeben haben, der keine Mühen scheute und in Windeseile mit akribischer Recherchearbeit meine Telefonnummer ausfindig machte, indem er bei einer Werkstatt in Darwin anrief, deren Visitenkarte ich ebenfalls verloren hatte und die glücklicherweise meine Nummer gespeichert hatte.

Solchen Aufwand betreiben nur entspannte Menschen. Man mag sich das in Stuttgart vorstellen. Wahrscheinlich hätte niemand die Zeit die Karten aufzuheben. Falls doch, dann hätte die

Polizei sicherlich keine Zeit dem Unglücksraben hinterher zu telefonieren. Wahrscheinlich hätte ich zuhause auch oft keine Zeit
für solche Heldentaten – zu viel Stress.

Wenn ich wieder zuhause sein würde, dann wollte ich Stress
aus meinem Leben verbannen. Stress vergiftet den Moment.

Zuhause war ich sehr anfällig für Stress gewesen. Ich genoss
das keineswegs und eigentlich hatte ich mich vor der Reise sehr
darauf gefreut, es von nun an ruhiger zu haben. Daher überraschte es mich umso mehr, dass ich mir auf dieser Reise, obwohl ich
alle Zeit der Welt und keinerlei Verpflichtung hatte, selbst künst-
lich Stress schuf. Beispielsweise jagte ich ablaufenden Visa oder
Besuchsterminen von Freunden hinterher. Es hatte mich sehr viel
Zeit und Einsicht gekostet, mich in dieser Hinsicht zu bessern.
Fast die gesamte Reise. Doch an diesem Tag machte ich Fort-
schritte.

Ich verließ Byron Bay und fuhr weiter nach Süden. Auf der
Karte hatte ich einen kleinen Campingplatz entdeckt, wo ich meine Mittagspause einlegen wollte. Er lag direkt am Meer, einige
Sträucher sorgten für Windschutz und gemütliche Zeltplätze.
Freundliche Kängurus wohnten in der Nachbarschaft und ließen
sich nicht von mir stören. Es war zu schön, um weiter zu fahren.
Also schlug ich mein Zelt auf und hängte die Hängematte zwischen zwei Bäume mit Blick auf den Ozean, lauschte dem Sound-
track der Wellen und blieb für ein paar Tage. Einfach so.

Aber es war die eine Sache, sich keinen Stress zu machen am
anderen Ende der Welt, wo man niemanden kannte und in einer
Hängematte lag mit Blick auf den Pazifik. Zuhause, das würde
die wahre Herausforderung werden. Irgendwie freute ich mich
darauf.

5

Selbst wenn ich die richtige Einstellung zur Arbeit finden würde und genug Zeit für Freunde und Neugier einräumen konnte, meinen Konsum und Finanzen im Griff haben und »Stress« aus meinem Vokabular verbannen würde, wenn ich mein Buch schreiben und es Menschen gefallen würde und selbst wenn Naomi und ich eine Zukunft hätten, wir ein Häuschen am Strand bewohnen und unsere Kinder Nobelpreisträger werden würden – es wäre keine Garantie für ein gutes, glückliches Leben.

Architekt und Sorgenmeister würden es nicht zulassen.

Diese Reise hatte es deutlich gemacht: Egal was ich erreichen würde – es wäre niemals genug. Architekt und Sorgenmeister wären immer da, um das Haar in der Suppe zu suchen oder nach etwas vermeintlich noch Besserem zu streben.

Mit dieser Reise hatte ich mir meinen größten Wunsch erfüllt. Dennoch war ich nicht so glücklich damit, wie ich es mir ausgemalt hatte. Schuld waren die beiden gedanklichen Plagegeister, denn sie schufen fortwährend neue Wünsche, Bedürfnisse, Ziele und Sorgen. Die waren wie Unkraut: Knie und Rücken schmerzten noch vom Jäten, da brach schon wieder neues durch das Erdreich und versprach Glück und Freude oder Angst und Verlust.

Der Architekt lässt nur dann seinen Bleistift fallen, wenn es ihm den Atem verschlägt. Wenn etwas so intensiv und so schön ist, dass es einen beinahe zerreißt. Auch der Sorgenmeister ringt dann nach Worten und kann nichts mehr flüstern.

Dieser Zustand, den diese Momente bringen, ist der schönste, den ich kenne, ein Überfluss an Freude und Dankbarkeit. Vielleicht ist es der schönste Zustand, den man als Mensch erreichen kann.

Reisen ist ein Weg, um diesen Zustand zu erlangen, aber bei Weitem nicht der einzige: Magic Mushrooms funktionierten hervorragend, den Nebenwirkungen wollte ich mich trotzdem nicht noch einmal aussetzen. Wenn ich Gras rauchte, waren mir Architekt und Sorgenmeister zwar egal, aber ich verlor auch jeglichen Antrieb, und unter Alkoholeinfluss hörte ich ihre Stimmen nicht mehr laut, aber bezahlte es mit einem Kater. Andere weltliche Einflüsse wie ein gutes Essen oder ein kaltes Bier an einem heißen Tag, Sex oder Schokolade wirkten zwar auch, aber hatten von Natur aus eine kurze Halbwertszeit.

Es war die wertvollste Lektion dieser Reise: Ich brauche nichts davon um in den Moment zu kommen. Weder Reisen noch Rauschmittel. Keinen Sport, keine Musik und nicht einmal Naomi. Alles was ich dafür brauche, trage ich schon in mir. Alles, was ich dafür tun muss, war Achtsamkeit zu kultivieren und Meditation ist dafür ein hervorragender Weg, der keine Nebenwirkungen hatte außer einem besseren Leben.

Umso mehr ich mich in Meditation übte, desto besser verstand ich meine Gedanken:

Mein Verstand ist wie ein Kreisverkehr. Gedanken wie Autos, die hinein und herausfahren. Mein ganzes Leben hatte ich »gute« Gedanken, wie Pläne, Ziele, Wünsche und Bedürfnisse gejagt, während ich vor anderen, wie Sorgen, Ängsten und Zweifel davonrannte. Egal, ob ich diese Gedanken jagte oder vor ihnen weg lief – im besten Fall rannte ich im Kreis, im schlimmsten Fall verursachte ich ein gedankliches Verkehrschaos.

Gedanken schießen mir ständig in den Kopf, aber wie Autos, die den Kreisverkehr verlassen, so lösen sich auch meine Gedanken wieder auf. Das galt für gute Gedanken wie für schlechte. Natürlich drehten sie manchmal auch ein paar Extrarunden und ließen den Motor aufheulen. Dann fragte ich mich manchmal, was sie wollten, oder wo sie herkamen, oder was es bedeutete, dass ich solche Gedanken habe, aber das einzig wirklich wichtige ist: Letztendlich, da finden sie ihre Ausfahrt. Immer.

Als ich das erkannte, konnte ich meine Gedanken viel öfter loslassen und nahm sie weniger ernst. Dann hatte ich Zeit über den Kreisverkehr zu blicken und konnte viel öfter das genießen, was da war. Verloren in Gedanken, da hatte ich keine Ohren für das Konzert der Vögel am Morgen, keine Bewunderung für die Kraft der Mittagssonne oder die Farben des Sonnenuntergangs.

Was für eine Verschwendung! Dabei ist das ganze Leben doch ein einziges Wunder: Wir rasen auf einem Gesteinsbrocken durch lebensfeindliches Weltall, gerade in der richtigen Distanz zu einem riesigen brennenden Thermonuklearreaktor, der uns mit genug Wärme versorgt, damit wir nackt baden und im Sommer in Flipflops einkaufen gehen können, uns aber nicht röstet. Wir sollten den ganzen Tag Piña Coladas trinken und uns darüber freuen, dass wir für eine kurze Zeit Teil davon sein dürfen.

Die Dichterin Annie Dillard schrieb: »So wie wir unsere Tage verbringen, so verbringen wir unser Leben.« Ich möchte nicht mehr durch mein Leben stolpern, immer auf der Suche nach dem nächsten Kick um mich in den Moment zu schießen.

Viel mehr möchte ich von nun an so viel Zeit wie möglich im Moment verbringen, präsent sein – statt produktiv und genießen was da ist. Das muss ein gutes Leben sein.

Ich hatte also doch noch meine Antwort gefunden.

6

Als ich mich von dem Campingplatz losreißen konnte, fuhr ich die Küste entlang bis nach Newcastle und bog dann ab ins Hinterland von Sydney. Sydney war gesegnet mit den Blue Mountains, die direkt hinter der Stadt thronten und die einzige Möglichkeit boten auf dem australischen Festland Kurven zu fahren. Meine Kurventechnik war eingerostet und die Reifen eckig gefahren, dennoch genoss ich es sehr. Die Berge, wenn gleich nur knapp 1000 Meter hoch, sorgten für Abkühlung und fantastische Ausblicke. Besonders schön war die Gegend um Katoomba. In unmittelbarer Nachbarschaft lebten die »Three Sisters«, drei steile Felsnasen, die niemand ausließ, der die Gegend erkundete.

Ein ausrangierter Fußballplatz war schließlich mein letzter Zeltplatz auf dieser Reise. Ich campte dort, wo irgendwann einmal eine Eckfahne geweht haben musste und skypte mit Freunden von Zuhause. Bald würde ich sie wiedersehen. Was für ein seltsam, schöner Gedanke.

Als ich ein kleiner Junge war, hatte ich ein Panoramabild des Hafens von Sydney in meinem Zimmer hängen. Es zeigte viele kleine Segelschiffe und große Fähren, die Harbour Bridge und natürlich das weiße Opernhaus. Ich schwor mir damals, dass ich mir einmal diese Salatschüssel ansehen würde, aber dass ich auf dem Motorrad in Sydney einrollen würde, hätte ich mir nicht träumen lassen.

Ich fuhr durch Sydneys Straßenschluchten. Fanfaren, Trommeln und ein Feuerwerk wären angebracht gewesen, aber freilich war es für den Rest der Stadt ein gewöhnlicher Tag. Sydney fühlte sich gut an, als hätte man Frankfurt vom Main an den Pazifik verfrachtet und kräftig mit dem Charme von Margaret River eingesprüht. Würde ein Banker sein Surfbrett mit zur Arbeit nehmen, es würde wohl kaum auffallen.

Ich fuhr zum Dawes Point Park. Er lag direkt unter der Harbour Bridge, am Wasser. Smetana stellte ich an den Straßenrand und stolperte auf die Harbour Bridge zu. Sie war beeindruckend! Trotz all ihrer Wucht und Masse immer noch elegant. Ich lief auf das Wasser zu, um die Brücke besser zu begutachten, schaute nach rechts und da sah ich das Opernhaus.

Es thronte auf einem Podest direkt am Wasser, als würde es genau wissen, dass es das schönste Gebäude weit und breit war. Am Geländer stellten sich Touristen auf und packten ihr schönstes Hollywoodlächeln aus. Wie viele dieser Bilder wohl später den Weg in Bilderrahmen an Wohnzimmerwänden finden würden?

Ich wollte auch ein Foto und brachte die Kamera in Position. Dann wuchtete ich Smetana über den Randstein auf den Bordstein und schob sie direkt ans Geländer. Das war natürlich verboten, ein prominentes Schild machte das deutlich.

Gerade war alles aufgebaut, da kam ein Polizist mit strammen Schritt auf mich zu. Er trug eine dunkelblaue Uniform und die Mütze tief im Gesicht.

»Sorry, ich wollte nur kurz ein Foto machen«, sagte ich peinlich berührt.

»Keine Sorge, Kumpel! Du bist ganz schön weit weg von daheim« Er zeigte auf mein Nummernschild. «Wo kommst du her?«

»Deutschland.«

»Deutschland? Wie hast du dein Motorrad hierher gebracht? Mit dem Flugzeug oder dem Schiff?«

»Nein, nein, ich bin es her gefahren«

»Gefahren? Ist das dein Ernst?«

»Ja. Sydney ist meine letzte Station.«

»Alles klar, Kumpel! Dann mach in Ruhe dein Foto. Wenn ich nach Deutschland fahren würde, dann wollte ich auch ein Bild vor eurem Brandenburger Tor!«

Er wünschte mir alles Gute und ließ mich mit meinem Fotoshooting alleine. Diese »Keine Sorge, Kumpel, take it easy«-Mentalität würde ich vermissen. Australien hatte es mir wirklich angetan.

Nun musste ich nur noch abwarten bis die koreanische Hoch-
zeitsgesellschaft im Hintergrund abgezogen war, dann drückte
ich auf den Auslöser und fühlte mich wie Neil Armstrong.

Stuttgart – Sydney: Meine Mondlandung.

7

An Bord einer neuen Boeing 787: Diese gewaltige Maschine würde in weniger als vierzig Stunden das Rad dieser Reise zurück-
drehen und mich wieder in Deutschland ausspucken. Smetana
und ich hatten für die gleiche Strecke zwei Jahre gebraucht.

Der Pilot gab Schub und wir hoben ab in den Abendhimmel.
Die Hochhäuser reflektierten goldenes Licht und der Pazifik glitzerte als wäre er gefüllt mit Diamanten. Auf unserem Weg über
Australien schien der gesamte Kontinent zu glühen. Als wir Indonesien überflogen, war es schon Nacht. Über Java und Sumatra
lagen gewaltige Gewitterzellen, die sich kilometerhoch um die
Vulkane herum auftürmten. Der Mond war voll und ließ die
Wolkentürme silbern strahlen. Heftige Blitze erleuchteten sie immer wieder von innen. Unten musste die Hölle losbrechen, doch
wir waren in sicherer Höhe. Welch ein Spektakel! Ich konnte
mich gar nicht vom Fenster losreißen und tapezierte das kleine
Fenster mit Stirn- und Nasenabdrücken.

Und niemand schaute hin. Die meisten Passagiere mit Fenster-
plätzen hatten während des Starts noch gelangweilt aus dem
Fenster geschaut und waren nun dazu übergegangen, sich vom
Bord-Entertainment-System berieseln zu lassen. Fernsehen ist
auch ein beliebter Weg sich vom Architekten und Sorgenmeister
abzulenken. Man dreht den Ton so laut, bis man die Plagegeister
nicht mehr hört.

Mein Architekt und Sorgenmeister saßen still neben mir. Sie waren weit davon entfernt, mir wie Dressurpferde zu gehorchen, aber zumindest ließen sie mich zeitweise in Frieden und in diesem Moment den Flug genießen.

Ein Fortschritt war es gewesen, Frieden mit den beiden zu schließen. Das war nicht leicht, denn als sie erstmal enttarnt waren, merkte ich erst, wie viele Momente sie mir versaut hatten.

Aber Architekt und Sorgenmeister hatten auch ihre Daseinsberechtigung – wenn man es genau nahm, dann waren sie sogar Helden. Ohne den Architekten wäre ich niemals auf die Idee gekommen, diese Reise zu unternehmen und ohne den Sorgenmeister hätte ich sie wahrscheinlich nicht überlebt.

Aber ihre Verdienste gingen noch viel weiter: Wären sie nicht serienmäßig in jedes Gehirn integriert, wir Menschen wären schon lange ausgestorben.

Der Philosophieprofessor und Autor William B. Irvine berichtet in seinem Buch »A guide to the good life«, dass schon die ersten stoischen Philosophen vor über 2000 Jahren zwei Gründe ausgemacht haben, warum Menschen nicht glücklich waren: Unersättlichkeit und die Neigung, sich um Dinge zu sorgen, die außerhalb der eigenen Kontrolle liegen. Auch die alten Griechen kannten also Architekten und Sorgenmeister.

Nach Irvine gibt es einen guten Grund, warum wir noch immer von den beiden geplagt werden: Es ist eine evolutionäre Notwendigkeit. Hätten sich unsere Vorfahren nicht stets um ausreichend Nahrung gesorgt und immer bessere Höhlen gebaut – wir wären höchstens als Fußnote in die Erdgeschichte eingegangen.

Architekt und Sorgenmeister haben uns zwar aus der Savanne geholt und uns in klimatisierte Bürotürme verfrachtet, aber sie sind auch dafür verantwortlich, dass nur Wenige Zufriedenheit finden. Ich glaube, um nachhaltig glücklich sein und nicht nur von einer Endorphinspritze zur nächsten zu jagen, muss man lernen mit Architekt und Sorgenmeister möglichst achtsam zu leben.

Wenn das nur so einfach wäre! Kurz bevor ich Naomi zum letzten Mal verabschiedete, hatte sie eine Idee: »Lassen wir uns tätowieren!« Sie hatte schon länger mit dem Gedanken gespielt sich die Mondphasen auf ihrem Körper verewigen zu lassen. Aber ich hatte selbst auch eine Idee: Ein Symbol für Achtsamkeit. Das wäre doch eine schöne Erinnerung an diese Reise. In der Mitte war ein Punkt, der das Jetzt darstellt. Zwei Klammern links und rechts repräsentieren den Raum, Tropfen von oben und unten repräsentieren die Zeit. Es soll den Fokus auf das Hier und Jetzt richten. Ich hatte es Naomi gezeigt:

»Würdest du es für mich zeichnen?«

»Ich weiß nicht. Willst du nicht lieber das Original haben?«

»Ich hätte liebend gerne, dass du es zeichnest.«

Und so tat sie mir den Gefallen und zeichnete acht Versionen und mit der letzten machten wir uns auf ins »House of Pain«, ein Tattoostudio im Speckgürtel Darwins. Ich kam direkt dran, was keineswegs für die Qualität des Studios sprach und ein Kerl mit vielen Tattoos und wenigen Worten verewigte in 20 Minuten Naomis Zeichnung für immer auf meinem Handgelenk.

Anschließend gingen wir essen. Während wir warteten, schaute ich immer wieder ganz stolz auf mein Handgelenk, bis mir etwas auffiel. Irgendetwas war nicht richtig.

»Stimmt was nicht?« Naomi hatte bemerkt, dass die Farbe aus meinem Gesicht gewichen war.

»Ich bin mir nicht sicher«

Dann nahm ich mein Handy und rief das Original auf, hielt es neben mein Handgelenk und siehe da: Die unteren Tropfen waren verkehrt herum gezeichnet!

Gibt es etwas Unachtsameres als ein falsch gezeichnetes Achtsamkeitstattoo? Die Ironie schrie zum Himmel. Zuerst hätte ich es mir am liebsten aus der Haut geschnitten. Aber nach einiger Zeit fing es mir an zu gefallen. Ist es nicht die perfekte Erinnerung daran, dass die Reise in die Achtsamkeit erst begonnen hatte?

Epilog

Heimkehren war ein genauso großes Abenteuer wie Abfahren.

Stundenlang auf Smetana sitzen, Schlafplätze finden, neue Menschen kennenlernen, Grenzen überqueren, all das war zu meiner Komfortzone geworden. Ich hatte von einigen Reisenden gehört, die es nach so einer Reise nicht mehr geschafft haben zu Hause anzukommen. Ihr Architekt treibt sie weiter hinaus, ihr Sorgenmeister bläst Trübsal, wenn sie daheim sind. Ich hatte große Angst selbst dazuzugehören, schließlich erfüllte ich einige Kriterien dafür.

Aber es lief überraschend gut. Das lag hauptsächlich an dem besten Souvenir, das ich jemals von einer Reise mitgebracht habe: Achtsamkeit. Es gibt einfach zu viel Schönes in der Welt, wofür man dankbar sein kann. Und wo Dankbarkeit wohnt, da ist kein Platz für Trauer, Unmut, schlechte Laune, Architekten oder Sorgenmeister.

Das andere Andenken dieser Reise war »Mut zur Neugier«; Daraus ist dieses Buch entstanden. Selbst wenn es sich nicht verkaufen sollte und ich die erste Auflage verheizen muss – es wäre es wert gewesen. Es schaffte Raum und Platz zum Reflektieren (was auf der Reise oft gefehlt hat), um den Erlebnissen Sinn abzugewinnen.

Ich glaube das beste Kriterium um Projekte zu finden, die wirklich von Neugier getrieben sind, ist: Keinerlei finanzielle Interessen. Würde man das Projekt auch durchziehen, wenn man damit kein Geld verdient? Ist die Antwort ein herzhaftes »Ja!«, dann hat man gute Chancen Bereicherung für sein Leben zu finden. Und so bin ich nun an diesem seltsamen Punkt, an dem ich zwar froh bin mit diesen Zeilen dem Ende dieses Projektes entgegenzuschreiten, aber bin auch wehmütig. Ich werde diese stillen frühen Stunden des Tages vermissen, mit frischem Kaffee, Filmmusik von Ramin Djawadi und dem Klimpern der Tastatur. Es war eine schöne Zeit.

Fou hat kurz nachdem er nach Hause gekommen ist die Frau für's Leben kennengelernt. Ich hatte gerade erst die Motorradklamotten ausgezogen, da stand ich schon auf seiner Hochzeit. Eine wunderschöne Feier. Zu seinem Junggesellenabschied waren wir übrigens zelten.

Naomi und ich sind mittlerweile tatsächlich Brieffreunde geworden. In unserer digitalen Welt ist es schon ein kleines Wunder einen Brief vom anderen Ende der Welt aus dem Briefkasten zu fischen. Es hat lange gedauert (wirklich sehr lange) über sie hinwegzukommen, aber nun bin ich froh über die Erfahrung.

Die andere Dame in meinem Leben fristet gerade ein Dasein in einer dunklen Garage. Bald lass ich Smetana aber wieder frei. Marokko ist das Ziel. Aber nicht allzu lange. Nur drei, vier Monate.

Auf www.howfarcanwego.de kannst du darüber lesen. Schau doch vorbei und sag »Hallo!«.

Danksagung

Es ist völlig unmöglich eine solche Reise ohne Hilfe zu unternehmen. Selbst als ich »alleine« reiste, konnte ich mich auf das Gute in den Menschen verlassen und wurde nicht ein einziges Mal enttäuscht. Somit geht mein Dank an die vielen unbekannten und dennoch freundlichen Gesichter, die mich unterwegs begleitet haben. Sei es in Russland, Osttimor oder irgendwo dazwischen. Die Welt ist ein fantastischer Ort und ich hoffe mehr Menschen ziehen aus, um sich ihre eigene Meinung zu bilden.

Besonderer Dank geht an Roman und Nissa aus Almaty, der Familie R. aus Yazd und Esslingen, Naveen und Gauri aus Jammu, Iqbal und Hasan aus Multan, Dave und Rickie aus Darwin und David aus Margaret River. Ohne euch wäre ich gescheitert.

Außerdem geht der Dank an die vielen Couchsurfing Gastgeber. Leider kann ich nicht jeden namentlich nennen, doch ich trage euch im Herzen und bin dankbar für eure Gastfreundschaft. Ihr macht die Welt besser.

Mit so vielen guten Menschen ist es leicht sich in der Welt zuhause zu fühlen. Noch leichter haben es Anka, Katha, Steffen, Jan & Georg gemacht, die mich und Fou unterwegs besucht haben. Neben Ersatzteilen haben sie auch ein bisschen Heimat mitgebracht.

Tim hat Fou und mich in den ersten verregneten Wochen begleitet und uns nicht nur beim Zeltaufbau auf die Sprünge geholfen. Ich hoffe wir schaffen es noch auf den Pamir!

Vielen Dank, Fou! Deine Gelassenheit und Menschenfreude war mir immer ein Vorbild und ich bin froh, dass wir einen großen Teil dieses Abenteuers geteilt haben.

Besonderer Dank geht an meine Mama, der ich sicherlich einige graue Haare und schlaflose Nächte beschert habe.

Dieses Buch hätte niemals entstehen können ohne die 265 Unterstützer meiner Crowdfunding Kampagne, die bereit waren ein Buch zu kaufen, das noch gar nicht geschrieben war. Vielen Dank für euer Vertrauen und ich hoffe sehr, dass euch das Ergebnis gefällt.

Vielen Dank an Isabelle Dittrich, Anne-Lena und Jan Decker, die nicht nur das Buch Probe gelesen, sondern dem Baby mit vereinten Kräften auch einen Namen verpasst haben. Vielen, vielen Dank!

Vielen Dank an Jessica Schober, die nicht nur meine Lektorin, sondern auch Coach und Panikmonster in Personalunion war. Du hast das Buch lesbar gemacht und ich bin unendlich dankbar für all deine Tipps und Ratschläge.

Crowdfunding Unterstützer

Vielen Dank für euer Vertrauen!

Jan Decker	Francesco Berardi	Rolf Borkowetz
Martin Mittermeier	Antje Häßler	Cem Aydemir
Marion & Ingmar	Christian Jäkel	David Rehlich
Gerhardt	Peter Völke	Hannes Jülich
Silvia Fay	Winfried Büth	Sam Durak
Michael John	Benjamin Federle	Karsten Schiller
Jorge Dos Santos &	Christoph Hentschke	Alex Stutz
Marko Jurkovic	Uwe Zeilinger	Martin Ciprian
Feliks Eyser	Matthias Göbel	Olaf Schulz
Andreas Graf von	Stefan Kranzl	Uwe Reutelsterz
Brühl	Carmen González	Lukas Koopmann
Martin Pröttel	Vaca	Thorsten Wende
Fouad Amor Ben Ali	Melanie Bär	Matthias Bodenstein
Isabelle Dittrich	Daniela Rieß	Holger Sengen
Tim Renz	Dennis Knecht	Sven Lindner
Natalia Chatzigianni	Christian Jaennert	Steffen Wolf
Berna Türkoglu	Michaela Jännert	Thomas Röttig
Giuseppe Berardi	Oliver Schwan	Dennis Gefke
Miriam Rupp	Andy Jännert	Linda Renz
Tanja Jakopanec	Anja Gelfert	Elizabeta Bozinovska
Alex Mathes	Marc Siweck	Jürgen Wieland
Nuray Sümengen	Adrian Calcines &	Thomas Hilbert
Manuel Praetorius	Stephanie Ulmer	Andras Weltsch
Julide Cakar	Dietmar Heinen	Stefan Ebert

 www.brand-schutz- loesungen.de	 www.2on4.de	**SonSuDan Mittermeier** www.sonsudan.de
Fußpflegeschule Fay www.fusspflege-fay.de	NETZhelfer.de www.netzhelfer.de	 www.regiohelden.de
 brazuca-samba.com	 vonbruehl.com	MartinProettel.de  www.martinproettel.de